D1924514

Friedag/Schmidt:
My Balanced Scorecard: Das Praxishandbuch für Ihre individuelle Lösung

My Balanced Scorecard

Das Praxishandbuch für Ihre individuelle Lösung

von

Herwig R. Friedag
Dr. Walter Schmidt

Haufe Mediengruppe
Freiburg · Berlin · München

Die Deutsche Bibliothek – CIP-Einheitsaufnahme

Friedag, Herwig:
My balanced scorecard : das Praxishandbuch für Ihre individuelle Lösung ; Fallstudien, Checklisten, Präsentationsvorlagen / von Herwig R. Friedag ; Walter Schmidt. – 1. Aufl. – Freiburg i. Br. ; Berlin ; München ; Zürich : Haufe-Mediengruppe, 2000
ISBN 3-448-04317-6

ISBN 3-448-04317-6 Bestell-Nr. 01415-0001

1. Auflage 2000

© Rudolf Haufe Verlag, Freiburg i. Br. 2000

Lektorat: Dipl.-Betriebswirt (FH) Günther Lehmann

Alle Rechte, auch die des auszugsweisen Nachdrucks, der fotomechanischen Wiedergabe (einschließlich Mikrokopie) sowie der Auswertung durch Datenbanken oder ähnliche Einrichtungen, vorbehalten.

Umschlag: Eberle & Kaiser, Agentur für Gestaltung, Freiburg i. Br.
Satz und Druck: F. X. Stückle, Ettenheim

Vorwort

Wir alle nehmen uns immer wieder vor, Zukunft nicht nur passiv zu erleben, sondern auch zu gestalten. Doch nehmen wir die Möglichkeiten wahr, die uns das Leben bietet, sind wir beharrlich dabei, unsere Vorstellungen für unsere Zukunft aktiv umzusetzen? Wohl nur die wenigsten tun dies. Dasselbe gilt für die meisten Unternehmen, obwohl wir wissen, dass aktives Gestalten der Zukunft für Unternehmen die beste Möglichkeit ist, am Markt zu bestehen und die Marktmöglichkeiten besser zu nutzen als andere.

Ein in den letzten beiden Jahren stark diskutierter Ansatz, Zukunft in Unternehmen zu gestalten, ist die Balanced Scorecard. Diese Managementmethode wollen wir in diesem Buch beschreiben, nicht trocken wissenschaftlich, sondern für den Praktiker, der dieses Buch auch am Strand, auch während einer Bahnfahrt lesen und verstehen möchte.

Seitdem wir unser erstes Buch „Balanced Scorecard – Mehr als ein Kennzahlensystem" veröffentlicht haben, wurden wir von vielen Unternehmen eingeladen, zusammen mit ihnen als Moderator die ersten Schritte des Managementprozesses zu gehen. Wir sind in dieser Zusammenarbeit mit unseren Kunden immer mehr zur Einsicht gekommen, dass es nicht darum geht, ein (weiteres) strategisch orientiertes Kennzahlensystem zu schaffen. Umsetzung strategischer Ansätze in unternehmerisches Handeln, darum geht es!

Natürlich haben wir damit manche verunsichert, denn Land auf Land ab wird die Balanced Scorecard als Kennzahlengerüst verkauft. Und dann steht man vor diesem Zahlenwerk und fragt: „Was nun?". Die notwendige Einbindung aller Mitarbeiter in die Zukunftsarbeit wird mit neuen Kennzahlen allein nicht erreicht. Wir brauchen eine geeignete Form, zum Beispiel strategische Projekte, die als Ergebnis der gemeinsamen Arbeit in das operative Budget eingebunden werden können und so Zukunft in unseren Alltag transportieren.

Die Erarbeitung einer Balanced Scorecard erfolgt in sechs Schritten. Dabei sehen wir die Balanced Scorecard als einen Handlungsrahmen an, um Strategien, also mittel- und langfristige Unternehmensziele, umzusetzen. Dies geschieht mit Hilfe aller Mitarbeiter eines Unternehmens und wird gemeinsam mit ihnen erarbeitet. Denn nur wenn alle im Unternehmen wissen, wohin der

Weg für sie geht, wenn alle in diesen Prozess involviert sind, werden sie sich auch für diese Ziele einsetzen.

Diese sechs Schritte der Erarbeitung einer Balanced Scorecard werden wir anhand von praktischen Beispielen beschreiben:

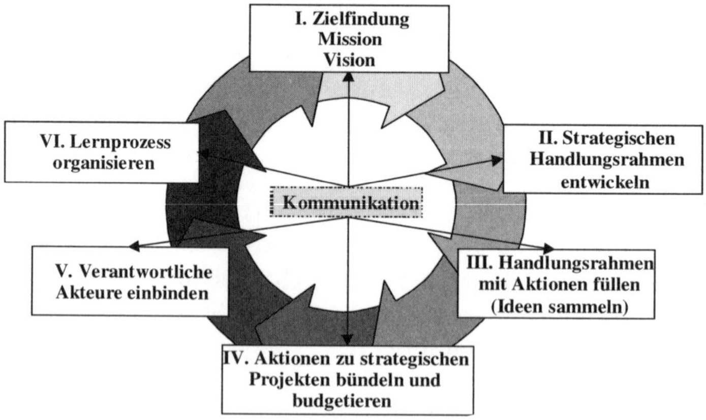

Die beigefügte CD enthält u. a. einen Foliensatz, mit dem wir in Unternehmen zusammen mit Vorständen und Geschäftsführungen die ersten gemeinsamen Schritte des Weges in die aktiv gestaltete Zukunft erarbeiten. Vielleicht unterstützten diese Folien im Zusammenhang mit den Erkenntnissen, die wir in diesem Buch dargestellt haben, die Einführung der Balanced Scorecard, damit auch in Ihrem Unternehmen Zukunft willkommen ist!

Wir haben in den vergangenen Wochen viele Nächte und Wochenenden am vorliegenden Buch gearbeitet, wir hatten sehr intensive Diskussionen, wir waren dadurch manchmal zu beansprucht, hatten zu wenig Zeit für unsere Mitarbeiter, für unsere Freunde und Familien. Und für unseren Lektor im fernen Freiburg. Jedoch, wir hoffen, dass dieses Praktikerbuch genau so viele zufriedene Leser wie unser erstes Buch zur Balanced Scorecard finden wird; deren Zuspruch war uns Ansporn, diesmal noch besser zu berichten über

_My_ Balanced Scorecard

Berlin, August 2000 Herwig R. Friedag Dr. Walter Schmidt

Inhaltsverzeichnis

Seite

1 Die Balanced Scorecard eines Freundes – oder: Was wir uns schon immer vorgenommen hatten... 13

2 Balanced Scorecard auch im Mittelstand? – Ein Beispiel 21

2.1 Ein mittelständischer Verlag führt die Balanced Scorecard ein 22
2.2 Wofür brauchen Unternehmen eine Balanced Scorecard? 27
2.3 Strategisches Prozessmanagement 28
2.4 Von der Utopie zum unternehmerischen Tun 32
2.4.1 Phase 1: Zielfindung 33
2.4.2 Phase 2: Entwicklung eines Handlungsrahmens 36
2.4.3 Phase 3: Ideensammlung für zielorientierte Aktionen 41
2.4.4 Phase 4: Aktionen zu strategischen Projekten bündeln und budgetieren 57
2.4.5 Phase 5: Einbinden der verantwortlichen Akteure 75
2.4.6 Phase 6: Den Lernprozess organisieren 80

3 Was ist neu an der Balanced Scorecard? 85
3.1 Auf Bewährtem aufbauen 86
3.2 Einige häufig gestellte Fragen 87
3.2.1 Was kann eine Balanced Scorecard bewirken? 88
3.2.2 Wie können Sie dies erreichen? 88
3.2.3 Wann ist es besonders vorteilhaft, eine Balanced Scorecard einzusetzen? 89
3.2.4 Wann sollte eine Balanced Scorecard (noch) nicht eingesetzt werden? 89
3.2.5 TQM/EQA und Balanced Scorecard – wo sind die Unterschiede? 90

3.3 Die verschiedenen Ansätze der Balanced Scorecard 92
3.3.1 Das Kaplan/Norton-Modell 93
3.3.2 Das informationstechnische Modell 96
3.3.3 Die TQM-Scorecard und weitere Ansätze 101
3.3.4 Das kommunikative Modell 104

4 Die praktische Erarbeitung und Umsetzung der Balanced Scorecard in verschiedenen Unternehmensbereichen 107

4.1 Ein Messgeräteghersteller auf neuen Wegen 107
4.4.1 Das Unternehmen: Die Marwitz GmbH 108
4.4.2 „Chemie" ist der wichtigste Faktor bei der Mitarbeiterauswahl 110

4.2 Negative Geschäftsentwicklung als Anlass 112

4.3 Auf welchen Ebenen im Unternehmen anfangen und weiterführen? 113

4.4 Die Ablaufplanung 117

4.5 Die beteiligten Personen 120
4.5.1 Projektleiter 121
4.5.2 Controller 121
4.5.3 Externe oder interne Moderatoren? 122

4.6 Die Rolle der EDV 123

4.7 Die Verankerung im Berichtssystem 124
4.7.1 Das Feedback nicht dem Zufall überlassen 124
4.7.2 Durch Institutionalisierung sich selbst zwingen 124

4.8 Die Scorecards der Marwitz GmbH 126
4.8.1 Das Unternehmen insgesamt 127
4.8.2 Balanced Scorecard der Marwitz-Geschäftsführung 129
4.8.3 Balanced Scorecard der Marwitz-Fertigung 131
4.8.4 Balanced Scorecard des Marwitz-Einkaufs 133
4.8.5 Balanced Scorecard des Marwitz-Vertriebs 135

5 Von der Strategie zum Budget – Ziele im Alltag leben 139

5.1 Ein Industrieunternehmen orientiert sich neu 141
5.1.1 Das Beispielunternehmen aus der Maschinenbaubranche 141
5.1.2 Im neuen Konzern Chancen nutzen 144
5.1.3 Quo vadis ABAG? 145
5.1.4 Das strategische Pflichtenheft 148
5.1.5 Die Erarbeitung einer Balanced Scorecard 153

5.2 Die Zielfindung 154
5.2.1 Die Mission – das Leitbild des Unternehmens 160
5.2.2 Die Vision – das (quantifizierte) Leitziel des Unternehmens 166

5.3 Erfolgspotenziale allseitig identifizieren – Der Handlungsrahmen Balanced Scorecard 169
5.3.1 Strategische Wege zum Ziel 170
5.3.2 Perspektiven auf die Handlungspotenziale 171
5.3.3 Aktionen, die zum Ziel führen – Kennzahlen, die Verlauf und Erfolg der Aktionen messen 172
5.3.3.1 Kundenperspektive 174
5.3.3.2 Perspektive interne Geschäftsprozesse 177
5.3.3.3 Mitarbeiterperspektive 179
5.3.3.4 Finanzperspektive 181
5.3.3.5 Lieferantenperspektive 183
5.3.3.6 Marketingperspektive 184
5.3.3.7 Konzernperspektive 184

5.4 Konzentration auf das Wesentliche 185
5.4.1 Sinnvolle Bildung strategischer Projekte 186
5.4.2 Zuweisen von finanziellen und personellen Kapazitäten – die Stunde der Wahrheit 187

5.5 Drei Bausteine der Balanced Scorecard 189

5.6 Checkliste für günstige Rahmenbedingungen zum Erarbeiten einer Balanced Scorecard 191

6 Eine vertrauensbasierte Organisation – Grundlage der Balanced Scorecard 195

6.1 Strategie und Kommunikation 195
6.1.1 Die Botschaften einer Kennzahl 196
6.1.2 Konflikte im betrieblichen Alltag 199

6.2 Die Wirkung von Misstrauen 203

6.3 Regeln zur Vertrauensbildung 205

7 Kennzahlen aus der Praxis 209

7.1 Kennzahlen der Kundenperspektive 212
7.1.1 Service- und Produkteigenschaften 213
7.1.2 Image und Reputation 214
7.1.3 Kundenbeziehungen 218
7.1.4 Kundenzufriedenheit 220
7.1.5 Kundentreue 221
7.1.6 Neukundengewinnung 223
7.1.7 Kundenrentabilität 224
7.1.8 Marktanteil 226

7.2 Kennzahlen der Geschäftsprozessperspektive 228
7.2.1 Innovation 228
7.2.2 Betriebliche Leistungserstellung 231
7.2.3 Kundendienst 233
7.2.4 Kommunikation 235

7.3 Kennzahlen der Mitarbeiterperspektive 237
7.3.1 Mitarbeitermotivation 238
7.3.2 Mitarbeiterfortbildung 240
7.3.3 Informationstechnische Infrastruktur 242
7.3.4 Mitarbeiterzufriedenheit 243
7.3.5 Mitarbeitertreue 245
7.3.6 Mitarbeiterproduktivität 247

7.4 Kennzahlen der Finanzperspektive 248
7.4.1 ... als finanzielle Voraussetzung für... 251
7.4.2 Wachstumsphase 253
7.4.3 Reifephase 255
7.4.4 Erntephase 257
7.4.5 „Klassische" Finanzkennzahlen 258

7.5 Weitere Perspektiven der Balanced Scorecard 259
7.5.1 Wettbewerbsperspektive 260
7.5.2 Coopetitionperspektive 261
7.5.3 Konzernperspektive 261
7.5.4 Organisationsperspektive 262
7.5.5 Kommunikationsperspektive 263
7.5.6 Einführungsperspektive 264

7.5.7 Internetperspektive 264
7.5.8 Lieferantenperspektive 265
7.5.9 Innovationsperspektive 266
7.5.10 Behördliche Perspektive 267
7.5.11 Öffentliche Perspektive 267

8 Fazit – vier Thesen zur Balanced Scorecard 269

8.1 Die Balanced Scorecard bringt unsere strategischen Ziele dann in das praktische Handeln, wenn wir eine Form finden, ihre Ergebnisse zwingend im Budget zu verankern 269

8.2 Die Balanced Scorecard wird umso mehr Erfolge bringen, als es uns gelingt, die handelnden Akteure und ihre strategischen Aktionen und Projekte in den Mittelpunkt zu stellen 274

8.3 Die Balanced Scorecard zielt in erster Linie auf die interne Führung unseres Unternehmens, weniger auf die externe Berichterstattung 276

8.4 Die Balanced Scorecard ermöglicht eine allmähliche Umgesaltung unserer Führungsstrukturen zu einem strategisch orientierten Netzwerk aus verantwortlichen Projektleitern und funktionsbezogenen Dienstleistern 279

9 So nutzen Sie die Arbeitshilfen auf CD 281

Literaturübersicht 283

Stichwortverzeichnis 289

1 Die Balanced Scorecard eines Freundes – oder: Was wir uns schon immer vorgenommen hatten...

Auf einen Blick:

⇨ „*My* Balanced Scorecard" – Wir starten die Reise mit einem Beispiel zum Nachdenken.

⇨ Ziele haben wir alle. Nur, was machen wir daraus?

⇨ Die Balanced Scorecard hilft uns bei der konkreten Umsetzung unserer Ziele in den praktischen Alltag.

Es ist immer das gleiche Lied. Zum Jahreswechsel nehmen wir uns regelmäßig vor, im kommenden Jahr dies oder jenes anders, besser zu machen. Und, ändern wir danach unser Leben?

Wir wollen Ihnen deshalb zum Einstieg eine kleine Geschichte erzählen. Die Geschichte eines Freundes, der einen (seinen zweiten!) Herzinfarkt überlebt hatte:

„*Ich weiß nicht, wie kann ich es verhindern, dass das Schicksal ein weiteres Mal zuschlägt*" fragte er „*und immer so viel Glück werde ich wohl nicht haben. Ich hatte mir so viel nach dem letzten Infarkt vorgenommen, aber dann kam der Alltag und alles war vergessen.*"

Ein Umdenken war unvermeidlich; es galt zu überlegen, welche langfristigen Ziele er hat, was für ihn ein lebenswertes Leben ausmacht. Es entspann sich folgender Dialog:

„*Tja, meine Arbeit macht eigentlich Freude, aber sie ist viel zu stressig. Nur ich, nein wir brauchen das Geld zum Leben!*"

„*Ist dein Lebensziel Geld?*"

„*Nein, aber es muss zum Leben reichen*".

„*Was ist dann dein eigentliches Lebensziel, das notwendige Geld ist wohl eher Mittel zum Zweck, oder?*"

„Also, ich möchte einfach glücklich und zufrieden sein – in allen Bereichen meines Lebens. Denn Geld allein macht natürlich weder glücklich noch zufrieden.

Zufriedenheit und Glück heißt für mich, weniger Stress und mehr Zeit für meine Mitmenschen, und dies in allen Lebensbereichen: Freude bei der Arbeit, Zufriedenheit in und mit meiner Familie, und dann möchte ich mich meinen Freunden mehr widmen. Und natürlich muss ich dies auch körperlich genießen können!“

Nun kann man es dabei belassen. So halten es wohl die meisten Menschen.

Aber man kann auch versuchen, dies alles zu strukturieren:

Die Vision „Glück und Zufriedenheit“ basiert auf den Strategien Zeit für meine Mitmenschen und weniger Stress. Dabei wurden vier Bereiche – oder Perspektiven, Sichten – als besonders wichtig ausgewählt, für die konkrete Maßnahmen festgelegt wurden:

- Familie,
- Freunde,
- Arbeit und
- Gesundheit.

Die Familienperspektive

Zuneigung und Liebe der Familie lässt sich nicht erzwingen, jeder muss permanent daran arbeiten. So haben wir zusammen mit dem Freund überlegt, den Familienaspekt im Alltag durch folgende Maßnahmen zu konkretisieren:

1. Nicht nur während beruflicher Reisen will ich täglich mit meiner Frau telefonieren. Ich werde auch ihre Probleme besprechen, versuchen, sie zu unterstützen, sie nicht allein lassen mit unserem Unternehmen „Familie“.
2. Jede Woche werde ich meiner Frau einen Blumenstrauß, ein Buch, eine kleine Aufmerksamkeit mitbringen.
3. Einmal in der Woche sollte die Küche kalt bleiben, wollen wir alle zusammen Essen gehen – auch wenn es nur eine Pizza ist.

4. Das Wichtigste, das ich den Kindern geben kann, ist Zeit: Dreimal im Monat machen wir zusammen mit den Kindern einen Ausflug. Ob ins Kino, zum Ski- oder Rad fahren oder zum Schwimmen – gemeinsam füreinander Zeit haben, etwas erleben, das ist es!
5. Zweimal im Monat gehe ich mit meiner Frau tanzen oder ins Theater. Vorgenommen haben wir es uns ja schon öfter, aber selten hat es dann geklappt.

Aber diese Maßnahmen kann nicht einer allein festlegen. Wenn es funktionieren soll, müssen alle Mitglieder der Familie integriert werden. Z. B. sind die Terminpläne aufeinander abzustimmen, damit es klappt. Und vielleicht wollen die Kinder gar nicht mehr mit dem „Alten" auf Skitour gehen?

Perspektive der Freunde

Wir leben in einem sozialen Verband, der uns Halt und Freude bringt, aber auch Engagement von uns verlangt. Dies sind persönliche Freunde, aber auch der Verein, die Nachbarschaft, vielleicht eine politische Gruppe oder die kirchliche Gemeinde. Um in diesem Umfeld integriert, anerkannt und geachtet zu sein, aber auch um Bestätigung zu erhalten, müssen wir uns entsprechend engagieren, verhalten:

1. Die Skatrunde soll wieder aufleben: Ein Abend im Monat gehört den Skatbrüdern.
2. Mein Segelverein lebt vom Engagement aller Mitglieder, ich kann dort nicht nur bei schönem Wetter aufkreuzen. An zwei Tagen im Monat unterstütze ich den Jugendwart beim Training der Jüngsten.
3. Freunde dürfen nicht vernachlässigt werden. Zwei Treffen im Monat mit privaten Freunden sind ein Anfang, um Kontakte neu aufzubauen und bestehende zu pflegen.

Arbeitsperspektive

Arbeit kann Spaß machen, kann Bedürfnis sein. Dann ist man auch erfolgreich. Aber ist sie zugleich auch vernünftig organisiert? Halten sich viele für unersetzlich, für den Ansprechpartner schlechthin? Genau hier lag für den Freund – er ist Vertriebsleiter in einem Softwareunternehmen – der Ansatz für Maßnahmen in diesem Bereich:

4. Ich muss mehr Arbeit und Verantwortung delegieren. Dazu müssen meine 18 Mitarbeiter besser ausgebildet sein. Jeder meiner Mitarbeiter sollte zwei Wochen im Jahr zur Fortbildung und danach im Team Ideen zur Verbesserung unserer Arbeit vorschlagen.
5. Teamarbeit statt Einzelkämpfer: Jeder meiner Mitarbeiter erhält einen definierten Verantwortungsbereich, in den ich mich nicht einmische. Probleme werden auf wöchentlichen Teamsitzungen besprochen.
6. Die Kommunikation unter uns sollte einfacher werden. An mindestens zwei Tagen die Woche will ich im Büro sein – so können meine Mitarbeiter mit mir von Mensch zu Mensch kommunizieren – statt per eMail.
7. Aber auch ein Job, der Freude macht, darf mich nicht auffressen (und vielleicht ist es bei uns ja auch eine Frage der Selbstorganisation unseres beruflichen Alltags?): An zwei Tagen in der Woche werde ich bis 18.30 Uhr zu Hause sein.
8. Und an zwei Wochenenden im Monat widme ich mich ausschließlich der Familie.

Auch hier wurden die angedachten Maßnahmen mit der Sekretärin, mit den Kollegen durchgesprochen – sie wollen mitziehen.

Gesundheit

Der erste Warnschuss war nicht tiefgreifend genug. Nach dem zweiten muss es nun anders werden. Nach Rücksprache mit dem Arzt wurde festgelegt:

9. Wöchentlich zweimal fünf Kilometer joggen
10. Regelmäßige Teilnahme an der Vereinsgymnastikgruppe

Diese Maßnahmen müssen natürlich auch umgesetzt werden – sonst haben wir in kürzester Zeit wieder den alten Zustand. Es geht uns doch allen so. Eigentlich wissen wir, was wir tun müssten, aber wir tun es einfach nicht. Es geht im Tagesstress unter.

Also haben wir festgelegt, das Umsetzen der Vorsätze über IST-Werte zu messen. Dies sieht so aus:

Bereich	**Maßnahme** (Pro Monat/Woche)	**Soll**	**Ist**
Familie	Telefonate mit Ehefrau	5	3,7
	Blumen für die Ehefrau	4	3
	Gemeinsam Essen gehen	4	5
	Ausflüge mit der Familie	3	2
	Tanzen / Theater	2	2,5
Freunde	Skatrunde	1	1
	Jugendarbeit im Segelverein	2	1
	Private Freunde treffen	2	2
Arbeit	Mitarbeiterfortbildung	2	1,5
	Teamsitzungen	4	3
	Bürotage zur Kommunikation	2	1
	Feierabend um 18.30 Uhr	2	1,5
	Wochenende ohne Firma	2	1
Gesundheit	Joggen	2	1,5
	Gymnastik	4	2

Wie kann man so ein Messsystem aufbauen? Man sollte es nicht zu kompliziert sehen. Eine Strichliste reicht zunächst. Vielleicht kann die Ehefrau, die Sekretärin, können die Kinder dabei helfen. Später lässt sich das verfeinern – wenn man es braucht und will.

Und sofern man nicht immer wieder Tabellen lesen möchte, kann eine kleine Excel-Grafik den aktuellen Stand unserer Bemühungen visualisieren:

Abb. 1: Die persönliche Scorecard

Unserem Freund hat dieser Ansatz geholfen. Er lebt heute bewusster, hat sein Leben ein Stück weit verändert, mit Hilfe seiner Familie, seiner Freunde und seiner Kollegen. Und ein bisschen auch mit Hilfe der Balanced Scorecard, denn darum geht es in diesem Buch: Vorsätze, Pläne, Strategien gemeinsam umsetzen.

Was hier als persönliches Beispiel exerziert wurde, gelingt auch im unternehmerischen Bereich. Das Beispiel ist nichts anderes als eine einfache (persönliche) Balanced Scorecard. Es demonstriert zwei ihrer Stärken:

- Die Balanced Scorecard verlangt nichts umwerfend Neues; im Gegenteil. Sie knüpft an unsere alltäglichen Erfahrungen an, baut auf ihnen auf. Jeder Manager muss Ziele definieren sowie die notwendigen Aktivitäten zur Erreichung der Ziele planen, entscheiden und realisieren. Und um Ziel, Verlauf und Ergebnis der Aktivitäten kommunizieren und kontrollieren zu können, muss er sie konkretisieren und messbar gestalten. Dazu nutzt er Kennzahlen.
- Die Balanced Scorecard bietet einen Handlungsrahmen, um Veränderungen nachhaltig in unserem Leben zu verankern. Indem wir unsere Ziele

strategisch definieren. Indem wir die oft zu allgemein gehaltenen Ziele für jene Bereiche konkretisieren, die für die Umsetzung unserer Strategien besonders wichtig sind. Indem wir für die konkreten Ziele konkrete Maßnahmen festlegen. Und indem wir Verlauf und Ergebnisse dieser Maßnahmen mit Hilfe geeigneter Kennzahlen messen und steuern.

2 Balanced Scorecard auch im Mittelstand? – Ein Beispiel

Auf einen Blick:

⇨ Am Beispiel eines mittelständischen Verlages wird die praktische Erarbeitung einer Balanced Scorecard dargestellt.

⇨ Die Erarbeitung der Balanced Scorecard erfolgt in sechs Schritten:
1. Bestimmen von Leitbild und Leitziel des Unternehmens
2. Entwickeln eines Handlungsrahmens (Matrix aus unternehmensspezifischen strategischen Wegen und Perspektiven)
3. Sammeln von Ideen für strategieorientierte Aktionen, ihrer Ziele und von Kennzahlen zur Messung von Verlauf und Erfolg der Aktionen an diesen Zielen
4. Bündeln und Strukturieren der Aktionen zu strategischen Projekten; Budgetieren der Projekte
5. Einbinden der strategischen Projekte in die operativen Arbeitsabläufe und die Führungsstruktur des Unternehmens
6. Organisieren des strategischen Lernprozesses im Unternehmen

⇨ Im Ergebnis hat der Verlag nicht nur strategische Kennzahlen, sondern ein operatives Handlungsgerüst erarbeitet und in sein Budget eingebaut: Die Balanced Scorecard ist eben mehr als ein Kennzahlensystem!

Im Folgenden wollen wir das Beispiel unseres Freundes verlassen und die Erarbeitung und Umsetzung einer Balanced Scorecard in einem mittelständischen Unternehmen erläutern, einem Verlag aus dem süddeutschen Raum. Wir wollen ihn die Fachbuch GmbH nennen. Da es sich dabei um eine kompliziertere Materie handelt als bei einer persönlichen Balanced Scorecard, sollen Anlass, Herangehen, praktische Erarbeitung und Umsetzung ausführlicher dargestellt werden.

„Wir haben zwar unsere Ziele. Wir haben sie auf einem Plakat publiziert. Das Plakat hängt in allen Abteilungen. Aber wir setzen die Ziele nicht um; sie werden nicht gelebt!“

Das war die Botschaft unseres ersten Gesprächs mit dem Verleger, nennen wir ihn Herrn Schreiber. Und soviel scheint auch „klar“ zu sein: Abhilfe bietet in diesem Fall die Balanced Scorecard! Sie ist „in“. Sie ist der „Renner“. Sie ist „die“ Lösung. Schließlich sind die einschlägigen Zeitschriften voll von Beiträgen zum Thema. Seminarangebote sprießen an allen Ecken und Enden. Eine Reihe von Büchern sind inzwischen erschienen. Und man spricht nicht nur in Expertenkreisen von der Balanced Scorecard. Also schauen wir uns ein wenig um. Suchen wir uns einen Berater. Und fangen wir an.

2.1 Ein mittelständischer Verlag führt die Balanced Scorecard ein

Angeboten wird die Balanced Scorecard als „ausgewogener Berichtsbogen“. Man nehme vorhandene Kennzahlen, ordne sie nach den vier von Norton und Kaplan[1] definierten Perspektiven „Finanzen“, „Kunden“, „interne Geschäftsprozesse“sowie „Lernen und Entwicklung“. Dann wähle man je vier bis fünf relevante strategische Kennzahlen aus – und fertig ist die Balanced Scorecard! Das ist einfach. Das geht schnell. Vielleicht benötigt man einen kurzen Workshop zum Einstimmen der leitenden Mitarbeiter. Und es geht auch per Computer. Software zum Zusammenstellen von Balanced Scorecard-Kennzahlen finden sich vielerorts auf dem Markt.

Doch dann kommen Fragen. Und die ersten Enttäuschungen. Was sind strategische Kennzahlen? Woher kommt die Strategie? Ist sie einfach da? Und wie führen die nunmehr „perspektivisch gruppierten“ strategischen Kennzahlen zu einer Verankerung der Ziele im praktischen Alltag meines Unternehmens?

Angeboten wird die Balanced Scorecard auch als ein von Kaplan und Norton entwickeltes Instrument (oder „Tool“, wie es auf neudeutsch heißt) zur ausgewogenen Ergänzung der „harten“ finanziellen durch „weiche“ nichtfinanzielle Messgrößen. Ausgehend von der durch das oberste Management formulierten Strategie werden für die uns schon bekannten vier Perspektiven strategische Unterziele formuliert.

---

1 Robert S. Kaplan und David P. Norton gelten als die „Erfinder“ der Balanced Scorecard. Vgl. Kaplan, R., Norton, P.: Balanced Scorecard, Strategien erfolgreich umsetzen, Stuttgart 1997.

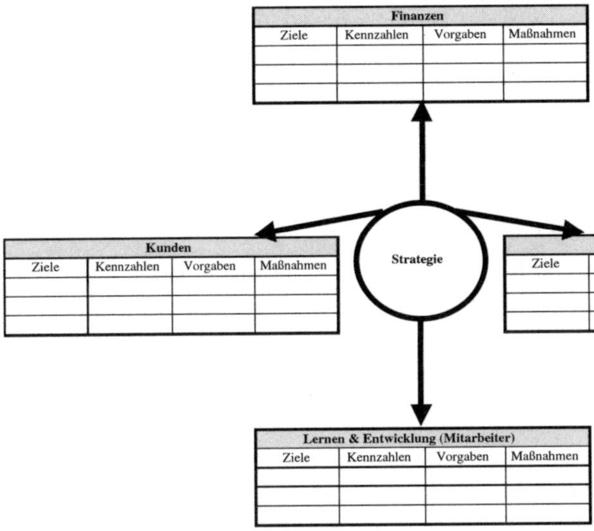

Abb. 2: Balanced Scorecard nach Kaplan/Norton

Die Unterziele sind zu kombinieren mit Kennzahlen zu ihrer Messung. Für die Kennzahlen werden anspruchsvolle und zugleich realistische Zielstellungen festgelegt. Zur Erreichung dieser Zielstellungen definieren wir strategische Maßnahmen. Schließlich versuchen wir, zwischen den verschiedenen Kennzahlen Ursache-Wirkungs-Beziehungen (so genannte kausale Verknüpfungen) zu bestimmen. Auf diese Weise können wir durch den Einsatz der üblichen Controlling-Instrumente prüfen, ob die Erreichung der einzelnen Zielstellungen auch die gewünschten Folgewirkungen nach sich zieht. Und wir können uns korrigieren bzw. präzisieren. Bis hin zu den Zielstellungen selbst.

Dieser Ansatz ist schon deutlich anspruchsvoller. Aber auch hier bleiben Fragen. Wie kommt das oberste Management zu seiner Strategie? Ist es richtig, die Balanced Scorecard *nach* der Strategieentwicklung anzusetzen? Wie werden die kausalen Verknüpfungen erfasst? Qualitativ? Quantitativ, etwa vergleichbar dem DuPont'schen ROI-Baum? Ist ein statistischer Zusammenhang schon eine kausale Verknüpfung?

Und wer sorgt im praktischen Alltag für das „Leben“ der Strategie? Wollen wir mit den Kennzahlen arbeiten? Ein Unternehmen (eine „Struktureinheit“) steuern? Oder wollen wir die handelnden Akteure führen?

Viele Anbieter verkaufen die Balanced Scorecard als ein relativ fest umrissenes (deterministisches) System zur Implementierung der obersten strategischen Zielstellung in das operative Planungssystem eines Unternehmens. Damit folgen sie einem Trend in der Managementpraxis. Ob „Six Sigma“, „Twenty Keys“ oder „Total Quality Management“; alle diese Methoden gehen von einer definierten Grundstruktur aus, die im Detail individuell ausgefüllt werden kann, aber im Grundsatz unverändert abgearbeitet werden soll.

Eine feste Struktur kann als Richtschnur sehr behilflich sein. Aber was geschieht, wenn die Probleme und vor allem die verantwortlichen Akteure nicht in die vorgegebenen Strukturen passen? Und darüber hinaus, und vielleicht als wichtigste Frage: Welche Rolle spielen die verschiedenen Akteure bei der Erarbeitung und praktischen Anwendung der Balanced Scorecard?

Bei der Suche nach einer angemessenen Lösung unseres Problems kommen wir schnell zu einer Vielzahl von Fragen. Und wir könnten noch weitere anfügen. Es geht wohl doch nicht ganz so leicht und schnell mit der Balanced Scorecard. Das oft für die Menschenführung als plausibel empfundene KISS-Motto („Keep it simple and stupid“ – Gestalte es einfach und anspruchslos) scheint hier nicht angebracht.

Dabei ist das eigentliche Instrument „Balanced Scorecard“ gar nicht so kompliziert. Wie im eingangs geschilderten Fall unseres Freundes beschrieben, stellt sie zunächst lediglich einen Handlungsrahmen zur möglichst ausgewogene Konkretisierung strategischer Ziele durch Kennzahlen unter der Nutzung verschiedener Sichten (Perspektiven) auf mein Unternehmen dar.

Aber es ist mit der Balanced Scorecard nicht anders, als mit anderen Instrumenten auch. Es kommt darauf an, was ich erreichen will. Ein Konzertflügel zum Beispiel ist zunächst einfach nur ein Saiteninstrument. Ich kann darauf den „Flohwalzer“ spielen oder eine Sonate von Beethoven. Ich kann mit zwei Fingern „klimpern“ oder als Künstler vollendet musizieren. Ich kann im Zusammenwirken mit einem Orchester ein Klavierkonzert aufführen oder gemeinsam mit einer Band „jazzen“ oder „poppen“.

Was also sind die Ziele, für deren Realisierung die Balanced Scorecard ein geeignetes Instrument sein könnte? Nach unseren Erfahrungen geht es dabei um drei miteinander eng verbundene Problemkreise (s. Abb. 3):

1. Die Umsetzung von allgemeinen strategischen Zielvorstellungen in den konkreten praktischen Alltag („Von der Utopie zum unternehmerischen Tun“).

2. Das Erarbeiten einer Strategie als Grundlage für die Herausbildung allgemeiner strategischer Zielvorstellungen (strategisches Prozessmanagement).
3. Der Aufbau eines Netzwerkes von Verantwortlichen zur Koordination der strategischen Aktionen und ihrer nachhaltigen Verankerung im Alltag.

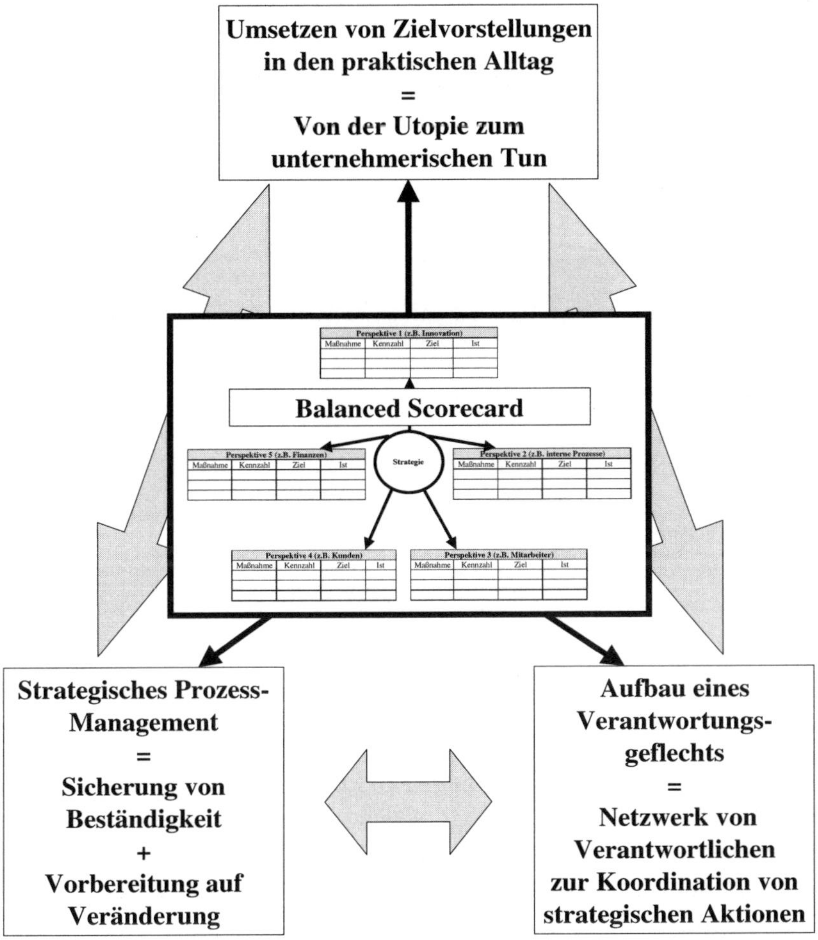

Abb. 3: Die von einer Balanced Scorecard berührten Problemkreise

Kehren wir zu unserem Verlag zurück. Die Fachbuch GmbH ist ein mittelständisches Unternehmen, das Herr Schreiber, der Mehrheitsgesellschafter und Geschäftsführer, schon von seinem Vater übernommen hat. Das war vor mehr als 30 Jahren. Inzwischen ist Herr Schreiber selbst in die Jahre gekommen.
Der Verlag hat sich in den vergangenen 25 Jahren spezialisiert auf Textilchemie und angrenzende Gebiete. Mit seinen 95 Mitarbeitern erwirtschaftete er 1999 einen Umsatz von knapp 20 Mio. DM.

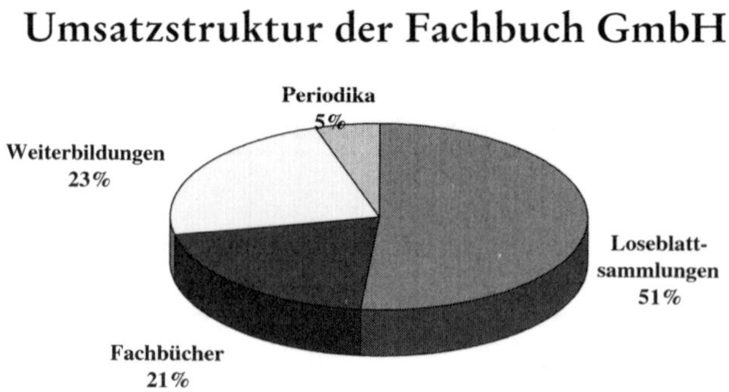

Abb. 4: Umsatzstruktur der Fachbuch GmbH

Die Wachstumsraten des Umsatzes und die Erträge waren in den letzten 5 Jahren beträchtlich:

	1996	1997	1998	1999
Umsatzwachstum	5 %	14 %	9 %	25 %
Umsatzrendite	8,2 %	6,4 %	9,2 %	8,7 %

Dementsprechend stabil ist die finanzielle Situation des Verlages.

Das Problem der Fachbuch GmbH liegt also nicht im laufenden Geschäft. Es gibt dennoch eine zentrale Frage, die Herr Schreiber in den kommenden Jahren zu lösen hat: die Regelung der Nachfolge. Ansatzpunkte in der Familie sind nicht gegeben. Demzufolge rückte der Gedanke, die Anteile an der GmbH zu verkaufen, in das Zentrum seiner Überlegungen.

Einen ersten Schritt hatte er bereits getan. Mit 30 % war die deutsche Tochtergesellschaft eines großen englischen Verlagshauses Mitgesellschafter geworden. Damit konnte sich die Fachbuch GmbH ausreichend finanzielle Mittel für eine angestrebte Expansion sichern. Die Geschäftsführung einschließlich der Festlegung der Geschäftspolitik war in den Händen von Herrn Schreiber geblieben.

Diese inhaltliche Eigenständigkeit will er seinem Verlag auch zukünftig sichern. Das soll dadurch erreicht werden, dass einige leitende Mitarbeiter schrittweise 19 % der verbleibenden Anteile übernehmen. Die übrigen 51 % will er in eine Stiftung einbringen. Über einen mittelfristigen Zeitraum wird sich Herr Schreiber auf diesem Weg sukzessive aus dem aktiven Geschäftsleben zurückziehen.

Das Unternehmen auf diesen Übergang vorzubereiten und zugleich auszurichten auf die Herausforderungen des beginnenden 21. Jahrhunderts war der Auslöser, nach neuen Wegen zu suchen.

- Zum einen ging es darum, Weichen zur grundlegenden zukünftigen Geschäftspolitik zu stellen. Sind die bisherigen durchaus erfolgreichen Verlagsaktivitäten ausreichend? Wohin wird der Markt, werden die Wettbewerber tendieren?
- Zum anderen sollten die Mitarbeiter stärker als bisher in die strategischen Maßnahmen einbezogen werden. Gibt es Wege, die scheinbar unüberwindlichen Grenzen zwischen der Formulierung zentraler Unternehmensziele und dem operativen Unternehmensalltag abzubauen?

Unter diesen Vorzeichen wurde die Erarbeitung einer Balanced Scorecard in Angriff genommen.

2.2 Wofür brauchen Unternehmen eine Balanced Scorecard?

Jeder, der sich auf eine Balanced Scorecard einlassen will, sollte sich vorher informieren, was auf ihn zukommt. Welche Chancen und welche Belastungen mit einer Balanced Scorecard verbunden sind. Herr Schreiber versuchte, sich dementsprechend gründlich vorzubereiten:

- durch Teilnahme an verschiedenen Kongressen und später auch an mehr praxisorientierten Workshops
- durch Konsultation verschiedener Berater

- durch Diskussion und Erfahrungsaustausch mit Kollegen
- sein Controller nahm ihn auch mit zu Veranstaltungen und Arbeitskreissitzungen des Controller Vereins zu diesem aktuellen Thema

Entsprechend seinem Motto: Testen, testen, testen...

Was durfte er nun erwarten?

Wie bereits erwähnt, kann die Erarbeitung und Nutzung einer Balanced Scorecard bei der Lösung von drei wesentlichen Problemen behilflich sein:

- dem Erarbeiten strategischer Zielsetzungen (Strategisches Prozessmanagement)
- der Umsetzung strategischer Zielvorstellungen in den praktischen Alltag
- dem Aufbau eines Verantwortungsgeflechts zur nachhaltigen Verankerung einer strategisch orientierten Verhaltenskultur

2.3 Strategisches Prozessmanagement

Wer strategische Zielstellungen im unternehmerischen Alltag umsetzen will, sollte zunächst eine Strategie haben. Und ein wenig Strategie hat jeder von uns in sich. Wir leben nicht ziellos. Wir haben Hoffnungen, Wünsche, Erwartungen – entsprungen aus Vorstellungen von der Zukunft.

Allerdings sind wir uns dessen nicht immer bewusst. Und Vorstellungen von der Zukunft sind noch keine Strategie.

Diese Erfahrung machte auch Herr Schreiber. Wie sollte er sein Feld bestellen? Welche Veränderungen müssten in Gang gesetzt werden, um in der Zukunft zu bestehen? Und wie wäre der Veränderungsprozess zu managen?

Aber ging es überhaupt um Veränderung? Eigentlich wollte er Bewahrenswertes erhalten: die Eigenständigkeit des Verlages; die anerkannte Kompetenz auf dem Gebiet der Textilchemie; die eigentlich recht angenehme Unternehmenskultur!

Was also war sein eigentliches Ziel? Und ist ein Ziel schon eine Strategie?

> „Eine erfolgreiche Strategie ist eine Strategie, die engagierte Menschen mit Energie erfüllt: Sie machen sie zu einer guten Strategie, indem sie sie verwirklichen, und vielleicht, indem sie sie selbst entwickeln[2]."

Das hatte er gelesen. Er müsste demzufolge auch nach den entscheidenden Wegen suchen, seine Ziele umzusetzen. Und er wollte sie zusammen mit seinen Mitarbeitern suchen.

Schließlich, wenn man die Strategie endlich erarbeitet hat, ist sie dann für viele Jahre gültig? Zumindest für eine längere Zeit? Oder wird man unflexibel, wenn man sich zu sehr festlegt? Ist die Zukunft nicht viel zu unbestimmt? Gilt es neben der bewusst verfolgten Strategie auch sich herausbildende Strategien zu beachten?

> Zumindest gibt es immer wieder neue strategische Chancen, die man sich nicht verbauen sollte.

Nach all den Fragen war sich Herr Schreiber im Klaren, dass die Strategiefindung ein recht komplexer Prozess ist, der kontinuierlich gemanagt werden sollte. Er musste sich sein individuelles „Strategie-Radar" aufbauen (auch wieder etwas, das er irgendwo gelesen hatte[3]). Und den Prozess strukturieren. Weil er sich dann besser managen lässt.

Da sind zunächst die zwei grundlegenden Aspekte jeder Strategie: Denken und Handeln. In diesem Kreis entwickeln wir Leitbild (Mission) und Leitziel (Vision) für unser Unternehmen. Und die strategischen Wege, auf denen wir Leitbild und Leitziel verwirklichen wollen (s. Abb. 5)[4].

2 Vgl. Mintzberg, Henry: Strategy Safari, Wien/Frankfurt 1999, S. 138.
3 Vgl. Micic, Pero: Der Zukunftsmanager, Haufe Verlagsgruppe Freiburg, Berlin, München 2000.
4 Im 5. Kapital gehen wir ausführlicher auf die Arbeitsphase Strategieentwicklung und Zielfindung ein.

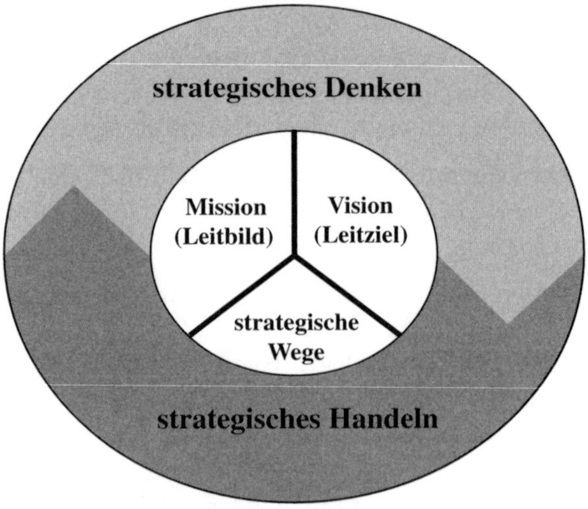

Abb. 5: Grundaspekte der Strategieentwicklung

Dabei beeinflussen sich beide Grundaspekte gegenseitig. Das strategische Denken entspringt aus den Erfahrungen unseres Handelns. Zugleich sollte es die Grundzüge all unserer Aktionen bestimmen.

Allerdings will strategisches Denken geübt sein. Es ist eingebettet in eine Reihe nicht immer einfacher Aufgabenstellungen:

- Analysieren der bisherigen Entwicklung
- Beachten der Eigeninteressen und Machtstrukturen innerhalb und außerhalb des Unternehmens
- Berücksichtigen gemeinschaftlicher Interessen und kultureller Strukturen
- Rücksicht nehmen auf Veränderungen der Umwelt
- Nutzen der individuellen und kollektiven Lernfähigkeit und Beachten der bisherigen Erfahrungen aller Beteiligten

Im Ergebnis entsteht im Allgemeinen ein mehr oder weniger konkretes Bild von der zukünftigen Entwicklung unserer Organisation. Ein Utopie, eine qualitative Vision (s. Abb. 6).

Abb. 6: Grundelemente strategischen Denkens

Aber so gut unsere Vision auch sein mag, erst durch die Verbindung mit zielgerichtetem Handeln entsteht eine wirksame Strategie. Dabei geht es um drei Aufgabenkomplexe.

- Ableiten konkreter Zielstellungen aus der bisher eher bildhaft utopischen Vision
- Umsetzen der Zielstellungen in praktische Aktionen
- Parallele Vorbereitung von heute schon absehbaren, aber erst zu einem späteren Zeitpunkt zu treffenden Entscheidungen

Schließlich werden durch die individuelle und gemeinschaftliche Auswertung der Ergebnisse des unternehmerischen Handelns die Grundlagen für die Weiterentwicklung des strategischen Denkens erweitert. Der Kreis schließt sich. Der Prozess setzt sich fort (s. Abb. 7).

Strategisches Handeln

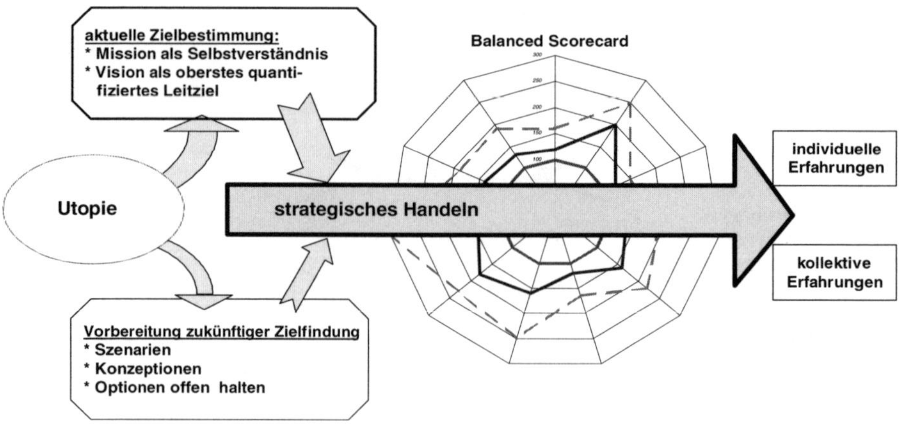

Abb. 7: Grundelemente strategischen Handelns

2.4 Von der Utopie zum unternehmerischen Tun

Jede Strategie beginnt mit Utopien. Konstruktiv träumen. „Wer das nicht kann, sollte nicht Unternehmer werden" – so äußerte sich Herr Schreiber. Aber wir müssen auf dem Teppich bleiben. Träume allein führen nicht zum Ziel, wir müssen es auch tun. Und der erste Schritt auf dem Weg zum Tun ist die Konkretisierung unserer Ziele.

An dieser Stelle setzt die Erarbeitung einer Balanced Scorecard ein.

Der inhaltliche Ablauf kann in verschiedene Phasen eingeteilt werden:

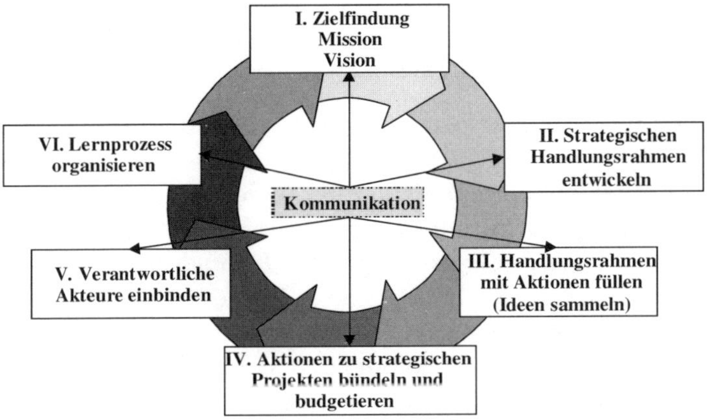

Abb. 8: Ablauf der Erarbeitung einer Balanced Scorecard

2.4.1 Phase 1: Zielfindung

Die Erarbeitung einer Balanced Scorecard beginnt idealerweise im Kontext eines längeren, ausgewogenen und dann parallel weiterlaufenden strategischen Denkprozesses mit der konkreten Zielfindung unseres Unternehmens, unserer Institution, unserer Behörde etc. Diese Zielfindung steht im Spannungsfeld zwischen dem Erkennen der Mission, dem Formulieren und Quantifizieren einer Vision als oberstes Ziel allen Handelns sowie dem unternehmerischen Tun.

- Die Mission – auch das Leitbild des Unternehmens genannt – definiert das Selbstverständnis des unternehmerischen Seins. Sie gibt ein Bild von der eigenen Kraft, führt zum Besinnen auf die spezifischen eigenen Kompetenzen, mögen sie bereits entwickelt, im Entstehen oder nur potenziell vorhanden sein.
- Die Vision, das Leitziel des Unternehmens, entsteht aus der Kombination von praktischen Kenntnissen der eigenen Kompetenzen („im Leben stehen"), vom gesellschaftlichem Überblick („über die Grenzen des eigenen Alltags hinaus sehen") und von utopischer Inspiration („ein Bild von der Zukunft entwerfen", „Chancen wittern").

- Das unternehmerische Tun besteht in der Organisation von zielgerichtetem strategischem Handeln, von strategischen Projekten. Damit Mission und Vision keine leere Hülsen bleiben.

Während eine Vision immer zu einem gewissen Grad intuitiv bleibt, d. h. weder allein durch Planung oder Organisation noch durch Formalismen entstehen wird, kann strategieorientiertes unternehmerisches Tun ohne ein Mindestmaß an Planung, Organisation und Formalismen auf Dauer nicht auskommen. Aber Planung, Organisation und Formalismen sind für sich nur ein inhaltsloser Rahmen. Sie benötigen ein Zukunftsbild, um dem Handeln eine stringente Richtung zu geben. Und ein realistisches Bild von der eigenen Kraft, um auf einem stabilen Fundament zu handeln. Wenn wir also strategisches Denken in strategisches Handeln umsetzen wollen, „tun" wollen, benötigen wir möglichst konkrete Vorstellungen von unserer Mission, dem Unternehmensleitbild und unserer Vision, dem Unternehmensleitziel.

Und unsere Vision, die zunächst bildhafte, mehr oder weniger utopische Vorstellung unseres obersten Ziels sollte auf dem Weg zum unternehmerischen Tun nicht nur ein qualitatives Bild bleiben. Sie sollte auch quantitativ bestimmt werden. Denn Quantifizierung zwingt zur Konkretisierung.

Konkrete Vorstellungen sind eine wesentliche Voraussetzung für die Kommunikation der Vision. Es mag ja für mich, für unser Unternehmen ganz schön sein, wenn ich, wenn wir eine Vision haben. Nur, das visionäre Bild allein sagt mir, sagt meinen Mitstreitern noch nicht oder nur sehr ungenau, was zu tun ist. Die Quantifizierung der Vision zwingt dazu, das Bild „griffiger", also verständlicher zu formulieren. Damit wissen wir zwar immer noch nicht, was zu tun ist. Aber es ist der erste Schritt auf dem Weg von der Utopie zum strategieorientierten unternehmerischen Tun. Und der erste Schritt ist meist der schwierigste.

Trotzdem oder vielleicht auch deswegen kann es oftmals gerade dieser erste Schritt sein, der die Lawine ins Rollen bringt. Die Quantifizierung der Vision, des obersten Ziels ist demzufolge ein Muss für die praktische Umsetzung von strategischen Zielen.

Und außerdem wollen wir den Prozess später „controllen" können, wollen ihn steuern. Wir wollen wissen, ob und in welchem Maße die Realisierung der von uns geplanten strategischen Projekte in ihrer Gesamtheit zielführend ist.

Kehren wir kurz zur Fachbuch GmbH zurück. Nach längerem Durchdenken und mehreren Diskussionen mit seinen engsten Mitarbeitern berief Herr Schreiber einen ersten Balanced Scorecard-Workshop ein, um in einem Kreis von 14 Mitarbeitern aus der Geschäftsführung und allen Abteilungen gemeinsam eine strategische Zielbestimmung zu formulieren. Sie wurde schließlich als ein erster Ansatz in einer Kombination aus Mission (Leitbild) und Vision (Leitziel) gefunden. Und um Leitbild und Leitziel besser kommunizieren zu können, wurden kurze, griffige Slogans formuliert:

Mission: Wir bringen die Textilchemie auf den Punkt

Hintergrund dieses Slogans ist die Tatsache, dass die Fachbuch GmbH auch für die Zukunft ihren entscheidenden Kompetenzvorsprung auf dem Gebiet der Textilchemie sieht. Diesen Vorsprung will sie sich erhalten, insbesondere in den Teilgebieten Technologie und europäisches Recht. Gleichzeitig war der Führungskreis überzeugt, dass diese Position auf Dauer nur erhalten werden kann, wenn als flankierende Ergänzung, als neue Facette der eigenen Kompetenz der Verlag darauf eingestellt ist, die Möglichkeiten der elektronischen Medien in wachsendem Umfang zu nutzen, auch auf diesem Gebiet Maßstäbe zu setzen.

Vision:	**Mit kontinuierlichem Wachstum in Deutschland ebnen wir die Wege nach Europa und sichern unsere Eigenständigkeit**
Quantifizierung:	**Ø-Umsatzwachstum Deutschland 20 %/Jahr** **Ø-Umsatzwachstum Europa 30 %/Jahr** **Ø-Umsatzrendite 15 %**

Die Fachbuch GmbH hat bereits Aktivitäten auf dem europäischen Markt, allerdings in bescheidenem Umfang. Aber die Kompetenz im europäischen Textilchemie-Recht hat schon seit einiger Zeit den Gedanken nahe gelegt, diese Aktivitäten deutlich auszudehnen. Hinzu kam die Überlegung, dass für ein langfristiges Bestehen am Markt der deutschsprachige Raum zu klein ist. Der Sprung nach Europa wird daher von Herrn Schreiber und seinen Mitstreitern als strategische Notwendigkeit angesehen, um die Existenz der Fachbuch GmbH zu bewahren.

Gleichzeitig war allen Beteiligten klar, dass dieser Sprung nach Europa gut vorbereitet werden muss. Es geht ja nicht nur um die Übersetzung der Verlagsprodukte in andere Sprachen. Es geht um die Berücksichtigung der anderen Kulturen. Und es geht darum, auch in Europa den guten Namen zu erwerben, den man im deutschsprachigen Raum bereits hat – und bewahren möchte.

Deshalb darf der deutsche Markt nicht vernachlässigt werden. Er bleibt auch für die nächsten Jahre die Basis aller Aktivitäten. Nur auf diesem Markt kann die erforderliche Innenfinanzkraft erwirtschaftet werden, die für die europäische Markterschließung notwendig ist.

Mit der gemeinsamen Formulierung von Mission und Vision war der strategische Prozess in der Fachbuch GmbH nicht beendet. Aber er hatte ein erstes, von allen Beteiligten geteiltes Resultat gefunden. Zugleich waren sich alle einig, dass dieser Prozess weitergeführt werden muss.

2.4.2 Phase 2: Entwicklung eines Handlungsrahmens

Um Mission und Vision in konkretes Handeln umzusetzen, müssen wir Aktionen festlegen. Und für ein zielgerichtetes Ausrichten dieser Aktionen kann es hilfreich sein, einen „Rahmen" zur Umsetzung unserer strategischen Ziele zu konstruieren.

Den Handlungsrahmen „spannen" wir zwischen die Fragen:

- *„Worauf richten wir unsere Aktionen aus?"* – Bestimmen der strategischen Wege – und
- *„Welche Aktivitäten wollen wir realisieren?"* – Bestimmen der Perspektiven auf bzw. Potenziale für unser Handeln.

Die beiden Fragen verweisen auf zwei Grundsätze, die wir in unserem Bemühen um effektive Resultate unserer strategischen Arbeit berücksichtigen sollten:

1. Es geht nicht um Aktionen schlechthin. Das führt schnell zum Aktionismus. Es geht um zielorientierte Aktionen. Dafür haben wir uns ja der Mühe unterzogen, eine Vision zu formulieren. Also versuchen wir, jene strategischen Wege zu finden, die unsere Aktionen auf die Erreichung unseres Unternehmensleitzieles ausrichten. Jene entscheidenden Wege, die wir zur Verwirklichung unserer heutigen Ziele bzw. zur Vorbereitung auf zukünftige Ziele gehen wollen.

2. In den meisten Fällen steht uns ein breites Spektrum an Aktionsmöglichkeiten, an Handlungspotenzialen zur Verfügung. Sie sind so vielfältig wie die Akteure, die an den Aktionen unseres Unternehmens beteiligt sind. Handlungspotenziale spiegeln das Beziehungsgeflecht wider, in das wir eingebunden sind. Seien es nun Beziehungen zu unseren Kunden, zu den Shareholdern oder Anteilseignern, zu unseren Lieferanten oder Kooperationspartnern, zu Finanzierungsinstitutionen oder Einrichtungen des Staates oder seien es die internen Beziehungen zwischen den Mitarbeitern bzw. die internen Prozesse in unserem Unternehmen, unserer Behörde etc. Handlungspotenziale können Aufgabenfelder umreißen, die wir zur Erreichung unserer Vision bewältigen wollen: Das können Aufgaben der Kommunikation, der Arbeitsabläufe, der Einführung wesentlicher Projekte oder der Innovation sein.

Um zur Erreichung strategischer Ziele ein möglichst ausgewogenes Mix an Handlungspotenzialen zu erfassen und diese in das Zentrum des Managements einer Organisation zu rücken, wurden von Kaplan und Norton mit der Entwicklung der Balanced Scorecard die Konstruktion von vier Perspektiven vorgeschlagen:

- die „Finanzperspektive“ („Wie sollen wir gegenüber Teilhabern auftreten, um finanziellen Erfolg zu haben?“)
- die „Kundenperspektive“ („Wie sollen wir gegenüber unseren Kunden auftreten, um unsere Vision zu verwirklichen?“)
- die „Perspektive der internen Geschäftsprozesse“ („In welchen Geschäftsprozessen müssen wir die Besten sein, um unsere Teilhaber und Kunden zu befriedigen?“)
- die „Perspektive Lernen und Entwicklung“ (Wie können wir unsere Veränderungs- und Wachstumspotenziale fördern, um unsere Vision zu verwirklichen?“)[5]

Wir können versuchen, die gesamte Vielfalt der Beziehungsgeflechte unserer Organisation in diesen vier Perspektiven zu erfassen. Allerdings ist die Komplexität des Lebens so groß, dass es nicht immer zweckmäßig erscheint, all seine Facetten in vorgeschriebene Strukturen, hier also in jene vier Perspektiven zu zwängen.

5 Kaplan, Robert S. und Norton David P.: Balanced Scorecard, Strategien erfolgreich umsetzen, Schäffer-Poeschel Verlag Stuttgart 1997, S. 9.

Zudem sollten wir bedenken, dass jene Strukturen nur Konstrukte unseres Denkens sind. Wir schaffen uns doch Strukturen, um leichter, um strukturierter denken zu können. Und um komplexe Zusammenhänge besser beschreiben und erfassen zu können.

Aber jede Struktur ist willkürlich. Wir merken es immer dann, wenn wir Vorgänge nicht bestimmten „Schubläden“ zuordnen können. Und wenn wir das erst einmal akzeptieren, werden wir Strukturen leichter als flexible Hilfsmittel für das eigene Verständnis begreifen. Als Hilfsmittel für unsere Kommunikation. Und dann lösen wir uns leichter von allen Vorgaben. Wir konstruieren uns solche Strukturen oder eben „Schubläden“, mit denen wir am zweckmäßigsten unsere Probleme lösen und kommunizieren können. Dabei spielt die Verständlichkeit, die Kommunikationsfähigkeit eine entscheidende Rolle.

Dementsprechend werden in der Praxis die vier Kaplan/Norton'schen Perspektiven oft verändert und erweitert. Wir suchen nach den Potenzialen, die aus strategischer Sicht besonders beachtenswert sind. Die für die Realisierung unserer Vision entscheidende Bedeutung haben.

Eine mögliche Strukturierung in Perspektiven (Handlungspotenziale) kann unter dem Aspekt der verschiedenen Sichtweisen erfolgen:

- eine mehr humanorientierte Sicht
- eine mehr prozessorientierte Sicht
- eine eher interne Sicht
- eine eher externe Sicht

Aus diesen verschiedenen Blickwinkeln könnten sich – ohne Anspruch auf Vollständigkeit – die in Abb. 9 skizzierten Perspektiven ergeben[6]:

6 Vgl. Friedag, Herwig R./ Schmidt, Walter: Balanced Scorecard – Mehr als ein Kennzahlensystem, Rudolf Haufe Verlag, Freiburg i. Br. 1999, S. 29.

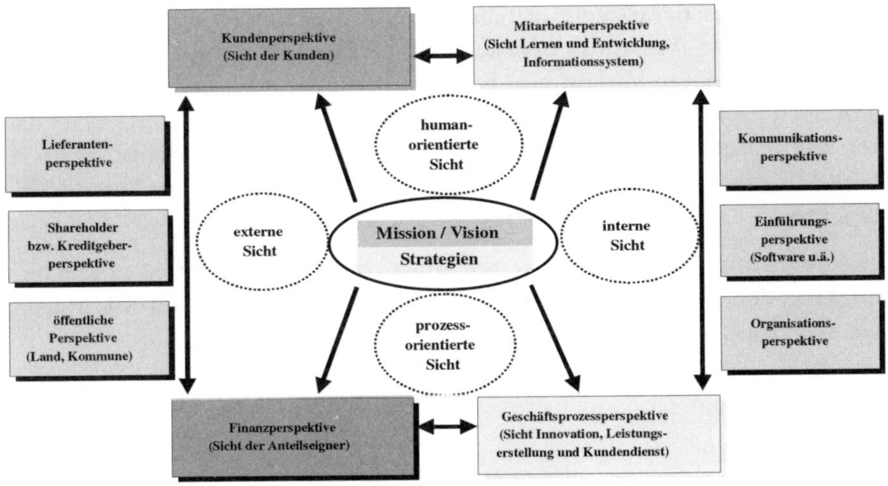

Abb. 9: Mögliche Perspektiven der Balanced Scorecard

Dabei besitzen nicht alle Perspektiven bzw. Handlungspotenziale unter allen Umständen akute strategische Relevanz im Sinne der Balanced Scorecard. Viele Aktionen laufen bereits alltäglich mit der erforderlichen Präzision und Effektivität. Sie bedürfen keiner besonderen Aufmerksamkeit des Managements, solange sie den „grünen Bereich“ nicht signifikant verlassen. Sie mögen von strategischem Gewicht sein. Aber hier ist Strategie schon im Alltag verankert. Die Aufgabe, die wir mit der Balanced Scorecard erst bewältigen wollen, ist in diesen Fällen bereits gelöst.

Konzentrieren wir uns also auf jene Perspektiven, mit deren Hilfe wir unsere strategischen Zielstellungen in den unternehmerischen Alltag umsetzen wollen.

> Durch die Kombination dieser Perspektiven mit geeigneten zielführenden strategischen Wegen „konstruieren“ wir das Koordinatensystem zur Bestimmung jenes Handlungsrahmens, den wir im engeren Sinne
>
> **Balanced Scorecard**
>
> nennen.

Wir wollen einen derartigen formalen Handlungsrahmen nutzen, weil er uns die ausgewogene Auswahl zielorientierter Aktionen erlaubt. Eine Auswahl von Aktionen, deren Verlauf und Erfolg wir später mit geeigneten Kennzahlen messen wollen. Der uns dazu zwingt, alle vorhandenen Potenziale nach ihrer strategischen Relevanz zu durchforsten. Damit wir nichts vergessen. Damit wir die zu lösenden Aufgaben aus allen nur möglichen Perspektiven betrachten.

Wir sichern uns damit jenen weiten Blick, der gute Strategien erst ermöglicht. Und den wir brauchen, um die potenziellen Kräfte unseres Unternehmens freizusetzen und auf die strategischen Ziele zu lenken.

Die Fachbuch GmbH hatte sich für folgende strategischen Wege und Perspektiven entschieden:

Strategische Wege:

1. Verstärkung der Kundenorientierung
2. schrittweiser Ausbau der Aktivitäten in Europa
3. Entwicklung der elektronischen Medien zu einem wesentlichen Vertriebsweg

Perspektiven:

1. Mitarbeiter
2. Interne Geschäftsprozesse
3. Kunden
4. Finanzen
5. Elektronische Medien
6. Autoren (externe Mitarbeiter)
7. Lieferanten

Den so entstandenen Handlungsrahmen zeigt Abb. 10:

		strategische Wege Worauf richten wir die Aktivitäten aus?		
Perspektiven		S1 Verstärken der Kundenorientierung	S 2 schrittweise Aktivitäten in Europa ausbauen	S 3 elektronische Medien entwickeln
Mitarbeiter	Welche Aktivitäten wollen wir realisieren?			
interne Geschäftsprozesse				
Kunden				
Finanzen				
Elektronische Medien				
Autoren (externe Mitarbeiter)				
Lieferanten				

Abb. 10: Handlungsrahmen der Fachbuch GmbH

Damit war die Ausgangsbasis geschaffen, um zielgerichtet und ausgewogen Ideen für Aktionen zu sammeln, mit denen später im Rahmen von strategischen Projekten die Vision von Herrn Schreiber und seinen Mitstreitern praktisch umgesetzt werden kann.

2.4.3 Phase 3: Ideensammlung für zielorientierte Aktionen

Der Rahmen ist gespannt. Jetzt gilt es, möglichst alle verfügbaren Ideen für zielgerichtete Aktionen zu sammeln. Das war der Gegenstand des zweiten Tages jenes Balanced Scorecard-Workshops, den Herr Schreiber zur Formulierung der strategischen Ziele einberufen hatte.

Die Aufgabe der 3. Phase zur Erarbeitung einer Balanced Scorecard besteht darin, für jedes Handlungsfeld unseres Unternehmens strategisch relevante Aktionen zur Zielerreichung zu erarbeiten.

Dabei hat es sich als zweckmäßig erwiesen, diese Aktionen in folgendem Kontext zu formulieren:

1. Wir definieren, welchem strategischen Weg und welcher Perspektive die angedachte Aktion zugeordnet ist. Damit sichern wir zum einen die Orientierung auf das als Vision bestimmte oberste Ziel des Unternehmens. Und da wir Schritt für Schritt alle von uns als strategisch bedeutsam ausgewählten Handlungspotenziale bedenken, steigt die Wahrscheinlichkeit, nichts strategisch Relevantes auszulassen. Das setzt natürlich voraus, dass wir im Vorfeld unsere strategischen Wege tatsächlich zielführend formuliert und unsere Perspektiven ausgewogen gewählt haben. Dass der von uns konstruierte Handlungsrahmen hinreichend die strategisch relevanten Potenziale unserer Organisation umreißt.

> In der Praxis ergeben sich immer wieder Situationen, in denen das Sammeln zielorientierter Aktionen zum Überdenken der Zielformulierung selbst führt. Wir sollten uns dafür offen halten. Wie so oft liegt der Teufel im Detail. Und je konkreter wir werden, umso eher merken wir, dass mehr oder weniger allgemein gehaltene Ziele nicht immer das treffen, was wir wirklich anstreben. Wenn dem so ist, sollten wir uns korrigieren. Es wird uns die weitere Arbeit an der Balanced Scorecard erleichtern.

2. Wir definieren, welches konkrete Aktionsziel im Rahmen des strategischen Weges erreicht werden soll. Dabei sollten wir möglichst präzise formulieren. Ungenau formulierte Ziele erschweren die Orientierung der für die Umsetzung der Aktion verantwortlichen Akteure. Was wir an dieser Stelle unter Umständen an Zeit „einsparen", verlieren wir später an Effektivität.

3. Wir benennen die Aktion. Zunächst reicht ein Stichwort, eine Überschrift. Sofern alle Beteiligten verstehen, was damit gemeint ist. Wenn es später in die praktische Umsetzung geht, sollte der für die Aktion verantwortliche Koordinator daraus allerdings möglichst konkrete Handlungsschritte erarbeiten.

4. Wir definieren, mit welcher Kennzahl Verlauf und Ergebnis der Aktion gemessen werden soll. Je besser wir das Aktionsziel formuliert haben, umso leichter wird es uns fallen, eine geeignete Kennzahl zu bestimmen.

5. Wir definieren IST und SOLL und die konkrete Verantwortung für die Aktion. Erst damit erschließen wir uns das Führungspotenzial einer Balanced Scorecard. Dabei sollte die Verantwortung eindeutig geregelt sein. Es gilt zwar der Spruch: „Geteiltes Leid ist halbes Leid!", aber geteilte Verantwortung ist gar keine Verantwortung. Denn im Zweifelsfall ist immer „der andere" zuständig.

Der 5. Punkt sollte in der Praxis erst in späteren Phasen (IV und V) umgesetzt werden. In der 3. Phase geht es zunächst darum, eine Aktion und eine dazugehörige Kennzahl zu benennen. Allerdings mit dem Gedanken im Hinterkopf, dass der Punkt 5 noch zu absolvieren sein wird!

Und wenn wir ausreichend Erfahrungen mit Kennzahlen gesammelt haben, wenn die betroffenen Akteure diese verstehen und akzeptieren, dann sollten wir prüfen, ob neben der Übertragung von Verantwortung weitere motivierende Elemente eingefügt werden können. Seien es nun materielle Anreize oder Belohnungen eher ideeller Natur (s. Abb. 11).

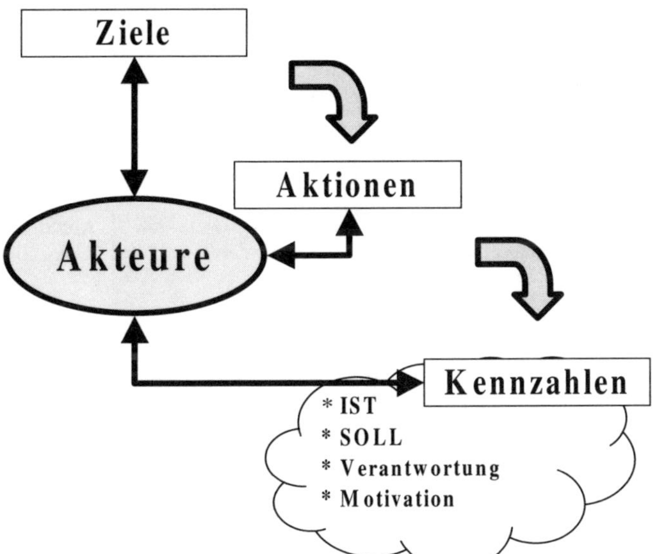

Abb. 11: Von Zielen zu Kennzahlen

Unter diesen Prämissen wurden im Balanced Scorecard-Workshop der Fachbuch GmbH eine Vielzahl von Aktionsideen zusammengetragen. Die Ideen entstanden in Gruppendiskussionen schrittweise zu den einzelnen Perspektiven. Jede Gruppe hat abschließend zu jeder Perspektive ihre Aktionsvorschläge im Plenum vorgestellt und begründet.

Im Folgenden wollen wir diese Ideensammlung vorstellen. Einerseits als praktische Anregung (sowohl bezüglich der Ideen selbst als auch hinsichtlich der Form ihrer Dokumentation). Andererseits um zu demonstrieren, welche zielorientierten Handlungspotenziale auf diesem Weg identifiziert werden können:

Legende strategische Wege:

S 1 = Verstärkung der Kundenorientierung

S 2 = schrittweiser Ausbau der Aktivitäten in Europa

S 3 = Entwicklung der elektronischen Medien zu einem wesentlichen Vertriebsweg

Strategischer Weg	Aktionsziel	Aktion	Kennzahl
Perspektive: Mitarbeiter			
S 1 Kunden-orientierung	Verbesserung der Detailkenntnisse über die wichtigsten Kunden	Besuch bei wichtigen (A-) Kunden	Anzahl erhaltener A-Kundenprofile
Anmerkung: *Der Verlag will sich zukünftig stärker auf seine Hauptkunden konzentrieren. Um gezielter deren Wünsche und Ideen in die eigene Arbeit einbeziehen zu können ist es wichtig, zunächst das Wissen über diese Kundengruppe zu erweitern.*			
S 1 Kunden-orientierung	Bindung der Leistungsträger an den Verlag erhöhen	Gezielte Mitarbeitermotivation	Fluktuationsrate der Leistungsträger
Anmerkung: *Diese Aktion ist noch recht unscharf formuliert. Es ist zum Zeitpunkt der Balanced Scorecard-Erarbeitung noch nicht klar gewesen, was unter gezielter Mitarbeitermotivation im Einzelnen zu verstehen ist. Diese Aufgabe wird später von einer mit der Umsetzung beauftragten Arbeitsgruppe zu erledigen sein.*			

<table>
<tr><th>Strategischer Weg</th><th>Aktionsziel</th><th>Aktion</th><th>Kennzahl</th></tr>
<tr><td>S 1
Kundenorientierung</td><td>Mitarbeiter sollen Vorschläge für die eigene Weiterbildung entwickeln, die mit einem Nutzen für die Fachbuch GmbH verbunden sind</td><td>Bereitstellung eines Monatsgehalt als potenzielles Weiterbildungsbudgets je Mitarbeiter</td><td>Nutzungsrate je Mitarbeiter</td></tr>
<tr><td colspan="4">Anmerkung:
Dieser Ansatz ist vielseitig. Er orientiert einerseits die Weiterbildung auf die individuellen Erfordernisse der Mitarbeiter. Dabei sollen die Vorschlage zugleich den Nutzen für den Verlag aufzeigen. Andererseits ist die Nutzungsrate des Fortbildungsbudgets auch ein Maß für die Motivation der Mitarbeiter.</td></tr>
<tr><td>S 1
Kundenorientierung</td><td>Interne Verbesserungsvorschläge aus Weiterbildung initiieren und umsetzen</td><td>Weiterbildung unmittelbar mit dem betrieblichen Vorschlagswesen verbinden</td><td>Kundenbezogene Umsatzsteigerung aus umgesetzten Vorschlägen</td></tr>
<tr><td colspan="4">Anmerkung:
Diese Aktion verbindet die Weiterbildung noch konsequenter mit dem unmittelbaren Nutzen für den Verlag.</td></tr>
<tr><td>S 1
Kundenorientierung</td><td>Aus verbesserter Kenntnis der Kundenprobleme neue Ideen für Produkte und ihre Darbietung entwickeln</td><td>Praktika bei Kunden</td><td>Anzahl und Umsatzpotenzial neuer Ideen für die Produktentwicklung</td></tr>
<tr><td colspan="4">Anmerkung:
Mehrwöchige Praktika bei ausgewählten Kunden sollen die internen Kenntnisse über deren praktischen Alltagsbedürfnisse erhöhen. Aus diesen Kenntnissen versprechen sich Herr Schreiber und seine Mitstreiter neue Ideen für stark kundenbezogene Verlagsprodukte.</td></tr>
<tr><td>S 2
Europa</td><td>Informationsfluss über europäische Interessenten verbessern</td><td>Internationale Kontakte ausbauen</td><td>Anzahl ausgewerteter internationaler Kontakte</td></tr>
<tr><td colspan="4">Anmerkung:
Die Marktausweitung auf Europa will gut vorbereitet sein. Als einer der ersten Schritte ist es erforderlich, die internationalen Kontakte auszubauen, um das Denken der Mitarbeiter allmählich zu „europäisieren“.</td></tr>
</table>

Strategischer Weg	Aktionsziel	Aktion	Kennzahl
S 2 Europa	Aufbau von Europakompetenz	Erarbeiten von Anforderungsprofilen für „Europafähigkeit"; Einstufen der Mitarbeiter; Erarbeiten und Umsetzen eines gezielten Qualifikationsprogramms	„Europafähigkeitsgrad" der Mitarbeiter erhöhen
S 2 Europa	Aufbau von Europakompetenz	Gezielte Einstellung neuer Mitarbeiter	Anzahl anforderungsgerecht eingestellter Mitarbeiter
Anmerkung: *Diese beiden Aktionen sollen zu einer schrittweisen Verbesserung der Europakompetenz der Belegschaft führen. Europakompetenz wird dabei als dreifache Anforderung verstanden: sprachlich, sachbezogen und kulturell. Dabei sollen sich interne Weiterbildung und gezielte Expertensuche ergänzen.*			
S 3 eCommerce	Aufbau von eCommerce-Kompetenz	Schulung der Mitarbeiter	eCommerce-bezogener Schulungsgrad Soll/Ist eCommerce-Wissen
S 3 eCommerce	Aufbau von eCommerce-Kompetenz	Einstellen von Experten	Anzahl Experten
S 3 eCommerce	Umsetzung von eCommerce-Kompetenz	Praktikum bei eCommerce-Providern	Ideen für Produktentwicklung
S 3 eCommerce	70 % der Mitarbeiter wird in neuen Technologien geschult	Technische Kompetenz aufbauen	Auswertung Mitarbeitergespräche
Anmerkung: *Diese vier Aktionen umreißen einen ganzen Komplex zur Ausprägung von eCommerce-Kompetenz der Belegschaft. Im der Fachbuch GmbH wird eCommerce als ein sich entwickelndes neues Geschäftsfeld gesehen, das in der Zukunft alle Arbeitsgebiete beeinflussen und gravierend verändern wird. Um auf diese Herausforderung ausreichend vorbereitet zu sein, wird in den nächsten drei Jahren ein umfassendes „eCommerce-Fitness-Programm" gestartet.*			

<table>
<tr><th>Strategischer Weg</th><th>Aktionsziel</th><th>Aktion</th><th>Kennzahl</th></tr>
<tr><td colspan="4">Perspektive: Interne Geschäftsprozesse</td></tr>
<tr><td>S 1
Kunden-orientierung</td><td>Gezielte Kundenansprache durch Nutzung und Erweiterung der Kundendatenbank</td><td>Kundendatenbank weiter entwickeln und zielgerichtet auswerten</td><td>Umsatz-Kosten-Faktor je Kunde</td></tr>
<tr><td colspan="4">Anmerkung:
Die Fachbuch GmbH hat bereits eine Kundendatenbank. Allerdings wird sie nur unzulänglich genutzt. In Zukunft soll sie als Teil einer Wissensdatenbank ausgebaut werden mit dem Ziel einer besseren individuellen Ansprache der Kunden.</td></tr>
<tr><td>S 1
Kunden-orientierung</td><td>Die Erfolgsrate getesteter Produkte erhöhen</td><td>Die Vorbereitung der Testprogramme enger mit der Sammlung und Auswertung kundenbezogener Information verbinden</td><td>Erfolgreich getestete Produkte / Anzahl getesteter Produkte</td></tr>
<tr><td>S 1
Kunden-orientierung</td><td>Die Erfolgsrate eingeführter Produkte erhöhen</td><td>Hitliste der laufenden Produkte erarbeiten und laufend führen</td><td>Absatz und Cash-flow je Produkt</td></tr>
<tr><td colspan="4">Anmerkung:
Getreu dem Motto „Testen, Testen, Testen!“ werden neue Produkte vor ihrer Einführung einer Testphase unterzogen. Durch bessere Nutzung kundenbezogener Daten im Rahmen einer Wissensdatenbank sollen diese Testaktionen besser vorbereitet werden. Gleichzeitig sichert die Kombination mit der Hitliste eingeführter Produkte eine starke Marktorientierung.</td></tr>
<tr><td>S 1
Kunden-orientierung</td><td>Durch gezieltere Orientierung auf die Kundenwünsche die Rückgabequote neuer Produkte senken</td><td>Statistik und Auswertung Reklamationen</td><td>Rückgabequote neue Produkte/Rückgabequote gesamt
Zurückgewonnene Abos/Kündigung</td></tr>
<tr><td colspan="4">Anmerkung: (Abo = Abonnement)
Das Reklamationsmanagement bietet noch viele Reserven für eine stärker kundenbezogene Arbeit. Reklamierende Kunden sind kostenlose Berater, wenn es gelingt, ihre Hinweise als innovative Ideen aufzugreifen und in ein verbessertes Leistungsangebot umzusetzen.</td></tr>
<tr><td>S 1
Kunden-orientierung</td><td>Gezieltere Kundenansprache</td><td>Verknüpfung Kunde – Wissensgebiet</td><td>Anzahl der Bestellungen/100 Mailings oder Anrufe</td></tr>
</table>

<table>
<tr><th>Strategischer Weg</th><th>Aktionsziel</th><th>Aktion</th><th>Kennzahl</th></tr>
<tr><td>S 1
Kunden-orientierung</td><td>Aufnahme redaktioneller Kundenwünsche in das Programm</td><td>Die Kunden an der Themenwahl beteiligen</td><td>Anteil durch Kunden angeregter Produkte</td></tr>
<tr><td colspan="4">Anmerkung:
Die beiden Aktionen sollen die Aufbereitung der Produkte noch stärker an die Kunden heranführen. Dazu sollen Kundenforen und Leserbriefaktionen (auch per eMail => insofern gibt es hier Berührungspunkte zum 3. Strategischen Weg S 3) genutzt werden.</td></tr>
<tr><td>S 1
Kunden-orientierung</td><td>Verkürzung der Durchlaufzeit eines neuen Produkts von der Idee bis zur ersten Auslieferung</td><td>Umsetzungsgeschwindigkeit redaktioneller Ideen beschleunigen</td><td>Time to market</td></tr>
<tr><td colspan="4">Anmerkung:
Zur Zeit benötigt die Umsetzung einer redaktionellen Idee bis zu sechs Monate. Dieser Zeitraum kann durch eine bessere Organisation der Arbeitsabläufe verkürzt werden. Ein detailliertes Programm muss hierfür noch ausgearbeitet werden.</td></tr>
<tr><td>S 1
Kunden-orientierung</td><td>Taggleiche Auslieferung erreichen</td><td>Interne Arbeitsabläufe Bestellung – Auslieferung optimieren</td><td>Anteil taggleicher Auslieferungen an Auslieferungen gesamt</td></tr>
<tr><td colspan="4">Anmerkung:
Hier handelt es sich eigentlich um ein rein operatives Problem. Im Wettbewerb mit anderen Anbietern gewinnt es allerdings strategische Bedeutung, solange die taggleiche Auslieferung nicht gewährleistet werden kann.</td></tr>
<tr><td>S 2
Europa</td><td>Erkundung der Aufnahmebereitschaft europäischer Märkte für die eigenen Produkte</td><td>Gezielte Marktforschung</td><td>Anzahl der Testaktionen (ohne fertiges Produkt)</td></tr>
<tr><td>S 2
Europa</td><td>Europafähigkeit ausgewählter Produkte herstellen</td><td>Internationale Seminare und vertriebsunterstützende Maßnahmen</td><td>Anzahl erfolgreich durchgeführter Projekte</td></tr>
<tr><td>S 2
Europa</td><td>Potenzielle europäische Kunden an die eigenen Möglichkeiten heranführen</td><td>Kundenwünsche wecken</td><td>Anzahl erfolgreicher europäischer Neuprodukte</td></tr>
<tr><td colspan="4">Anmerkung:
Vor der europäischen Umsatzoffensive liegt der Prozess der Marktvorbereitung. Diesem Ziel dienen diese drei Aktivitäten. Je besser sie realisiert werden können, umso erfolgreicher wird der Ausbau des europäischen Marktanteils sein.</td></tr>
</table>

<table>
<tr><th>Strategischer Weg</th><th>Aktionsziel</th><th>Aktion</th><th>Kennzahl</th></tr>
<tr><td>S 3
eCommerce</td><td>Anteil des eCommerce schrittweise ausbauen</td><td>Auftragserteilung direkt aus dem Internet ermöglichen und bewerben
Statistik der Vertriebswege aufbauen</td><td>Nutzungsrate der verschiedenen Kontaktmedien</td></tr>
<tr><td colspan="4">Anmerkung:
Eine der Grundvoraussetzungen für erfolgreiches eCommerce ist die Bereitstellung unkomplizierter Möglichkeiten zur Bestellung bzw. Auftragserteilung. Gleichzeitig sollen die statistischen Auswertungsmechanismen verbessert werden, um die Nutzungsrate der verschiedenen Kontakt- und Vertriebswege bestimmen zu können.</td></tr>
<tr><td>S 3
eCommerce</td><td>Gängige Produkte auf ihre Eignung für eCommerce testen</td><td>Internetkonzepte erarbeiten (Kosten-Ergebnis-Prüfung)</td><td>Anzahl erfolgreich durchgeführter Projekte</td></tr>
<tr><td>S 3
eCommerce</td><td>eCommerce spezifische Angebotsformen entwickeln</td><td>Bausteinkonzept umsetzen</td><td>Anteil spezifischer Abrufe an Abrufen insgesamt</td></tr>
<tr><td colspan="4">Anmerkung:
eCommerce ist nicht einfach eine Ergänzung der bisherigen Geschäftsfelder und Arbeitsbereiche durch elektronische Medien. eCommerce verlangt eigenständige Produktideen. Die Entwicklung eines Bausteinkonzepts weist in diese Richtung. Darüber hinaus ist es strategisch bedeutsam zu testen, welche der bisherigen Produkte eCommerce-geeignet sind.</td></tr>
<tr><td>S 3
eCommerce</td><td>Systematische Erweiterung der Zugriffsmöglichkeiten auf die eigene Webseite</td><td>Eintragung in Linklisten und Suchmaschinen</td><td>Anzahl entsprechender Zugriffe</td></tr>
<tr><td colspan="4">Anmerkung:
Die Zugriffsrate auf die eigene Webseite ist maßgeblich für den Erfolg im eCommerce. Eine ansprechende Gestaltung ist dafür Voraussetzung, reicht aber nicht aus. Neben dem üblichen Marketing zur Erhöhung des Bekanntheitsgrades der Webseite kommt der zweckmäßigen Einrichtung von Zugriffsmöglichkeiten über andere Anbieter eine besondere Bedeutung zu.</td></tr>
<tr><td>S 3
eCommerce</td><td>Internetbestellungen direkt in Datenbank einfließen lassen</td><td>Kundenspezifische Verknüpfung zwischen Webseite und interner Datenbank herstellen</td><td>Anzahl automatisch abgewickelter Bestellungen</td></tr>
<tr><td colspan="4">Anmerkung:
Die Fachbuch GmbH will eCommerce für eine Rationalisierung der Arbeitsabläufe nutzen. Die Möglichkeit des Zugriffs registrierter Kunden auf das interne Datensystem erschließt hierfür vielfältige Möglichkeiten.</td></tr>
</table>

Strategischer Weg	Aktionsziel	Aktion	Kennzahl

Perspektive: Kunden

Strategischer Weg	Aktionsziel	Aktion	Kennzahl
S 1 Kunden-orientierung	Verbesserung der Kundenzufrieden-stellung durch bessere Auftrags-abwicklung	Optimierung der kundenbezogenen Auftragsbearbeitung	Auftragsdurchlaufzeit
Anmerkung: *Hier kommt es zur Überschneidung mit den internen Geschäftsprozessen. Mit diesem Problem werden wir in der Praxis immer wieder konfrontiert. Jede Struktur führt zu „Schubläden“. Das reale Leben lässt sich aber nur bedingt in Schubläden zwängen.*			
S 1 Kunden-orientierung	Verbesserung der Kundenbindung, insbesondere im Bereich der Loseblatt-sammlungen	Aktualität und Praxisbezogenheit der Ergänzungslieferungen erhöhen	Ø Haltbarkeit/Abo-Lebensdauer eines Kunden
Anmerkung: *Die durchschnittliche Dauer eines Abos ist maßgeblich für die Rentabilität einer Loseblattsammlung. Insofern hat die Messung der durchschnittlichen Haltbarkeit eines Kunden einen sehr frühzeitigen Informationswert (Frühindikator).*			
S 1 Kunden-orientierung	Steigerung der Kundenrentabilität, insbesondere bezogen auf das Abo-Geschäft	Erfassung rentabilitätsbezogener Informationen über Kunden	Wert je Abo Umsatzwachstum je Kunde Kosten je Abo
Anmerkung: *Das Abonnementgeschäft bildet das Rückgrad der Fachbuch GmbH. Daher kommt der besseren Rentabilitätssteuerung der Abos strategische Bedeutung zu.*			
S 1 Kunden-orientierung	Verbesserung der Kundennähe	Jeder Mitarbeiter mit Kundenkontakt erfasst Kundenwünsche und notiert sie in eine Datenbank	Wachstum identifizierter Kundenwünsche
Anmerkung: *Auch hier kommt es zur Überschneidung mit den internen Geschäftsprozessen. Die Identifikation von Kundenwünschen ist einer der Kernbereiche des Innovationsprozesses. Aber sie dient auch der Erhöhung der Kundennähe und ist insofern auch dieser „Schublade“ zuordenbar.*			
S 1 Kunden-orientierung	Imagesteigerung	Marketingaktion in Kombination mit Steigerung des Praxisbezuges	Entwicklung des Bekanntheitsgrades

Strategischer Weg	Aktionsziel	Aktion	Kennzahl
Anmerkung: *Für die langfristige Sicherung der Eigenständigkeit des Verlages ist sein Bekanntheitsgrad eine entscheidende Größe. Hierzu wird als eine besondere Marketingaktion die regelmäßige Durchführung eines Textilchemiekongresses vorbereitet. Der Kongress soll gemeinsam mit Universitäten, Fachorganisationen und Verbänden gestaltet werden und neben Fachvorträgen der Veranstalter auch Kunden die Möglichkeit zur Präsentation geben.*			
S 1 Kunden-orientierung	Verbesserung der Kundenzufriedenstellung durch zielgerichtete und zügige Rcklamationsabwicklung	Optimierung der kundenbezogenen Datenbank Verknüpfung mit den Prozessinformationen	Dauer der Reklamationsbearbeitung Häufigkeit von Reklamationen je Produkt
S 1 Kunden-orientierung	Kundenzufriedenheit durch Optimierung der Logistik steigern	Fehlerquote Verpackung/Verarbeitung/ Versand reduzieren	Anzahl Beschwerden über logistische Probleme
Anmerkung: *Die Verbesserung des Reklamationsmanagements finden wir auch bei den internen Geschäftsprozessen. Wieder eine Überschneidung.*			
S 1 Kunden-orientierung	Neuen Kundengewohnheiten entgegenkommen	Bestellservice optimieren (den Kundengewohnheiten anpassen)	Service-Wahl-Index (Gesamtwerk, Register, Heft, on demand, Internet)
Anmerkung: *Die Kundengewohnheiten ändern sich. Eine aussagekräftige Statistik zur Entwicklung der Servicearten kann wesentlich zur schnellen Reaktion auf Kundenwünsche beitragen.*			
S 1 Kunden-orientierung	Wirksamkeit des Marketing erhöhen	Werbemix optimieren	Mindestumsatz pro Kunde bei begrenzter Anzahl von Werbeaktionen
Anmerkung: *Eigentlich eine operative Selbstverständlichkeit. Sofern hier Nachholbedarf besteht, sollte er so schnell wie möglich gedeckt werden. Er gehört dann nicht mehr in den strategischen Fokus.*			
S 2 Europa	Marktvorbereitung unter Nutzung des Internets	Zweisprachiger Internetauftritt	Anteil internationaler Zugriffe
Anmerkung: *Diese Aktion kann sowohl der Vorbereitung europäischer Umsätze als auch dem Einstieg in weltweites eCommerce dienen. Wieder so ein „Schubladen"-Problem.*			

<table>
<tr><th>Strategischer Weg</th><th>Aktionsziel</th><th>Aktion</th><th>Kennzahl</th></tr>
<tr><td>S 2
Europa</td><td>Europaweites Image verbessern bzw. aufbauen</td><td>Internationale Seminare anbieten und durchführen</td><td>Bekanntheitsgrad im europäischen nicht deutschsprachigen Raum</td></tr>
<tr><td colspan="4">Anmerkung:
Wieder eine Überschneidung mit den internen Geschäftsprozessen.</td></tr>
<tr><td>S 3
eCommerce</td><td>Schnelle Webseitennavigation</td><td>Internetauftritt mit strategischem Partner aufbauen</td><td>Seitenaufbauperfomance</td></tr>
<tr><td colspan="4">Anmerkung:
Die Schnelligkeit ist im Internet ein wesentlicher Wettbewerbsfaktor. Insofern ist die Auswahl eines geeigneten Partners für die Webseitennavigation von strategischem Gewicht.</td></tr>
<tr><td>S 3
eCommerce</td><td>50 % Marktanteil im Internet erreichen bezogen auf das Kundensegment Textilchemie</td><td>Internetauftritt zielgerichtet zum eCommerce ausbauen</td><td>eigener Umsatz im Internet/Gesamtumsatz im Internet</td></tr>
<tr><td colspan="4">Anmerkung:
Das ist ein sehr ehrgeiziges Ziel für die nächsten 5 Jahre. Dazu wird in einer Arbeitsgruppe ein detailliertes Programm mit konkreten Meilensteinen erarbeitet.</td></tr>
<tr><td>S 3
eCommerce</td><td>Systematischer Aufbau eines elektronischen Produktangebots</td><td>Jedes eCommerce-fähige Produkt mit elektronischer Version anbieten</td><td>Anzahl elektronisch angebotener Werke
Anteil am Potenzial</td></tr>
<tr><td colspan="4">Anmerkung:
Wieder eine Überschneidung mit den internen Geschäftsprozessen. Allerdings wird das Ergebnis mit etwas anderen Kennzahlen gemessen.</td></tr>
<tr><td>S 3
eCommerce</td><td>Interessenten für die eigene Webseite gewinnen</td><td>Internetauftritt bewerben</td><td>Anzahl Hits</td></tr>
<tr><td>S 3
eCommerce</td><td>Interessenten aus dem Web als Käufer gewinnen</td><td>Internetauftritt optimieren</td><td>Anzahl Bestellungen per Internet/Anzahl Hits</td></tr>
<tr><td colspan="4">Anmerkung:
Die Frage der Zugriffshäufigkeit taucht im Zusammenhang mit eCommerce immer wieder auf. Interessant ist jedoch hier die Kombination mit dem Anteil der davon ausgelösten Bestellungen. Dabei müssen die konkreten Aktionen noch ausgearbeitet werden („Internetauftritt optimieren“ ist zu allgemein formuliert).</td></tr>
</table>

<table>
<tr><th>Strategischer Weg</th><th>Aktionsziel</th><th>Aktion</th><th>Kennzahl</th></tr>
<tr><td colspan="4">Perspektive: Finanzen</td></tr>
<tr><td>S 1
Kunden-orientierung</td><td>Abbucherquote erhöhen</td><td>Gezielte Werbung für Bezahlung per Abbuchung</td><td>Anteil der Zahlungsarten (Abbucherquote, Überweiserquote, sonstige Zahler)</td></tr>
<tr><td colspan="4">Anmerkung:
Die Zahlungsmodalitäten sind ein gewichtiger Kostenfaktor für die Fachbuch GmbH. Ob sie ein strategischer Faktor sind, ist diskussionswürdig. Die Steigerung der Abbucherquote sollte zu den selbstverständlichen operativen Aufgaben zählen.</td></tr>
<tr><td>S 1
Kunden-orientierung</td><td>Mehr Umsatzwachstum durch gezieltes Marketing generieren</td><td>3 % des Umsatzes als Marketingbudget bereitstellen</td><td>Umsatzwachstum</td></tr>
<tr><td colspan="4">Anmerkung:
Bisher wurde dem Marketing nicht die gebührende Aufmerksamkeit gewidmet (das Geschäft lief auch so). Aber die Marktwinde wehen heftiger. Demzufolge gewinnt zielgerichtetes Marketing strategische Bedeutung für die Sicherung der Eigenständigkeit der Fachbuch GmbH.</td></tr>
<tr><td>S 1
Kunden-orientierung</td><td>Cash to Cash-Zyklus verkürzen</td><td>Liquiditätsmanagement über den gesamten Zyklus verbessern</td><td>Ø Zeit von Bestellung bis Geldeingang (Cash to Cash-Zyklus)</td></tr>
<tr><td>S 1
Kunden-orientierung</td><td>Ø Alter der Forderungen verkürzen</td><td>Schlechte Zahler individueller behandeln</td><td>Anzahl Telefonate; Ø Alter der Forderungen in Tagen</td></tr>
<tr><td colspan="4">Anmerkung:
Das Liquiditätsmanagement ist der operative Managementschwerpunkt. Insofern sollte es nicht Gegenstand einer Balanced Scorecard sein. Herr Schreiber war jedoch der Auffassung, dass die strategische Bedeutung darin liegt, ein „Liquiditätsbewusstsein“ bei allen Mitarbeitern der Fachbuch GmbH zu verankern. Insofern ist die Einbeziehung in die Balanced Scorecard gerechtfertigt.</td></tr>
<tr><td>S 1
Kunden-orientierung</td><td>Reklamationskosten senken</td><td>Schnelles Reagieren auf Reklamationen; Auswerten der Reklamationen zur Fehlervermeidung</td><td>Höhe der Reklamationskosten</td></tr>
<tr><td colspan="4">Anmerkung:
Eigentlich eine Überschneidung mit den internen Geschäftsprozessen. Hier wird jedoch die Kostenreduzierung durch Vermeidung zukünftiger Fehler als Schwerpunkt gewählt. Damit wird eine wichtige Folgewirkung besserer Kundenorientierung als Ergebnisgröße angesteuert.</td></tr>
</table>

<table>
<tr><th>Strategischer Weg</th><th>Aktionsziel</th><th>Aktion</th><th>Kennzahl</th></tr>
<tr><td>S 2
Europa</td><td>Steigerung des Auslandsumsatzes</td><td>Schrittweise Erweiterung der europaweiten Verkäufe</td><td>Umsatzanteil im Ausland;
Marktanteil Europa</td></tr>
<tr><td colspan="4">Anmerkung:
Ein typischer Spätindikator. Er zeigt uns, ob wir mit unseren Bemühungen Erfolg hatten. Er gibt uns Informationen über das Ergebnis eines langen Prozesses der Markterschließung. Aber auch diese Spätindikationen sind von Bedeutung. Schließlich wollen wir wissen, ob und in welchem Umfang wir Erfolg haben.</td></tr>
<tr><td>S 2
Europa</td><td>Sicherstellung der erforderlichen Innenfinanzkraft für die Ausweitung der Europaaktivitäten</td><td>Europabezogene Produktentwicklung finanziell absichern</td><td>Bereitstehender Cash-flow zur Vorfinanzierung/geplanter erforderlicher Cash-flow</td></tr>
<tr><td colspan="4">Anmerkung:
Demgegenüber haben wir es hier mit der Nutzung einer finanziellen Kennzahl zur Frühindikation zu tun. Durch die Ermittlung der erforderlichen Innenfinanzkraft (freier Cash-flow = zur Vorfinanzierung verfügbarer Einzahlungsüberschuss) haben wir eine Orientierungsmarke, ob der erwirtschaftete Cash-flow zur Finanzierung unserer strategischen Wege ausreicht.</td></tr>
<tr><td>S 3
eCommerce</td><td>Spezifische Herstellkosten senken</td><td>Elektronische Medien zur Effektivitätserhöung der Gesamtleistung nutzen</td><td>Umsatz-Kosten-Faktor</td></tr>
<tr><td colspan="4">Anmerkung:
Die Aktivität erläutert sich von selbst. Allerdings bedarf es noch einer Konkretisierung der praktischen Tätigkeiten im Detail.</td></tr>
<tr><td>S 3
eCommerce</td><td>Schrittweise Ausweitung der verkaufsfähigen eCommerce-Aktivitäten</td><td>ECommerce-Leistungsangebot erweitern und zum Verkauf führen</td><td>Anteil CD am Umsatz
Anteil Internet am Umsatz</td></tr>
<tr><td colspan="4">Anmerkung:
Wieder eine Überschneidung mit den internen Geschäftsprozessen.
(Wir stellen derartige Aktivitätsvorschläge dennoch vor, um zu zeigen, dass die uneingeschränkte Sammlung von Ideen ständig wechselnder Gruppen derartige Überschneidungen immer wieder mit sich bringt.
Andererseits wäre es äußerst kontraproduktiv, deswegen die Ideen einzelner Mitarbeiter auszuschließen. Gerade die allseitige Einbeziehung sichert im Anschluss das breite Engagement bei der Umsetzung der Balanced Scorecard. Und das sollte uns ein paar Überschneidungen wert sein!).</td></tr>
</table>

Strategischer Weg	Aktionsziel	Aktion	Kennzahl
Perspektive: Elektronische Medien			
S 3 eCommerce	Auftrittsoptimierung des Angebots im eCommerce	Homepage verbinden mit einem Textilchemie-Portal und einem Buchshop	Anzahl und Quote der Wiederbesucher
Anmerkung: *Die Verbindung der eigenen Webseite mit Portal- und Shopfunktionen verleiht dem eCommerce mehr Gewicht. Es stellt allerdings zusätzliche Anforderungen an die Vorbereitung, Gestaltung und Organisation des Internetauftritts. Wenn es auf diesem Weg gelingt, eine wirksame Kundenbindung herzustellen, kann sich der Mehraufwand langfristig lohnen. Insofern eine frühe Zielorientierung.*			
S 3 eCommerce	Höhere Kompetenzvermittlung durch Angebot von direkten Links zu relevanten Universitäten	Verbindungen zu Universitäten schalten	Uni-Links
Anmerkung: *Eine Ergänzung des Portal-Gedankens.*			
Perspektive: Autoren (externe Mitarbeiter)			
S 3 eCommerce	Internet zur Anwerbung von Autoren nutzen	Autorenwerbung im Internet; Eintragung in Suchmaschinen	Anteil Autorenangebote aus dem Internet
Anmerkung: *Diese Aktivität mag wichtig sein. Sie hat aber nichts mit dem angestrebten strategischen Weg S 3 (Entwicklung der elektronischen Medien zu einem wesentlichen Vertriebsweg) zu tun. Insofern kann sie bestenfalls eine Nebenaktivität sein. Wir wollen die Balanced Scorecard ja gerade nutzen, um Aktionismus einzudämmen und uns auf strategische Schwerpunkte zu konzentrieren.*			
S 1 Kundenorientierung	Autorenzufriedenheit erhöhen	Aufmerksamkeiten	Anzahl der Aktionen Anzahl Mehrfachtätigkeit
S 1 Kundenorientierung	Durch Einbeziehen neuer Autoren den Kundenkreis erweitern und stabilisieren	Erweiterung des Autorenpools	Anzahl Erstautoren/-referenten
S 3 eCommerce	Mit jüngeren Autoren eCommerce-fähige Produkte entwickeln	Gezielt nach jüngeren Autoren suchen	Ø-Alter des Autorenpools

Strategischer Weg	Aktionsziel	Aktion	Kennzahl
S 1 Kunden-orientierung	Externe Leistungsträger langfristig an die Fachbuch GmbH binden	Motivationsfördernde Maßnahmen zur Bindung externer Leistungsträger	Anzahl der Kündigungen von externen Leistungsträgern
S 1 Kunden-orientierung	Qualität, Quantität, Pünktlichkeit in Honorarbemessung einbeziehen	Leistungsbezogenes Honorar	Anteil leistungsbezogener Honorare
Anmerkung: *Eine interessante Ausrichtung zur Erhöhung der Kundenorientierung der Fachbuch GmbH.*			

Perspektive: Lieferanten

S 1 Kunden-orientierung	Abhängigkeit von einzelnen Lieferanten verringern	Akquisition neuer Lieferanten (Satz, Druck ...)	Anzahl neuer Herstellpartner
S 1 Kunden-orientierung	Verbesserung der Zusammenarbeit mit Schlüssellieferanten	Mit ausgewählten Lieferanten Partnerschaft entwickeln	Lieferantenzufriedenheit/Lieferantenverlässlichkeit
S 1 Kunden-orientierung	Qualität der Lieferanten erhöhen	Einhaltung definierter Qualitätskriterien	Anzahl der Beanstandungen
Anmerkung: *Da die Fachbuch GmbH ihre Erzeugnisse nicht selbst produziert, ist sie von der Zuverlässigkeit, Pünktlichkeit und Qualität ihrer Lieferanten stark abhängig. Mit den drei Aktivitäten soll diesem Umstand Rechnung getragen werden.*			

Das ist das Ergebnis des zweiten Tages des Balanced Scorecard-Workshops der Fachbuch GmbH. Herr Schreiber und seine leitenden Mitarbeiter hatten mehr als 60 Vorschläge für Aktionen einschließlich ihrer Ziele und Kennzahlen für ihre Messung erarbeitet. Allein diese vorher nicht erwartete Kreativität hat alle Workshopteilnehmer beflügelt.

„Hoffentlich können wir diese Atmosphäre aufrecht erhalten!“, war deshalb ein insbesondere von Skeptikern der Veranstaltung mehrfach geäußerter Satz. Aber verfolgen wir, wie es am 3. Tag weiterging.

2.4.4 Phase 4: Aktionen zu strategischen Projekten bündeln und budgetieren

Um die Vielzahl der eingebrachten Aktionsideen in eine effektive Führung der Mitarbeiter unseres Unternehmens einzubinden, wollen wir sie zu strategischen Projekten bündeln. Dabei können wir in folgende Schritten vorgehen:

1. Wir wählen ähnlich wirkende Aktionen aus. Aktionen, die möglichst wechselseitig verstärkend wirken. Und wir kombinieren sie zu strategischen Projekten. Zu strategischen Projekten mit eigener Bezeichnung (quasi als Oberbegriff) und einer geeigneten Kennzahl zum Messen von Verlauf und Erfolg des Projekts.
2. Wir erarbeiten Aufgabenpläne für jedes strategische Projekt. Aufgabenpläne, in denen sich die Aktionen unseres Handlungsrahmens wiederfinden. Eventuell ergänzt um weitere Ideen, die für die Realisierung des Projekts von Vorteil sein können.
3. Wir weisen jedem Projekt entsprechende Ressourcen zu und binden es in die laufende Budgetierung ein. Auf diese Weise beginnen wir, unsere aus der Strategie abgeleiteten Aktionen im unternehmerischen Alltag zu verankern.

Schauen wir uns die Schritte im Einzelnen an:

<u>1. Schritt: Bündelung der Aktionen zu strategischen Projekten</u>

Für diesen Schritt haben sich zwei „Grundregeln“ als praktisch sinnvoll erwiesen:

- Es sollten nicht mehr als 10 bis 12 strategische Projekte sein, die zum Schluss unsere Balanced Scorecard bilden.

Das ist schon allein ein Problem unserer Psyche. Man muss George Miller nicht unbedingt folgen, der bereits 1956 die These unterbreitete, dass

> „wir bei Kategorisierungen die Zahl sieben bevorzugen, wie zum Beispiel bei den sieben Weltwundern, den sieben Todsünden und den sieben Wochentagen“, weil wir sieben Informations-„Brocken“

> (sieben Informationskomplexe) „in unserem Kurzzeitgedächtnis gerade noch mühelos speichern (können)."[7]

Dennoch ist uns allen das Phänomen gut bekannt. Wir können nur eine begrenzte Zahl von Problemen gleichzeitig bewältigen. Wenn wir uns zu viel zumuten, verfallen wir leicht in Aktionismus. Wir beherrschen die Situation nicht mehr. Die Situation beherrscht uns.

Der Zwang zur Konzentration ist zugleich eine Konsequenz unseres begrenzten Zeitbudgets. Und das gilt doppelt.

Unser Handeln benötigt Zeit. Meist mehr Zeit, als wir vorsehen. Weil wir für unvorhergesehene Situationen normalerweise zu wenig Reserven einplanen.

Aber auch unser Denken benötigt Zeit. Für Dietrich Dörner ist

> „die erste Ursache für eine Reihe von Unzulänglichkeiten die schlichte Langsamkeit des Denkens ... Was Wunder, dass die schlichte Langsamkeit uns Abkürzungen aufnötigt und generell danach streben lässt, mit der knappen Ressource möglichst ökonomisch umzugehen. Solche Ökonomietendenzen kann man im Hintergrund vieler ... Denkfehler ausfindig machen."[8]

Sofern wir also Handlungsstress und Denkfehler – wenn schon nicht völlig vermeiden können – so doch möglichst einschränken wollen, dürfen wir uns nicht verzetteln!

Eine unserer beliebtesten Lebenslügen ist der so oft gebrauchte Satz: Ich hatte keine Zeit! Er ist deswegen eine Lüge, weil die Menschen in einem Punkt wohl alle gleich sind: Sie haben jeden Tag 24 Stunden Zeit. Es kommt allerdings darauf an, wofür ich diese Zeit verwende. Es ist nicht die Frage, ob ich Zeit hatte oder nicht. Es ist die Frage, wofür ich mir Zeit nehme. Statt – „Ich hatte keine Zeit" – müsste es daher ehrlicherweise lauten: „Ich habe mir dafür keine Zeit genommen. Ich habe meine Zeit für andere (soll heißen: de facto wichtigere) Dinge eingesetzt."

---

7 Zitiert aus Mintzberg, Henry: Strategy Safari, Wirtschaftsverlag Carl Ueberreuter, Wien/ Frankfurt 1999, S. 16.

8 Dörner, Dietrich: Die Logik des Misslingens, Strategisches Denken in komplexen Situationen, Rowohlt Verlag GmbH, Reinbeck bei Hamburg 1992, S. 288f.

Auf die Rangfolge, auf die Auswahl, auf die Konzentration kommt es an. Und soweit es uns möglich ist, sollten wir anstreben, diese Auswahl aktiv zu steuern statt passiv zu erleiden!

Schließlich ist der Zwang zur Konzentration auch ein ganz pragmatisches Problem der Verantwortungsverteilung. Die strategischen Projekte werden nur dann gelingen, wenn verantwortliche Koordinatoren sie steuern. Wenn verantwortliche Koordinatoren die handelnden Akteure zielgerichtet führen. Die handelnden Akteure der vielen Aktionen, die wir in den strategischen Projekten bündeln.

Wieviel dazu befähigter Führungskräfte hat die Organisation zur Verfügung? Und verträgt sich die Übertragung von Verantwortung an Leiter strategischer Projekte mit dem bestehenden Verantwortungsgefüge?

Ein paar „dumme“ Fragen. Aber mitunter scheitert die Umsetzung strategischer Ziele an diesem ganz pragmatischen Problem. Wir werden im Abschnitt 2.4.5: „Einbinden der verantwortlichen Akteure“ noch vertiefend auf diese Frage eingehen.

Schränken wir uns also ein. Getreu dem Motto: Weniger ist mehr! Wir sollten damit jedoch nicht zu früh beginnen. Solange wir Ideen sammeln, müssen alle Vorschläge gelten dürfen – Strategie verträgt keine „Schere im Kopf.“ Erst wenn es um die operative Einbindung der strategischen Ziele geht, wird die Auswahl wichtig. Dann aber konsequent!

- **Nicht wahllos Aktionen nebeneinander stellen**

Ein wichtiges Kriterium für die Auswahl ist das Potenzial verschiedener Aktionen, sich in ihrer Wirkung gegenseitig zu verstärken.

Dabei werden wir sehr schnell feststellen, dass wir für die Bündelung der Aktionen zu strategischen Projekten die anfangs gewählte Struktur des Handlungsrahmens nicht in jedem Fall mehr benötigen.

Für die Ideensammlung zielorientierter Aktionen und geeigneter Kennzahlen zu ihrer Messung war der Handlungsrahmen aus strategischen Wegen und Perspektiven ein außerordentlich geeignetes Hilfsmittel. Durch seine strukturierende Wirkung haben wir unsere Ideensuche einerseits auf unsere

Vision, unser oberstes Ziel ausgerichtet. Andererseits haben wir alle strategisch relevanten Perspektiven einbezogen. Damit wurde die Grundlage dafür gelegt, dass wir in den weiteren Schritten die strategische Orientierung und die relative Ausgewogenheit unseres Handelns nicht mehr aus den Augen verlieren.

Jetzt aber kann sich zeigen, dass ähnliche und sich in ihrer Wirkung gegenseitig verstärkende Aktionen durchaus verschiedenen Perspektiven und strategischen Wegen zugeordnet wurden. Wir haben das bereits bei der Zusammenstellung der Aktionen bemerkt. Bemerkt an den mitunter aufgetretenen Schwierigkeiten, die „richtige Schublade" zu finden.

In der praktischen Erarbeitung einer Balanced Scorecard führt diese Aufhebung des gerade erst geschaffenen Handlungsrahmens teilweise zu Irritationen. Das resultiert aus der inzwischen recht weit verbreiteten gedanklichen Reduzierung der Balanced Scorecard auf die Einordnung dazu geeigneter Kennzahlen in die Kaplan/Norton'schen Perspektiven „Finanzen", „Kunden", „interne Geschäftsprozesse" sowie „Lernen und Entwicklung".

Die Perspektiven sind allerdings kein Selbstzweck! Sie ermöglichen es uns, Strukturen zu schaffen, die unser Denken von einseitiger finanzieller zu einer ausgewogeneren Sichtweise auf die Handlungspotenziale unserer Organisation führen. Das ist ein wesentlicher Fortschritt. Aber der Inhalt der von Kaplan und Norton entwickelten Balanced Scorecard geht weit darüber hinaus, Kennzahlen verschiedenen Perspektiven zuzuordnen.

> Inhalt der Balanced Scorecard ist die Umsetzung strategischer Zielvorstellungen in den praktischen Alltag. Der Weg von der Utopie zum unternehmerischen Tun! Es geht darum, die handelnden Akteure zielgerichtet zu führen, sie möglichst ausgewogen auf die Umsetzung der Strategie zu orientieren.
>
> Es geht darum, Aktionismus zurückzudrängen und durch strategisch motiviertes Handeln zu ersetzen.
>
> Es geht darum, sich zu den konkret formulierten und strategisch orientierten Zielen der einzelnen Aktionen zu bekennen.

Und es geht darum, Verlauf und Erfolg der strategischen Projekte sowie der in ihnen gebündelten Aktionen an diesen Zielen mit Hilfe geeigneter Kennzahlen zu messen.

Die Perspektiven sind in diesem Kontext wichtige und charakteristische Hilfsmittel einer Balanced Scorecard. Aber sie sind nicht die Balanced Scorecard.

Dennoch sollten wir immer von unseren konkreten Bedingungen ausgehen. Es gibt keine Standard-Balanced Scorecard.

Die Fachbuch GmbH hat bei der Bildung ihrer strategischen Projekte die Auswahl vor allem unter dem Aspekt der sachlichen Zusammengehörigkeit getroffen. Das führte – wie wir weiter unten sehen werden – in der Konsequenz zu einer Aufhebung der Perspektivenstruktur.

Es gibt jedoch auch andere Beispiele.

- Das 4. Kapitel handelt von einem mittelständischen Nischenproduzenten, der die gewählten Perspektiven beibehalten hat. Die strategischen Projekte wurden um diese Struktur gerankt.
- Im 5. Kapitel stellen wir ein größeres Industrieunternehmen vor, Tochter eines internationalen Konzerns. Dort erfolgte die Auswahl auf der Ebene der Geschäftsführung stärker unter dem Aspekt der zukünftig für die jeweiligen strategischen Projekte verantwortlichen Koordinatoren aus dem Kreis der obersten Leitung.
- Ein Zulieferunternehmen aus dem Automotivebereich hat für seine Auswahl die strategischen Wege als Basisstruktur genutzt.

Das Leben wird sicherlich weitere oder Mischungen der genannten Varianten bieten. Diese Variantenvielfalt sollten wir bei Bedarf auch innerhalb eines Unternehmens zulassen. Wenn es die besonderen Bedingungen des Einzelfalls als zweckmäßig erscheinen lassen.

Denn Zwangsjacken schränken uns ein. Die Balanced Scorecard aber ist nicht als Zwangsjacke gedacht. Im Gegenteil; sie soll unseren Blick weiten. Sie soll uns helfen, in ausgewogenem Maße die vorhandenen Handlungspotenziale unseres Unternehmens zu mobilisieren und auf die strategischen Schwerpunkte zu konzentrieren. Und dafür sollten wir sie nicht „von der Stange kaufen“, sondern ganz individuell unseren spezifischen Bedingungen und Erfordernissen anpassen!

Getreu dem Motto: It’s *My* Balanced Scorecard!

Ein weiteres Kriterium für die Kombination von Aktionen ist das Verhindern unerwünschter einseitiger Wirkungen. Wenn wir den Erfolg von Aktionen mit Hilfe von Kennzahlen messen, erzeugen wir für die betroffenen Akteure automatisch einen gewissen Leistungsdruck. Und Leistungsdruck erzeugt seinerseits ein zunächst meist unbewusstes Manipulationspotenzial, das mitunter auch ganz bewusst zum Tragen kommt.

Nehmen wir beispielsweise die Bereitstellung eines Monatsgehalts als Weiterbildungsbudget für jeden Mitarbeiter der Fachbuch GmbH. Wenn wir die Ausnutzung des bereitgestellten Budgets zum Erfolgsmaßstab für diese Aktion bestimmen, kann das ungewollte Wirkungen haben. Wie viele unsinnige Schulungen sind denkbar, nur um zum Abrechnungstermin die Ausschöpfung des Budgets nachzuweisen. Welch ein Erfolg! Und ist das Beispiel sehr weit weg von der Realität?

Herr Schreiber und seine Mitstreiter haben es aber nicht dabei belassen. In einem weiteren Schritt verbanden sie die Weiterbildungsaktion mit dem Vorlegen daraus abgeleiteter Verbesserungsvorschläge. Und sie erhoben den daraus resultierenden Nutzeffekt zum Maßstab. Damit wurde das vorher angedeutete Manipulationspotenzial weitgehend ausgeschaltet.

In diesem Sinne ist es wichtig, die in strategischen Projekten zu bündelnden Aktion möglichst genau unter die Lupe zu nehmen.

Schließlich sollte – als drittes Kriterium – ein ausgewogenes Verhältnis von Früh- und Spätindikatoren angestrebt werden.

Kennzahlen, die das <u>Ergebnis</u> eines Prozesses erfassen, sind Spätindikatoren. Sie widerspiegeln damit die Vergangenheit. Ich kann ja nichts anderes messen, als das Ergebnis, die Wirkung eines abgelaufenen Prozesses. Einen Prozess, der noch nicht stattgefunden hat, kann ich vorhersagen. Ich kann sein Ergebnis einschätzen. Aber ich kann ihn nicht messen. Insofern sind alle Kennzahlen zunächst Spätindikatoren.

Spätindikatoren haben ebenso ihre Bedeutung wie Frühindikatoren[9]. Denn wir wollen schließlich wissen, welche Resultate unsere Anstrengungen erbracht haben. Allerdings können wir die Vergangenheit nicht mehr optimieren. Sie ist gelaufen. Und Zukunft steuern können wir nicht mit Ergebnissen vergangener Aktionen.

Wir können uns jedoch bemühen, die Wirkung jener Potenziale zu messen, die wir erschließen müssen, wenn wir zukünftige Ergebnisse erreichen wollen. Wir können durch geeignete Analysen und Untersuchungen versuchen, hinreichend genaue Annahmen zu treffen über den Zusammenhang zwischen heute messbaren Ergebnissen und zukünftig daraus zu erwartenden Wirkungen. Wir können aus dieser Kenntnis von Ursache-Wirkungs-Zusammenhängen Kennzahlen den Charakter von Frühindikatoren verleihen. Frühindikatoren, die heute auf mögliche Ergebnisse von morgen verweisen. Frühindikatoren, die in der Gegenwart die Ursachen für zukünftige Wirkungen messen (Ursachen-Indikator). Frühindikatoren, die in der Gegenwart auf Entwicklungen hinweisen, die in der Zukunft liegen (Leistungstreiber). Frühindikatoren, die damit das Potenzial haben, die Zukunft in das operative (gegenwartsorientierte) Betriebsgeschehen zu integrieren.

Nehmen wir das Beispiel unserer Fachbuch GmbH, die im vergangenen Jahr bei einem Umsatz von knapp 20 Mio. DM einen Einzahlungsüberschuss (Cash-flow) von 2 Mio. DM erzielt hat. Und da auch ein Wachstum zum Vorjahr zu verzeichnen war, können wir mit dem Ergebnis durchaus zufrieden sein.

In dieser Betrachtungsweise misst der Cash-flow das Ergebnis einer abgelaufenen Periode. Er ist ein Spätindikator.

Wir können aber auch auf eine andere Weise mit dieser Kennzahl arbeiten. Das Unternehmen will sich am europäischen Markt etablieren. Es hat daher einen relativ hohen Vorfinanzierungsbedarf für Produktentwicklung und zur Markterschließung mit einem Volumen von ca. 10 Mio. DM in den kom-

---

9 Mitunter entsteht vor lauter Bestrebungen nach Frühwarnsystemen und frühen Signalen der Eindruck, als seien die Spätindikatoren Kennzahlen „zweiter Klasse".

menden 3 Jahren. Um die Stabilität des Betriebes nicht zu gefährden, soll der Fremdfinanzierungsanteil 25 % nicht überschreiten. Zusätzliches Eigenkapital steht für den betrachteten Zeitraum nicht zur Verfügung. Unter diesen Bedingungen benötigt das Unternehmen – bei sonst gleichen Bedingungen – eine Innenfinanzierungskraft von 2,5 Mio. DM im Jahresdurchschnitt. Damit wird der Cash-flow mehr als ein Maßstab für das Innenfinanzierungsergebnis einer abgelaufenen Periode. Er misst die Voraussetzung für eine nachhaltige Entwicklung des Unternehmens in den kommenden 3 Jahren. Er erhält auf diese Weise den Charakter eines Frühindikators. Das zunächst als sehr positiv eingeschätzte Innenfinanzierungsergebnis von 2 Mio. DM wird nun zu einem frühzeitigen Warnsignal. Es signalisiert, dass gegenwärtig die nachhaltige Existenz des Unternehmens noch nicht gesichert ist.

Die Frage der Früh- oder Spätindikatoren ist daher wieder ein Problem der Konzentration und der Zweckmäßigkeit. Um eine Kennzahl als Frühindikator nutzen zu können, müssen wir die Wirkung der gemessenen Aktion auf zukünftige Aktionen ermitteln. Dann wird ihre Information zu einem frühen Signal.

Normalerweise haben wir nicht die Kraft und die Zeit, derartige Untersuchungen für alle denkbaren Kennzahlen anzustellen. Es wäre auch weder sinnvoll noch effektiv. Aber es gibt Aktionen, die für die Führung der betroffenen Akteure eher frühzeitige Informationen liefern können als andere. Das hängt davon ab, an welcher Stelle in der Kette des zu steuernden Prozesses sich die jeweilige Aktion befindet. Es kann auch von unserer Betrachtungsweise abhängen – wie das Cash-flow-Beispiel gezeigt hat.

Wir müssen also wieder auswählen, welche der Aktionen in ihrer Fernwirkung näher beleuchtet, welche der Kennzahlen systematisch ausgewertet und in ihrer Wirkung auf weiterführende Ziele unter die Lupe genommen werden sollen.

Beispielsweise sagen uns die durchschnittlichen Kosten zur Gewinnung eines Abonnements der Fachbuch GmbH (nehmen wir etwa 230 DM/Abo) zunächst wenig über die Sicherung der angestrebten Umsatzrentabilität von 15 %. Aber nach ein, zwei Jahren wird unser „Gefühl“für die Grenzbereiche schon besser. Heute, nachdem dieser Zusammenhang seit über sechs Jahren registriert wird, kann Herr Schreiber ziemlich genau bestimmen, ab wieviel DM je Abo sein Rentabilitätsziel von 15 % gefährdet wird. Und das gelingt bei anderen Aktionen und deren Kennzahlen ganz genauso.

Nur die Mühe der Erfassung hinreichender Zusammenhänge kann uns keiner abnehmen. Das müssen wir alleine entscheiden und durchsetzen.

Unter diesen Prämissen hat die Fachbuch GmbH ihre mehr als 60 Aktionen zu 11 strategischen Projekten gebündelt:

Strategisches Projekt	Einbezogene Aktionen	Kennzahlen
Kunden-ABC/-informations-system		**Anzahl der im Kunden-rating erfassten Kunden, Umsatz-Kosten-Faktor je Kunde**
	Besuch bei wichtigen (A-) Kunden	Anzahl erhaltener A-Kundenprofile
	Aktualität und Praxisbezogenheit der Ergänzungslieferungen erhöhen	Ø Haltbarkeit eines Kunden
	Werbemix optimieren	Mindestumsatz pro Kunde bei begrenzter Anzahl von Werbeaktionen
	Gezielte Werbung für Bezahlung per Abbuchung	Anteil der Zahlungsarten (Abbucherquote, Überweiserquote, sonstige Zahler)
	Kundendatenbank weiterentwickeln und zielgerichtet auswerten	Umsatz-Kosten-Faktor je Kunde
	Verknüpfung Kunde – Wissensgebiet	Anzahl der Bestellungen/100 Mailings oder Anrufe
	Erfassung rentabilitätsbezogener Informationen über Kunden	Wert je Abo Umsatzwachstum je Kunde Kosten je Abo
	3 % des Umsatzes als Marketingbudget bereitstellen	Umsatzwachstum
	Liquiditätsmanagement über den gesamten Zyklus verbessern	Ø Zeit von Bestellung bis Geldeingang (Cash to Cash-Zyklus)
	Schlechte Zahler individueller behandeln	Anzahl Telefonate; Ø Alter der Forderungen in Tagen

Strategisches Projekt	**Einbezogene Aktionen**	**Kennzahlen**
Image		**Bekanntheitsgrad**
	Marketingaktion in Kombination mit Steigerung des Praxisbezuges	Entwicklung des Bekanntheitsgrades
	Internationale Seminare anbieten und durchführen	Bekanntheitsgrad im europäischen, nicht deutschsprachigen Raum
Auftragsfeedback		**Innovationsrate/ Reklamation** **Gewichteter Auftragsabwicklungsindex**
	Statistik und Auswertung von Reklamationen	Rückgabequote neue Produkte/Rückgabequote gesamt Zurückgewonnene Abos/ Kündigung
	Jeder Mitarbeiter mit Kundenkontakt erfasst Kundenwünsche und notiert sie in eine Datenbank	Wachstum identifizierter Kundenwünsche
	Optimierung der kundenbezogenen Datenbank	Dauer der Reklamationsbearbeitung
	Verknüpfung mit den Prozessinformationen	Häufigkeit von Reklamationen je Produkt
	Fehlerquote Verpackung/ Verarbeitung/Versand reduzieren	Anzahl Beschwerden über logistische Probleme
	Schnelles Reagieren auf Reklamationen; Auswerten der Reklamationen zur Fehlervermeidung	Höhe der Reklamationskosten
	Umsetzungsgeschwindigkeit redaktioneller Ideen beschleunigen	Time to market

Strategisches Projekt	Einbezogene Aktionen	Kennzahlen
	Interne Arbeitsabläufe Bestellung-Auslieferung optimieren	Anteil taggleicher Auslieferungen an Auslieferungen gesamt
	Optimierung der kundenbezogenen Auftragsbearbeitung	Auftragsdurchlaufzeit
Produkte ABC		**Cash-flow je Produkt**
	Die Vorbereitung der Testprogramme enger mit der Sammlung und Auswertung kundenbezogener Information verbinden	Erfolgreich getestete Produkte/Anzahl getesteter Produkte
	Hitliste der laufenden Produkte erarbeiten und laufend führen	Absatz und Cash-flow je Produkt
Autoren		**Autorenbindungsgrad** **Wachstum und Ø-Alter des Autorenpools**
	Aufmerksamkeiten	Anzahl der Aktionen Anzahl Mehrfachtätigkeit
	Motivationsfördernde Maßnahmen zur Bindung externer Leistungsträger	Anzahl der Kündigungen von externen Leistungsträgern
	Leistungsbezogenes Honorar	Anteil leistungsbezogener Honorare
	Autorenwerbung im Internet; Eintragung in Suchmaschinen	Anteil Autorenangebote aus dem Internet
	Erweiterung des Autorenpools	Anzahl Erstautoren/-referenten
	Gezielt nach jüngeren Autoren suchen	Ø-Alter des Autorenpools

Strategisches Projekt	**Einbezogene Aktionen**	**Kennzahlen**
Lieferer		**Lieferantenindex**
	Akquisition neuer Lieferanten (Satz, Druck ...)	Anzahl neuer Herstellpartner
	Mit ausgewählten Lieferanten Partnerschaft entwickeln	Lieferantenzufriedenheit/ Lieferantenverlässlichkeit
	Zielgerichtete Qualitätskontrolle	Anzahl der Beanstandungen
Ideen entwickeln und umsetzen		**Innovationsgrad**
	Praktika bei Kunden	Anzahl und Umsatzpotenzial neuer Ideen für die Produktentwicklung
	Praktika bei eCommerce-Providern	Ideen für Produktentwicklung
	Die Kunden an der Themenwahl beteiligen	Anteil durch Kunden angeregter Produkte
Mitarbeitermotivation/ Qualifizierung		**Aktivitätsindex**
	Gezielte Mitarbeitermotivation	Fluktuationsrate der Leistungsträger
	Bereitstellung eines Monatsgehalt als potenzielles Weiterbildungsbudget je Mitarbeiter	Nutzungsrate/Mitarbeiter
	Weiterbildung unmittelbar mit dem betrieblichen Vorschlagswesen verbinden	Kundenbezogene Umsatzsteigerung aus umgesetzten Vorschlägen
Europa		**Europafähigkeitsindex**
	Internationale Kontakte ausbauen	Anzahl ausgewerteter internationaler Kontakte

Strategisches Projekt	**Einbezogene Aktionen**	**Kennzahlen**
	Erarbeiten von Anforderungsprofilen für „Europafähigkeit“; Einstufen der Mitarbeiter; Erarbeiten und Umsetzen eines gezielten Qualifikationsprogramms	„Europafähigkeitsgrad“ der Mitarbeiter erhöhen
	Gezielte Einstellung neuer Mitarbeiter	Anzahl anforderungsgerecht eingestellter Mitarbeiter
	Gezielte Marktforschung	Anzahl der Testaktionen (ohne fertiges Produkt)
	Internationale Seminare und vertriebsunterstützende Maßnahmen	Anzahl erfolgreich durchgeführter Projekte
	Kundenwünsche wecken	Anzahl erfolgreicher europäischer Neuprodukte
	Schrittweise Erweiterung der europaweiten Verkäufe	Umsatzanteil im Ausland; Marktanteil Europa
	Europabezogene Produktentwicklung finanziell absichern	Bereitstehender Cash-flow zur Vorfinanzierung/geplanter erforderlicher Cash-flow
Internetinformationen		**Anzahl Hits/ Anzahl Bestellungen**
	Eintragung in Linklisten und Suchmaschinen	Anzahl entsprechender Zugriffe
	Zweisprachiger Internetauftritt	Anteil internationaler Zugriffe
	Internetauftritt mit strategischem Partner aufbauen	Seitenaufbau – Perfomance
	Internetauftritt bewerben	Anzahl Hits
	Internetauftritt optimieren	Anzahl Hits/Anzahl Bestellungen per Internet
	Homepage verbinden mit einem Textilchemie-Portal und einem Buchshop	Anzahl und Quote der Wiederbesucher

Strategisches Projekt	Einbezogene Aktionen	Kennzahlen
	Verbindungen zu Universitäten schalten	Anzahl Uni-Links
Internetaufträge		**Eigener Umsatz im Internet/Gesamtumsatz im Internet (bezogen auf vergleichbare Angebote)**
	Schulung der Mitarbeiter	ECommerce-bezogener Schulungsgrad Soll/Ist eCommerce-Wissen
	Einstellen von Experten	Anzahl Experten
	Technische Kompetenz aufbauen	Auswertung Mitarbeitergespräche
	Auftragserteilung direkt aus dem Internet ermöglichen und bewerben Statistik der Vertriebswege aufbauen	Nutzungsrate der verschiedenen Kontaktmedien
	Internetkonzepte erarbeiten (Kosten-Ergebnis-Prüfung)	Anzahl erfolgreich durchgeführter Projekte
	Bausteinkonzept umsetzen	Anteil spezifischer Abrufe an Abrufen insgesamt
	Kundenspezifische Verknüpfung zwischen Webseite und interner Datenbank herstellen	Anzahl automatisch abgewickelter Bestellungen
	Bestellservice optimieren (den Kundengewohnheiten anpassen)	Service-Wahl-Index (Gesamtwerk, Register, Heft, on demand, Internet)
	Internetauftritt zielgerichtet zum eCommerce ausbauen	Eigener Umsatz im Internet/ Gesamtumsatz im Internet
	Jedes eCommerce-fähige Produkt mit elektronischer Version anbieten	Anzahl elektronisch angebotener Werke Anteil am Potenzial

Strategisches Projekt	Einbezogene Aktionen	Kennzahlen
	Elektronische Medien zur Effektivitätserhöhung der Gesamtleistung nutzen	Umsatz-Kosten-Faktor
	eCommerce – Leistungsangebot erweitern und zum Verkauf führen	Anteil CD am Umsatz Anteil Internet am Umsatz

Für jedes strategische Projekt wurden eine bzw. zwei eigene Kennzahlen entwickelt. Dabei war die Herangehensweise differenziert.

- Zum Teil wurden völlig neue Kennzahlen kreiert.
- In anderen Fällen waren die Kennzahlen einzelner diesem Projekt zugeordneter Aktionen so dominant, dass sie zum Maßstab für das gesamte Projekt erhoben wurden.
- Schließlich gab es auch Projekte, für die eine gewichtete Mischkennzahl aus den Kennzahlen der einzelnen Aktionen entwickelt wurde.

Auffallend ist, dass alle Aktivitätsvorschläge einem der strategischen Projekte zugeordnet wurden. Dabei waren wir uns einig, dass nicht unbedingt alle wirklich strategisches Gewicht haben. Aber ein anderer Aspekt war uns wichtig:

Auf diese Weise finden alle Beteiligten „ihre" Ideen wieder!

Das mag mit Doppelungen und der Aufnahme weniger wichtiger Aktionen verbunden sein. Der Effekt aber liegt im Commitment. Im Engagement aller Beteiligten.

> Gerade weil „meine" Ideen zum Schluss in die strategischen Projekte eingeflossen sind, ist die so entstehende Balanced Scorecard „meine Balanced Scorecard".
>
> Und „*My* Balanced Scorecard" werde ich aktiver im Kreis der übrigen Mitarbeiter vertreten, als jede von außen kommende Strategie. Aktiver als eine von Doppelungen „befreite" Balanced Scorecard, der „meine" Idee zum Opfer gefallen ist.

Im Ergebnis erhalten wir ein erstes Bild der Balanced Scorecard[10]:

Abb. 12: Balanced Scorecard der Fachbuch GmbH als „Spinne"

2. Schritt: Wir erarbeiten Aufgabenblätter für jedes strategische Projekt

Der erste Schritt war der schwerste. Jetzt geht es um die Feinarbeit. Jetzt wollen wir für jedes strategische Projekt konkrete Aufgabenblätter erarbeiten. Jetzt geht es um ganz normale Projektarbeit. **Wir sind im unternehmerischen Alltag angekommen!**

Insofern wollen wir bei diesem Punkt nur kurz verweilen.

Ein paar Fragen müssen wir beantworten.

- Fehlt etwas?

Im Workshop waren wir kreativ. Und wir haben sehr viel bedacht, denn wir kennen ja unser Unternehmen. Aber haben wir alles bedacht? Manchmal lohnt es sich, das Ganze noch einmal zu „überschlafen". Danach kommen eventuell doch ein paar weitere Aktionen in Betracht, die wir noch berücksichtigen, in unser strategisches Projekt einbeziehen sollten.

10 Für dieses Bild wurde schon ein Vorgriff auf den nächst folgenden Arbeitsschritt einbezogen, die Erarbeitung konkreter Vorgaben für IST und SOLL (normiert auf IST = 100 %).

- Aufwandsbestimmung und -gewichtung

Wie bei jedem anderen Projekt werden wir nicht ohne Aufwand die Arbeiten bewältigen können. Deshalb benötigen wir eine Abschätzung:

- Wieviel Personen wollen wir einbeziehen und welche?
- Wieviel Zeit wird veranschlagt?
- Wie ist die Aufteilung auf die verschiedenen im Rahmen des strategischen Projekts einbezogenen Aktionen?
- Wieviel finanzielle Mittel werden benötigt?

- Präzisieren der vorgeschlagenen Kennzahlen

Wir haben bis zu diesem Punkt eine Vielzahl von Kennzahlen benannt. Teilweise völlig neue, teilweise leicht modifizierte und teilweise bisher auch schon genutzte Kennzahlen.

In dieser Etappe unserer Arbeit wird es wichtig, genau zu definieren, wie die jeweilige Kennzahl erfasst, berechnet und in das Informationssystem des Unternehmens eingebunden wird. Die Methodik sollte abgestimmt sein, bevor mit einer Kennzahl Menschen geführt werden. Ansonsten entsteht schnell die Gefahr, dass wir uns zukünftig mehr darüber streiten, ob die Aussage der Zahl „richtig“ oder „falsch“ ist, anstatt die Kennzahl als Indikator für Probleme zu nutzen, die wir gemeinsam lösen müssen und wollen.

- Definieren entsprechender Daten für IST und SOLL

Und wir müssen für jede Kennzahl das IST, die Ausgangsbasis, bestimmen. Für bekannte Kennzahlen sollte das kein Problem sein. Sofern wir neue Kreationen entworfen haben, wird es mitunter schon schwieriger. Wir sollten in diesem Fall aber nicht nach zu komplizierten, perfekten Lösungen suchen. Wichtiger als die Perfektion ist das gemeinsame Verständigen auf eine Basis. Dann können wir erst einmal anfangen. Und mit der Zeit werden wir lernen, mit der neuen Kennzahl effektiv umzugehen.

Wenn das IST erst einmal definiert wurde, lassen sich Zielsetzungen leichter abstimmen. Auch hier geht Zweckmäßigkeit vor Perfektion.

- Zeitliche Abfolge

Und schließlich, um die Verbindung zur Jahresplanung zu ermöglichen, müssen wir uns zu einer zeitlichen Abfolge durchringen.

- Was soll in diesem Jahr, was in den folgenden erreicht werden (Bestimmung von Zielbereich und Meilensteinen)?
- Wie sollen die erforderlichen finanziellen Mittel und personellen Kapazitäten über die Jahre des betrachteten Zeitraums verteilt werden?

3. Schritt: Verbinden der strategischen Projekte mit der strategieorientierten Ressourcenverteilung im Unternehmen

Für die Erarbeitung der Aufgabenblätter benötigen wir im Allgemeinen einen Zeitraum von etwa ein bis zwei Wochen. Es hat sich als zweckmäßig erwiesen, dazu kleine Arbeitsgruppen zu bilden, die mit den zukünftigen Projektteams identisch sein können, aber nicht müssen.

Nach diesem kurzen Zeitraum sollte sich der ursprüngliche Teilnehmerkreis des ersten Workshops noch einmal treffen, um die Ergebnisse der Arbeitsgruppen zu beraten und Entscheidungen für die Geschäftsführung vorzubereiten.

Dabei geht es neben der Bestätigung oder Präzisierung der vorgeschlagenen Methoden und Ziele vor allem um eine zentrale Frage, die für viele Balanced Scorecard-Projekte zum „Knackpunkt“ wird:

Die Zuweisung finanzieller und personeller bzw. zeitlicher Kapazitäten.

> An dieser Stelle erweist es sich, wie ernst wir es mit den strategischen Schwerpunkten wirklich meinen. Wir sollten es zum Prinzip erheben, nur solche Aktionen bzw. strategischen Projekte in die Balanced Scorecard einzubringen, denen wir auch ausreichende Kapazitäten zuweisen wollen und können! Und wir müssen sie verankern in unserem Kosten-, Investitions- und Zeitbudget der jeweiligen Jahres-, Quartals- und Monatspläne.

Wenn wir soweit gekommen sind, erhalten wir das zweite Bild unserer Balanced Scorecard. Unser Beispiel zeigt die Budgetverteilung eines Jahres auf die strategischen Projekte der Fachbuch GmbH:

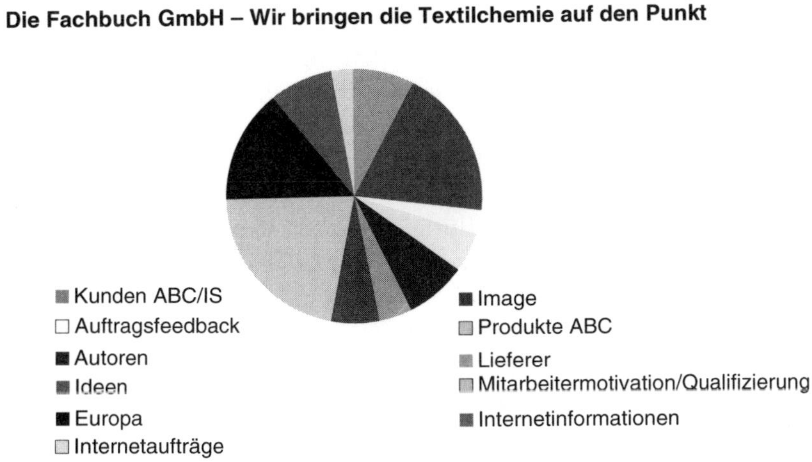

Abb. 13: Budgetverteilung strategischer Projekte für ein Beispieljahr der Fachbuch GmbH

Wir sind damit fast am Ende der Erarbeitung unserer Balanced Scorecard angelangt. Nur zwei wichtige Phasen fehlen noch.

2.4.5 Phase 5: Einbinden der verantwortlichen Akteure

Der Handlungsrahmen Balanced Scorecard bleibt ein Torso, wenn die mit seiner Hilfe ausgewählten Aktionen und strategischen Projekte nicht verknüpft werden mit einem Geflecht, einem Netzwerk konkreter Verantwortung. Kein Projekt, keine Aktion funktioniert ohne verantwortliche Akteure.

An dieser Stelle gehen wir über die „eigentlichen" Aufgaben der Erarbeitung einer Balanced Scorecard hinaus. Das ist die Folge, wenn wir unsere Balanced Scorecard nicht als irgendeine isoliert zu behandelnde Methode, nicht als bloße Erweiterung unseres Kennzahlensystems verstehen. Wenn wir sie ernst nehmen. Wenn wir sie als integralen Bestandteil einfügen in unser Management.

Wir haben das schon bei der Zielfindung (Phase 1) bemerkt. Der Prozess der Strategieentwicklung ist wesentlich breiter, als jener Teil, den wir im Zusammenhang mit einer Balanced Scorecard behandeln. Aus dem strategischen

Prozessmanagement steigen wir ein in den „inneren Horizont“ der Balanced Scorecard. Wir konkretisieren und quantifizieren unsere strategischen Ziele. Wir spannen den Handlungsrahmen der Balanced Scorecard aus strategischen Wegen und Perspektiven. Wir füllen ihn mit strategisch orientierten Aktionen und Kennzahlen für deren Messung. Wir kombinieren die gewählten Aktionen zu strategischen Projekten. Und mit dem Einbringen der strategischen Projekte in unser Budget, stärker aber noch beim Einbinden der für die strategischen Projekte verantwortlichen Akteure verlassen wir den „inneren Horizont“ der Balanced Scorecard wieder. Wir verzahnen sie wieder mit dem übrigen Management.

Unser Unternehmen ist eben nicht einfach eine Organisation, ein technisches System, ein Anwendungsfeld mehr oder weniger geeigneter betriebswirtschaftlicher Methoden. Es ist vor allem ein Betätigungsfeld für seine Mitarbeiter. Für Mitarbeiter, die Verantwortung übernehmen und tragen wollen. Für Mitarbeiter, die zumindest einen Teil ihrer Selbstbestimmung aus ihrer Arbeit im Unternehmen begründen. Für Mitarbeiter, in deren Wissen wir einen immer größeren Teil unserer Ressourcen investieren.

Wir können daher unser Unternehmen auch als sozio-technisches System bezeichnen. Als eine Kombination sachlicher Methoden und Organisationsstrukturen mit dem Verhalten und der inneren Einstellung der einbezogenen Menschen. Und wenn wir dieses System in Richtung Zukunft bewegen, wenn wir es strategisch ausrichten wollen, sollten wir diese Verzahnung berücksichtigen. Zumindest wenn wir Erfolg haben wollen!

Dabei gilt es abzuwägen, ob wir eher schnelle, leicht zu bewältigende Veränderungen wollen. Oder Veränderungen, die nachhaltig unser Unternehmen beeinflussen.

Es ist eben wesentlich leichter, die sachliche Seite eines Betriebes, einer Institution, einer Behörde zu verändern als die Verhaltensweisen und Einstellungen der in und mit ihnen arbeitenden Menschen (s. Abb. 14). Aber erst, wenn wir zu den Verhaltensweisen unserer Mitarbeiter und den sie bestimmenden Einstellungen vordringen, beeinflussen wir unser Unternehmen wirklich nachhaltig.

Wir müssen uns daher die Frage beantworten: Soll die Balanced Scorecard eine bloße Methode bleiben, oder wollen wir mit ihrer Hilfe Bewegung in das Verhalten und die Einstellung der beteiligten Menschen hineintragen? Ihre Aktionen strategisch ausrichten?

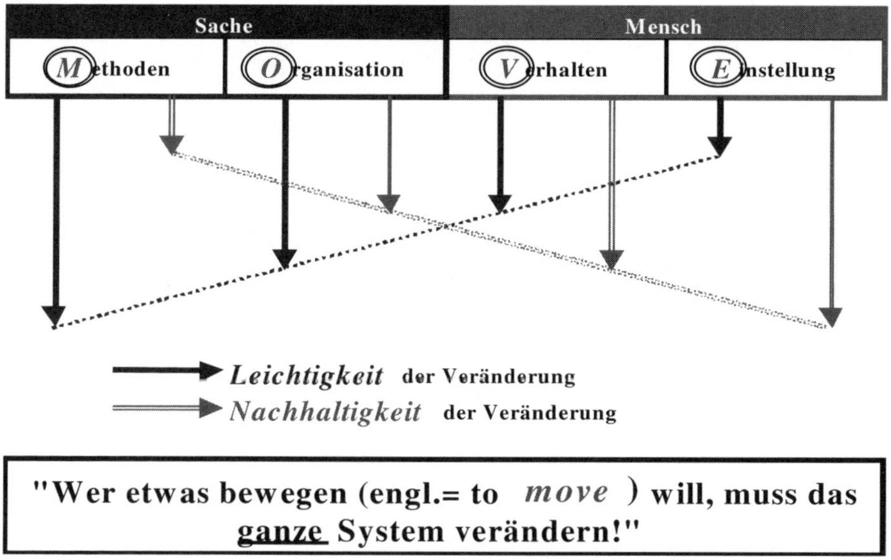

Abb. 14: Das Unternehmen als sozio-technisches System

Wenn wir Letzteres wollen, entwickeln wir die Balanced Scorecard im Kern zu einem „lebenden" Netz (oder Geflecht) von verantwortlichen Mitarbeitern bzw. Führungskräften.

Verantwortlich für die

- spezifische und effektive Koordinierung und Leitung
- eines über Kennzahlen gesteuerten
- ausgewogenen Systems strategischer Projekte
- für die Umsetzung strategischer Ziele in den operativen Alltag unseres Unternehmens.

Alle Voraussetzungen haben wir uns bereits geschaffen:

- Wir haben strategische Projekte.
- Für jedes dieser Projekte setzen wir einen verantwortlichen Mitarbeiter als Projektleiter ein.
- Und wir haben für jedes strategische Projekt mehr oder weniger detailliert ausgearbeitete Aufgabenpläne.

Der Projektleiter kann in Abstimmung mit der Geschäftsführung oder der Leitung seines Bereiches, seiner Abteilung – je nach dem, auf welcher Ebene die jeweilige Balanced Scorecard angesiedelt ist – ein Projektteam zusammenstellen und für jede der Aufgaben ebenfalls einen verantwortlichen Mitarbeiter benennen.

Damit ist das Netz konfiguriert. Aber noch nicht gespannt. Um es zu spannen, bedarf es der Einbindung aller strategischen Projekte als integrale Bestandteile in das periodische betriebliche Berichtswesen.

Wir sollten ganz definiert festlegen,

- in welchen Zeitabständen,
- vor welchem Gremium und
- in welchem Umfang

die Projektleiter über den Fortgang und die Ergebnisse ihrer strategischen Projekte berichten.

Erst dadurch wird der strategische Ansatz der Balanced Scorecard endgültig in der alltäglichen Arbeit aller Mitarbeiter verankert. Die Verantwortlichen müssen sich nun dem üblichen Controlling stellen. Müssen SOLL und IST miteinander vergleichen. Müssen bestrebt sein, mögliche Abweichungen rechtzeitig anzuzeigen, damit wir auf entstehende Probleme rechtzeitig und angemessen reagieren können. Zumindest bestehen dafür die Möglichkeiten.

Mit dem Einbinden der verantwortlichen Akteure haben wir endgültig unsere strategischen Zielstellungen im unternehmerischen Alltag verankert. Sie sind in konkret messbare Projekte aufgelöst. Sie sind im Budget eingebunden. Sie sind an viele verantwortliche Akteure gekoppelt, die sich engagieren für die Realisierung. Und sie haben Eingang gefunden in das betriebliche Berichtswesen.

Einen letzten Fallstrick dürfen wir allerdings bei aller Euphorie nicht vergessen. Mit der Balanced Scorecard schaffen wir ein projektbezogenes Netzwerk von Verantwortlichen. Das kann durchaus zu erheblichen Konflikten mit der bestehenden Leitungspyramide führen. Insbesondere dann, wenn die vorhandene Hierarchie in starkem Maße funktionsbezogen strukturiert ist.

Eine der wichtigsten Entscheidungen in diesem Zusammenhang betreffen daher die Befugnisse der Leiter für die strategischen Projekte. Betrachten wir sie eher als Coach, als Koordinatoren ohne weitreichende Entscheidungsvollmacht? Oder wollen wir sie für die Dauer des jeweiligen Projekts mit allen Vollmachten einschließlich Direktionsrechten und der Budgetverantwortung ausstatten? Und wie soll das Verhältnis zwischen Projektleitern und Funktionsträgern gestaltet werden?

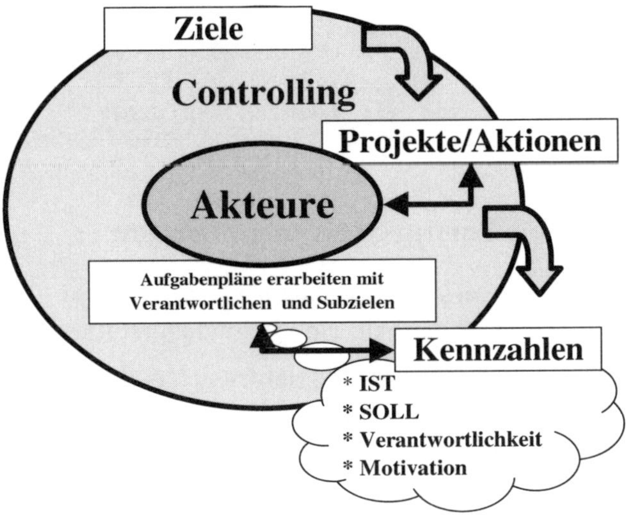

Abb. 15: Verantwortliche Akteure einbinden

In der Praxis, stärker noch in der betriebswirtschaftlichen Literatur, ist ein Trend zu eher projekt- oder aufgabenbezogenen Leistungsstrukturen erkennbar. Die Einbindung einer Balanced Scorecard in das Management eines Unternehmens kann diesen Trend verstärken.

Aber spätestens an dieser Stelle wird unsere Balanced Scorecard ganz individuell. Jedes Unternehmen hat seine eigenen Leitungsstrukturen, seine eigene Führungskultur. Und seine ganz individuellen Führungskräfte. Aber nur mit ihnen können wir unsere strategischen Ideen und Konzepte, unsere Mission und Vision praktisch umsetzen. Insofern verdammen wir alle unsere vorherigen Anstrengungen zur Makulatur, wenn wir bei dieser sensiblen Frage der Verantwortungsstruktur keine Sorgfalt walten lassen. Hier helfen Theorien wenig. Hier helfen nur der konkreten Situation angepasste spezifische Lösungen.

Es gibt daher nicht die Balanced Scorecard. Jede Balanced Scorecard ist ein Unikat! Ich gestalte für mein Unternehmen, meine Institution, meine Behörde, meinen Verein eine ganz spezifische Form der Umsetzung strategischer Ziele in den Alltag. Es ist die ganz spezifische Form der Verbindung von strategischem Denken, unternehmerischem Tun sowie verantwortlicher Führung, Koordination und Kommunikation der Aktivitäten:

It's *My* Balanced Scorecard!

2.4.6 Phase 6: Den Lernprozess organisieren

Nun sind wir eigentlich am Ziel. Die Balanced Scorecard ist erarbeitet. Wir können zur Tat schreiten. Aber halt; ein Quäntchen fehlt noch!

Das Leben macht es uns nicht leicht. Es richtet sich nicht nach unseren Strategien. Das wäre zwar sehr schön. Aber es klappt im Allgemeinen nicht. Und so kann es passieren, dass unsere schönen und hehren Ziele morgen schon „der Schnee von gestern" sind.

Wir sollten uns also darauf einrichten, dass nicht alles so laufen wird, wie wir es uns vorstellen. Dass wir Fehler machen. Und dass wir Lehrgeld bezahlen. Allerdings, wenn wir aus unseren Fehlern lernen, kann sich das Lehrgeld lohnen. Wenn wir lernen, unsere Fehler nicht zu wiederholen. Wenn wir lernen, unsere Strategien den sich verändernden Lebensbedingungen anzupassen. Wenn wir lernen, in unserem Unternehmen einen strategischen Lernprozess zu organisieren. Kaplan und Norton haben diese Idee des Prozesslernens mit dem Gedanken der Balanced Scorecard verbunden[11].

Das Organisieren eines strategischen Lernprozesses ist die vielleicht schwierigste, aber zugleich innovativste Seite des „Management by Balanced Scorecard". Es erfordert ein Umdenken bei vielen Managern. Statt einmal aufge-

11 Die Idee stammt von Argyris und Schön. Sie unterscheiden zwischen dem einfachen Lernen (single loop learning), dem Veränderungslernen (double loop learning) und dem Prozesslernen (deutero learning). Das einfache Lernen dient in erster Linie der Stabilisierung der gültigen Ziele, da Normen und Werte als gegeben akzeptiert werden. Um stärkeren Veränderungen der Umwelt gerecht zu werden, muss das Unternehmen jedoch in der Lage sein, seine

stellte Ziele konsequent und ohne Änderung umzusetzen, sollen wir permanent Ziele auf ihre Realität überprüfen. Wir stellen unsere eigenen Ziele zur Disposition. Und das gegebenenfalls auch bereits während der Erarbeitung und ersten Umsetzung unserer Balanced Scorecard.

Aber warum sollten wir es nicht tun? Warum an Zielen festhalten, wenn sie den Bedingungen unserer Umwelt nicht mehr entsprechen? Oder wenn wir im Prozess der Erarbeitung einer Balanced Scorecard erkennen, dass wir unsere Ziele nicht genau genug formuliert haben? Oder wenn wir feststellen müssen, dass wir uns bei bestimmten Annahmen schlicht und einfach geirrt haben?

Eigentlich spricht alles dafür. Doch wir tun uns schwer. Weil es an unsere Ehre geht, einen Irrtum einzugestehen. Weil Fehlertoleranz bei uns recht wenig entwickelt ist. Weil insbesondere höhere Führungskräfte nach dem zweiten Fehler leicht ihren Stuhl verlieren.

Wir sollten daher einige Regeln beachten, wenn wir für die allmähliche Entfaltung eines strategischen Lernprozesses günstige Voraussetzungen schaffen wollen:

- Erarbeiten wir die Balanced Scorecard im Team.

Im Team haben wir nicht nur mehr Ideen, versammeln wir nicht nur mehr Kompetenz. Im Team irrt es sich auch leichter, weil wir einen Irrtum leichter korrigieren können. Nicht ich war es, wir waren es halt alle!

- Legen wir Verantwortung eindeutig fest.

---

aktuellen Handlungstheorien vor dem Hintergrund der Umweltveränderungen kritisch zu überprüfen (Veränderungslernen). Veränderungslernen ist kein einfacher Prozess. Einerseits besteht ein Konfliktpotenzial, in welche Richtung die Veränderungen vorgenommen werden können oder ob diese vorgenommen werden sollen. Andererseits existiert auch das Problem von Lernbarrieren durch mentale und strukturelle Starrheiten innerhalb von Organisationen, die sogar ein Verlernen von Nichtbewährtem verhindern. Um derartige defensive Routinen und Lernbarrieren zu überwinden, müssen die Lernprozesse auf einer höheren Ebene analysiert und reflektiert werden. Fortschritt bzw. Fehlschläge müssen identifiziert und organisatorische Lernprozesse implementiert und gefördert werden. Das einfache und das Veränderungslernen werden faktisch selbst Gegenstand eines weiteren übergeordneten Lernprozesses des gesamten Unternehmens (Prozesslernen).
(Argyris C./Schön, D.A.: Organizational Learning 1978, S. 20–24; dargestellt auf Basis der Diplomarbeit von Schäfer, Eileen: Die Balanced Scorecard als Methode zur Verbesserung strategischer Lernprozesse, Universität Hamburg 1999).

Wir hatten es schon gesagt: Geteiltes Leid ist halbes Leid. Aber geteilte Verantwortung ist gar keine Verantwortung!

Eindeutige Verantwortung führt auch zu eindeutiger Identifikation mit den strategischen Projekten und ihren Zielen, für die wir Verantwortung tragen. Im Guten wie im Schlechten. Wir werden dann auch eher darauf achten, dass Wunsch und Realität nicht allzu weit voneinander entfernt sind.

- Schaffen wir ein Klima der gegenseitigen Achtung sowie des Vertrauens und Selbstvertrauens aller beteiligten Personen.

Misstrauen ist ein schlechter Berater, wenn es um die gemeinsame Gestaltung von Zukunft geht. Misstrauen befördert Abschotten gegen andere. Befördert Strategien zur Verteidigung gegen mögliche Angriffe; zur Verteidigung der eigenen Position. Misstrauen befördert rückwärts gewandtes Denken. Da korrigiert man sich nicht gern, nur um Probleme nach vorn zu lösen.

Also wollen wir es mit Vertrauen versuchen. Ein schwieriger Weg. Vor allem, wenn Wunden einstiger Verletzungen noch schmerzen. Wenn das Klima noch vergiftet ist. Dann hilft nur Geduld. Und langsam anfangen. Und vor allem es selbst vorleben.

Aber es lohnt sich. Denn mit gegenseitigem Vertrauen wird es uns wirkungsvoller gelingen, unsere obersten strategischen Ziele so zu kommunizieren, dass sie im unternehmerischen Alltag von allen Mitarbeitern tatsächlich gelebt werden. Und Vertrauen generiert das erforderliche Selbstvertrauen, um Fehler, wenn sie erkannt sind, auch offen zu legen. Erst dann können wir lernen, sie zukünftig zu vermeiden. Es besser zu machen. Uns besser auf die Zukunft mit all ihren Unwägbarkeiten einzustellen[12].

- Beziehen wir die strategischen Kennzahlen – einschließlich der quantifizierten Vision – in unser Berichtssystem ein.

Die systematische Überprüfung (SOLL-IST-Vergleich) der strategischen Kennzahlen der Balanced Scorecard (einschließlich der zentralen Kennzahl für die quantifizierte Vision) durch das laufende Controlling verschafft uns ein Gefühl dafür, ob wir auf dem richtigen Weg sind.

12 Aufgrund des hohen Gewichts, das wir einer vertrauensbasierten Organisation beimessen, haben wir uns im 6. Kapitel diesem Thema ausführlicher zugewandt.

Jetzt erweist es sich als vorteilhaft, wenn wir in unserer Vision das wirklich oberste Ziel unseres Unternehmens formuliert haben. Und wenn dieses visionäre Ziel auch quantifiziert wurde. Dann erst können wir nachvollziehbar überprüfen, ob die Umsetzung der von uns kreierten strategischen Projekte tatsächlich in die gewollte Richtung führt. Uns unserem Ziel näher bringt!

- ... und zuletzt: den Prozess der Strategieentwicklung am Laufen halten

Auch die beste Strategie ist nicht ewig gültig.

- Wir machen neue Erfahrungen.
- Unsere Umwelt verändert sich.

Es entstehen neue Chancen, vielleicht auch neue Bedrohungen. Also sollten wir der strategischen Diskussion einen geeigneten Rahmen geben.

> Vielleicht könnte ein Strategiezirkel, ein Diskussionskreis interessierter Kollegen den strategischen Prozess am Leben erhalten. Ein Strategiezirkel, etwa vergleichbar mit den aus dem Qualitätsmanagement bekannten Qualitätszirkeln.

Strategiezirkel könnten uns helfen, das strategische Denken zu schärfen. Eigenschaften zu entwickeln und zu kultivieren wie

- Querdenken (über den eigenen „Tellerrand" hinaussehen; eingefahrene Gleise verlassen; liebgewonnene Gewohnheiten infrage stellen)
- Vordenken (komplexe Bilder der Zukunft entwerfen; Alternativen denken; mögliche Szenarien konstruieren und gegebenenfalls berechnen bzw. abschätzen)
- Hineindenken (sich in unsere Partner – Kunden, Lieferanten, Wettbewerber etc. – hineinversetzen; uns mit ihren Augen sehen)

Strategiezirkel könnten in periodischen Abständen Statements erarbeiten und publizieren. Damit wir sie diskutieren können.

Aber sie sollten nicht eingebunden werden in die strategische Planung. Strategieentwicklung hat wenig mit Planung zu tun. In der Planung setzen wir <u>entschiedene</u> Strategien um. Doch um Strategien entscheiden zu können, müssen wir sie erst einmal entwickeln. Und das ist ein anderer Denkprozess.

Planung benötigt Formalismen. Feste Termine. Berechenbare Zusammenhänge. Solch ein Rahmen wäre für die Entwicklung von Strategien äußerst hinderlich.

Die Form sei uns nicht so wichtig. Aber einen geeigneten Weg, die strategische Diskussion weiterzuführen, sollten wir schon finden!

Wir sind damit an einem ersten Ende angekommen. Unsere Fachbuch GmbH hat sich auf den Weg begeben. Die Balanced Scorecard in ihrer ersten Form ist erarbeitet. Das erste Jahr der praktischen Erprobung läuft. Und Herr Schreiber ist ein vorsichtiger Geschäftsführer. Er will das neue Führungsinstrument allmählich in sein Unternehmen integrieren.

Nicht alle strategischen Projekte hat er mit gleicher Kraft begonnen. Schrittweise vorgehen. Getreu seinem Motto: Testen, testen, testen! Wenn alles gut geht, sollen die detaillierten Aufgabenpläne für alle strategischen Projekte in diesem Jahr endgültig fertig gestellt und beschlossen werden. Und für das kommende Jahr ist eine erste Verknüpfung ausgewählter Ziele der Balanced Scorecard mit leistungsabhängigen Vergütungselementen einiger Führungskräfte vorgesehen. Und wenn sich das bewährt, soll dieser Weg zu zielgerichteter Motivation in breitem Umfang beschritten werden.

Wir wollen Herrn Schreiber und seinen Mitstreitern Glück und Erfolg wünschen. So wie sie an die Erarbeitung und Einführung der Balanced Scorecard herangegangen sind, haben sie alle Chancen, das Instrument beherrschen zu lernen. Über den „Flohwalzer"sind sie längst hinaus. Aber bis zur Sonate von Beethoven ist es noch ein Stück weiter!

3 Was ist neu an der Balanced Scorecard?

Auf einen Blick:

⇨ Balanced Scorecard – Managementinnovation oder „alter Wein in neuen Schläuchen“?

⇨ Die Balanced Scorecard basiert auf bewährten betriebswirtschaftlichen Konzepten und Methoden. Das betrachten wir als eine ihrer Stärken, denn wir müssen nicht alles neu lernen.

⇨ Das Neue an der Balanced Scorecard ist ein stringenter Handlungsrahmen für das Überführen strategischer Ziele in den praktischen Alltag!

⇨ Total Quality Management und Balanced Scorecard ergänzen sich in idealer Weise.

⇨ Es gibt verschiedene Ansätze, das ursprüngliche Konzept von Kaplan und Norton im deutschsprachigen Raum umzusetzen.

Bestrebungen, strategische Ansätze in den unternehmerischen Alltag umzusetzen, hat es auch schon vor der Balanced Scorecard gegeben. Und Strategien selbst, strategische Ansätze, sind vielleicht so alt wie die Menschheit. Was aber ist dann neu an der Balanced Scorecard?

Ist es der Gedanke des ganzheitlichen Ansatzes, der Versuch, möglichst alle Potenziale eines Unternehmens für den strategisch gewollten Erfolg zu mobilisieren? Wohl nicht. Ganzheitliche Betrachtungsweisen gehören zum Grundgefüge der modernen Betriebswirtschaft.

Ist es der Gedanke, so genannte weiche, nichtfinanzielle Faktoren durch geeignete Kennzahlen zu messen? Wohl auch nicht. Schon seit den 50er Jahren des vorigen Jahrhunderts werden intensivere Diskussionen zu diesem Thema geführt. Sicherlich, die Frage der Messbarkeit derartiger Faktoren durch geeignete Kennzahlen ist erst seit einigen Jahren zu einem Schwerpunktthema geworden. Und Kaplan/Norton gebührt der Verdienst, die Sensibilität vieler Manager für diese Problematik geschärft zu haben. Aber neu ist der Gedanke nicht.

Ist es der Gedanke, Visionen aus verschiedenen Perspektiven zu betrachten und aus der jeweils unterschiedlichen Sicht konkrete Maßnahmen und Ziele abzuleiten, die helfen sollen, die Vision im praktischen Alltag umzusetzen? Das ist es wohl eher. Dieser Gedanke, so verblüffend einfach er auf den ersten Blick erscheint, hat in der Tat etwas Neues. Dieser Gedanke – verknüpft mit dem Ansatz ganzheitlicher Führung und der Nutzung von Kennzahlen zur Messung sowohl finanzieller als auch nichtfinanzieller Faktoren – ermöglicht es uns, einen zwingenden Handlungsrahmen zu bauen für das Umsetzen von Visionen in unternehmerisches Tun.

Die Balanced Scorecard gibt uns durch diesen im Grunde einfach zu handhabenden Handlungsrahmen die Chance für eine umfassende strategische Orientierung des gesamten Unternehmens. Es liegt allerdings an uns, ob, in welcher Ausprägung und in welchem Maße wir sie nutzen.

Die Balanced Scorecard ermöglicht es uns damit, strategische Ansätze durch aktive Kommunikation zu verbreiten. Sie trägt dazu bei, strategisches Denken und Handeln auf allen Ebenen im Unternehmen zu fördern. Auch hier ist es zunächst nur eine Möglichkeit. Wir können sie auch vertun.

Durch die Ableitung konkreter strategischer Projekte und ihre Einbindung in das Budget und Berichtssystem unseres Unternehmens erlaubt es uns die Balanced Scorecard, die Strategie mit der operativen Planung und Führung zu verknüpfen. Wenn wir es denn so realisieren.

Und die Balanced Scorecard ist offen für Veränderungen, kann unsere Lernfähigkeit beflügeln. Aber immer wieder gilt: Wir müssen es wollen und tun!

Im Selbstlauf oder als automatisches System wird die Balanced Scorecard nicht funktionieren. Sie ist zunächst ein Handlungsrahmen. Mehr nicht. Aber zielgerichtet angewandt, kann sie unser Management wirkungsvoll unterstützen, kann sie selbst integraler Bestandteil unseres Managements werden.

3.1 Auf Bewährtem aufbauen

Ein nicht zu unterschätzender Vorteil der Balanced Scorecard besteht gerade darin, dass sie nichts vollkommen Neues von uns verlangt. Wir können auf dem aufbauen, was wir heute schon nutzen. Wir brauchen nicht in ganz veränderten Strukturen zu denken, müssen nicht alle bisherigen Methoden über Bord werfen.

Das macht es leichter. Wir trennen uns ungern von Dingen, Methoden, Strukturen, sofern sie sich bewährt haben.

Zugleich bietet uns die Balanced Scorecard eine relativ einfache Lösung für ein altes Problem: Insbesondere in größeren Konzernen breitete sich schon seit geraumer Zeit Unzufriedenheit aus. Das Thema Strategiefindung, Strategieentwicklung stand in regelmäßigen Abständen immer wieder auf der Tagesordnung. Es wurden intensive Workshops zum Thema „unsere Strategie für die nächsten x Jahre" abgehalten. Aber zu wenig von diesen meist guten und teuer erarbeiteten Ideen wurde umgesetzt.

Auch der Mittelstand hat diese Erfahrung schon verinnerlicht: Allerdings sehr oft mit dem Ergebnis, dass das Thema Strategie gar nicht „läuft", keinen mehr interessiert.

Nun wurde von Kaplan/Norton mit der Entwicklung des Instruments Balanced Scorecard aufgezeigt, dass es geeignete und recht unkomplizierte Möglichkeiten gibt, Strategien praktisch umzusetzen. Im Zusammenhang damit haben Kaplan und Norton auch das von vielen als defizitär empfundene Thema „Messung und Steuerung so genannter weicher Faktoren" in das Zentrum der Aufmerksamkeit gerückt.

Dieses Zusammentreffen von Problemempfinden, praktikablem Lösungsansatz und Beibehaltung von bewährten Methoden erklärt vielleicht den rasanten „Siegeszug", den die Balanced Scorecard in den letzten Jahren angetreten hat. Und wenn wir die in ihr liegenden Möglichkeiten nutzen würden, könnten wir wahrscheinlich beeindruckende Ergebnisse erleben!

3.2 Einige häufig gestellte Fragen

An dieser Stelle wollen wir auf einige häufig gestellte Fragen eingehen. Allerdings nur kurz und knapp. Die meisten Antworten ergeben sich aus dem Kontext der in diesem Buch erläuterten Beispiele.

3.2.1 Was kann eine Balanced Scorecard bewirken?

Unter den möglichen Effekten sollen folgende herausgestellt werden:

- Ertragswachstum und Effizienzsteigerung durch Konzentration auf strategische Projekte und Geschäftsfelder
- Dank motivierter Mitarbeiter verbesserte Nutzung der Investitionen in das Wissenspotenzial
- Ertragssteigerung durch Aufdeckung innerbetrieblicher Synergiepotenziale in den einzelnen Geschäftsfeldern und -bereichen
- Stärkung des Unternehmens und seiner Geschäftsbereiche durch Identifikation der Mitarbeiter mit der Gesamtstrategie und der daraus erwachsenden besseren Nutzung geschäftsfeld- und geschäftsbereichsübergreifender Erfolgspotenziale
- Kostenreduzierung durch konzentriertes und schlankes Berichtswesen

3.2.2 Wie können Sie dies erreichen?

Indem Sie folgende Punkte berücksichtigen:

- Bestimmen Sie im Team das Ziel der Entwicklung Ihres Unternehmens.
- Wählen Sie in wechselnder Gruppenarbeit die geeigneten strategischen Aktionen/Maßnahmen aus.
- Bündeln Sie die Aktionen in strategischen Projekten.
- Legen Sie fest, wer die strategischen Projekte umsetzt und welche Entscheidungsbefugnisse die Projektleiter haben. Und regeln Sie das Verhältnis der Projektleiter zu den anderen Führungskräften.
- Binden Sie die strategischen Projekte in Budget und Berichtswesen Ihres Unternehmens ein.
- Messen Sie, wie die Projekte und Aktionen wirken (durch geeignete Kennzahlen).
- Steuern Sie die strategischen Projekte operativ durch Soll-/Ist-Vergleiche.
- Lernen Sie aus Ihren Fehlern.

- Und führen Sie den Prozess der Strategieentwicklung kontinuierlich weiter!

Diese Punkte gelten sowohl für die Erarbeitung und Nutzung einer Balanced Scorecard für das gesamte Unternehmen als auch für Unterprojekte bzw. verschiedene Unternehmensbereiche.

3.2.3 Wann ist es besonders vorteilhaft, eine Balanced Scorecard einzusetzen?

Nach unseren Erfahrungen und unter Berücksichtigung in der Literatur veröffentlichter Beispiele scheinen vor allem folgende Aspekte wichtig zu sein:

- Bei der Erschließung bisher unzureichend genutzter Potenziale zur Effizienzsteigerung durch gezieltere Ausschöpfung der innovativen Fähigkeiten aller Mitarbeiter
- Bei der Ausrichtung auf sich schnell verändernde Märkte
- Bei ausgeprägtem Unternehmenswachstum
- Beim Aufbau einer einheitlichen bzw. gemeinsamen Unternehmenskultur („mental kulturelle Integration") in Unternehmen mit signifikant unterschiedlichen Geschäftseinheiten oder z. B. nach Fusionen etc.
- Bei mit Wertewandel verbundenem Führungswechsel im Unternehmen
- Bei der Vorbereitung von Nachfolgeregelungen

3.2.4 Wann sollte eine Balanced Scorecard (noch) nicht eingesetzt werden?

Die Erarbeitung und Umsetzung einer Balanced Scorecard erfordert Willen, Kraft und Zeit. Der Prozess wird nicht im Vorübergehen zu realisieren sein. Deshalb sollten wir uns auch darüber Gedanken machen, wann es nicht ratsam erscheint, eine Balanced Scorecard anzuwenden.

Wir halten zwei Punkte für erwähnenswert:

- Wenn die Führung eines Unternehmens die transparente und alle Mitarbeiter einbeziehende Diskussion ihrer visionären Ziele und strategischen Orientierungen noch nicht will (fehlende innere Einstellung!); eventuell kann in solch einem Fall ein vorgeschalteter „Schnupper-Workshop“ helfen.

- Wenn wichtige Projekte die Aufmerksamkeit der Geschäftsführung wie maßgeblicher Mitarbeiter zu einem großen Teil absorbieren. Dann sollte das Balanced Scorecard-Projekt zu einem günstigeren Zeitpunkt fest eingeplant werden.

Es werden mitunter auch fehlende Basisinformationen, ungenügende Strategieentwicklung oder gravierende kommunikative Probleme im Führungskreis genannt. Das können bei starker Ausprägung in der Tat Hemmschwellen sein, die eine Balanced Scorecard so stark behindern, dass sie nicht zum Tragen kommt. Aber in den meisten Fällen lassen sich hierfür Lösungen finden, wenn der Wille vorhanden ist und die Bereitschaft, sich ausreichend Zeit dafür zu nehmen.

3.2.5 TQM/EQA und Balanced Scorecard – wo sind die Unterschiede?

Wir haben die Erfahrung gewonnen, dass Unternehmen mit ausgeprägten Erfahrungen im Prozess des umfassenden Qualitätsmanagements (Total Quality Management – TQM) leichteren Zugang zur Balanced Scorecard finden. Bereits das Normensystem DIN EN ISO 9000–9004 mit seinen 20 Normelementen fordert ein ganzheitliches Denken bezogen auf die Gewährleistung eines durchgehenden Qualitätsmanagements.

Das von der European Foundation for Quality Management (EFQM) daraus weiterentwickelte europäische TQM-Modell bezieht die Entwicklung und Umsetzung einer wirksamen Strategie ausdrücklich mit ein.

Das europäische TQM-Modell (als Basis für einen jährlich ausgelobten Qualitätspreis, den European Quality Award – EQA) besteht aus 9 Grundbausteinen (5 „Befähiger [Enabler]“ und 4 „Ergebnisse [Results]“). Es ist verbunden mit einem Punktsystem (maximal 1.000 Punkte = 100 %) zur Bewertung des eigenen Entwicklungsstandes.

Durch die Einbeziehung der Strategieentwicklung in die Gruppe der „Befähiger“ und die Forderung nach einer Selbstbewertung über geeignete

Kennzahlen bietet sich die Balanced Scorecard als Instrument zum Nachweis der Erfüllung der vorgegebenen Normelemente an.

Das EFQM-Modell zeigen Abb. 16 und Abb. 17 (die Prozentangaben bewerten die Gewichtung der einzelnen Bausteine innerhalb des Gesamtmodells)[13]:

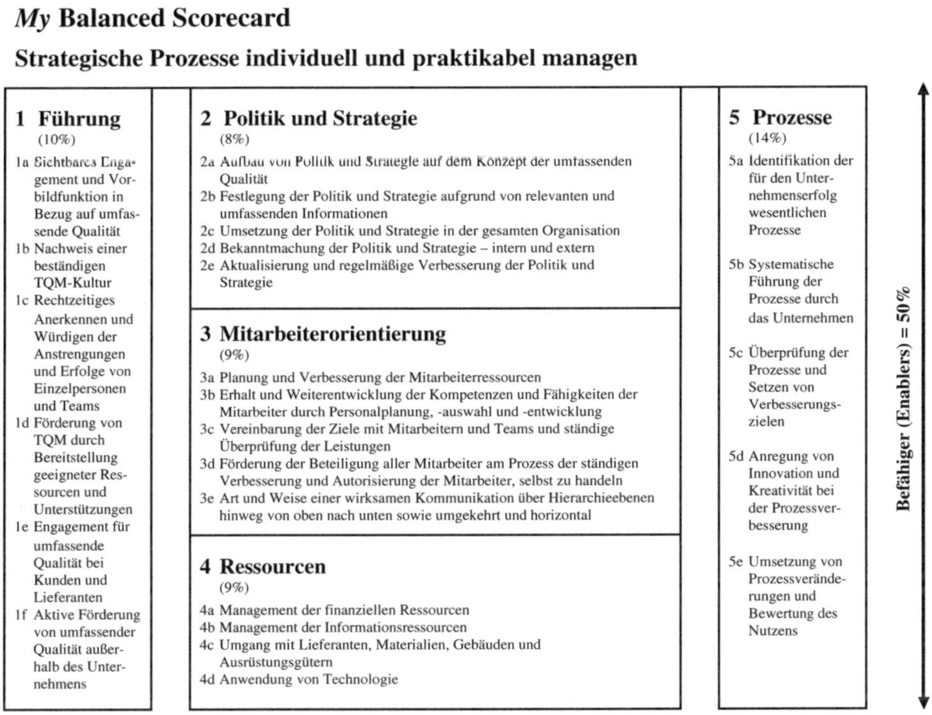

Abb. 16: EFQM-Modell: Gruppe der Befähiger

13 Quelle: European Foundation for Quality Management, Selbstbewertung 1996 – Richtlinien für Unternehmen 1996, Brüssel 1995.

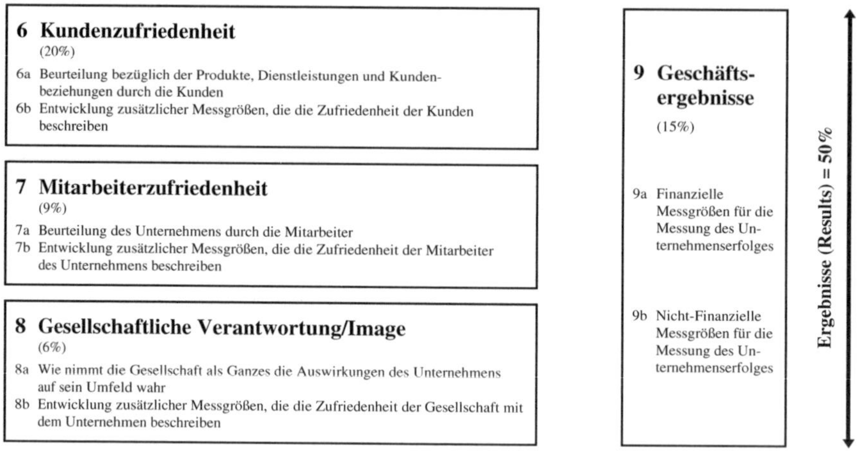

Abb. 17: EFQM-Modell: Gruppe der Ergebnisse

Insbesondere in jenen Unternehmen, die in irgendeiner Weise mit der Automobilindustrie und ihren ausgeprägten Qualitätssicherungssystemen verbunden sind, können daher Synergien zwischen dem TQM-System mit seinen Qualitätsbeauftragten und einer Balanced Scorecard erwartet werden.

Das gilt aber auch für alle anderen Unternehmen, die sich ein umfassendes Qualitätsmanagement auf die Fahnen geschrieben haben.

3.3 Die verschiedenen Ansätze der Balanced Scorecard

In den letzten zwei Jahren ist im deutschsprachigen Raum eine umfangreiche Literatur zum Thema Balanced Scorecard erschienen[14]. Es ist nicht der Gegenstand dieses Buches, eine eingehende kritische Würdigung dieser Veröffentlichungen vorzunehmen. Das wollen wir den Universitäten und Hochschulen überlassen.

Unsere Intention für die folgenden kurzen Abschnitte besteht darin, dem Praktiker aufzuzeigen, welche verschiedenen Grundangebote gegenwärtig auf dem Markt sind. Wir wollen verdeutlichen, dass es unterschiedliche An-

14 Im Anhang ist eine Literaturliste angefügt.

sätze, unterschiedliche Herangehensweisen an die Erarbeitung und Interpretation einer Balanced Scorecard geben kann. Dabei erheben wir weder den Anspruch, die verschiedenen Ansätze umfassend darzustellen[15], noch den Anspruch auf Vollständigkeit. Aber vielleicht können wir Anregungen geben, sich den Blick weit zu halten. Die Erarbeitung und Anwendung einer Balanced Scorecard ist eine anspruchsvolle Aufgabe und sollte daher gut vorbereitet werden.

3.3.1 Das Kaplan/Norton-Modell

Es versteht sich von selbst, mit dem von Kaplan und Norton entwickelten Ansatz zu beginnen[16]. Sie sind die Väter der Balanced Scorecard. Sie haben damit vielleicht die betriebswirtschaftliche Innovation der 90er Jahre des vorigen Jahrhunderts entwickelt.

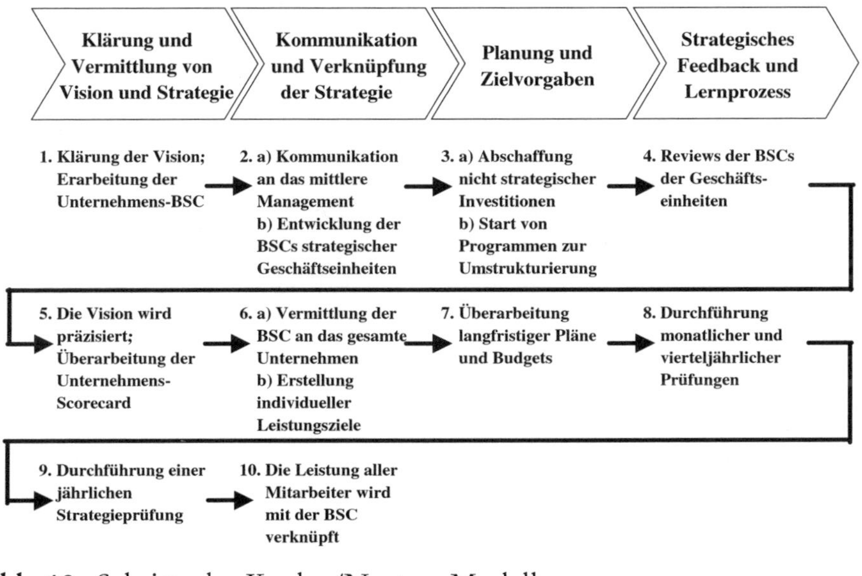

Abb. 18: Schritte des Kaplan/Norton-Modells

15 Dafür verweisen wir auf die angeführten Literaturangaben.
16 Kaplan, Robert S., Norton, David P.: Balanced Scorecard, Strategien erfolgreich umsetzen, Schäffer-Poeschel Verlag Stuttgart 1997.

Ihre Grundidee, die strategischen Zielstellungen mit Hilfe der vier Perspektiven „Finanzen“, „Kunden“, „interne Geschäftsprozesse“ und „Lernen und Entwicklung“ zu konkretisieren, entsprechende Kennzahlen und Maßnahmen zu entwickeln und in die Ressourcenallokation und das betriebliche Feedback einzubinden, sind bereits so vielfältig erläutert worden, dass wir sie wohl als bekannt voraussetzen können.

Zur Erarbeitung und Umsetzung einer Balanced Scorecard haben Kaplan und Norton einen detaillierten Fahrplan vorgeschlagen:

Die 10 Schritte sind dabei im Sinne einer aufsteigenden Spirale zu sehen. Die vier Hauptprozesse werden mehrfach durchlaufen und dabei die Balanced Scorecard immer weiter präzisiert und auf die verschiedenen Unternehmenseinheiten heruntergebrochen.

Das System ist überzeugend und effektiv. Allerdings sind die von Kaplan und Norton erläuterten Beispiele auf große amerikanische Gesellschaften konzentriert. Dadurch wird die Methode nicht schlechter, im Gegenteil. Aber es ist eine andere Kultur, eine andere Denkweise, die sich da manifestiert. Eine Kultur, die sich nicht unbedingt und ohne Veränderungen auf die mittelständisch geprägte deutsche Unternehmenslandschaft übertragen lässt.

Insofern ist es interessant, welche Modifikationen deutsche Anwender dieser Denkweise vorgenommen haben. Zunächst einmal kann man feststellen, dass die meisten der einer breiteren Öffentlichkeit vorgestellten Ansätze sich relativ eng an die Vorgabe von Kaplan und Norton halten. Es ist das die Literatur dominierende Modell. Vor allem hinsichtlich des Grundaufbaus gibt es dabei nur wenige Unterschiede. Modifikationen finden sich eher bezüglich der Abfolge einzelner Arbeitsschritte.

Stellvertretend für viele andere wollen wir den Arbeitsansatz von Prof. Péter Horváth skizzieren[17]. Er gilt wohl zu Recht als <u>der</u> Vertreter des Kaplan/Norton-Modells im deutschsprachigen Raum.

Horváth & Partner untermauern ihren Bericht mit vielen Beispielen aus großen deutschen Unternehmen. Sie entwickeln dabei die Methode zur Erarbeitung einer Balanced Scorecard als ein relativ fest gefügtes, logisch aufgebautes und überzeugendes System von Instrumenten und Strukturen.

---

17 Horváth & Partner (Hrsg.), Balanced Scorecard umsetzen, Schäffer-Poeschel Verlag Stuttgart 2000.

Strategische Grundlagen klären	Organisatorischen Rahmen schaffen	Eine BSC entwickeln	Roll-out managen	Kontinuierlichen BSC-Einsatz sicherstellen
Voraussetzungen überprüfen Strategische Stoßrichtung festlegen BSC in Strategieentwicklung integrieren	BSC-Architektur bestimmen Projektorganisation festlegen Projektablauf gestalten Information, Kommunikation und Partizipation sicherstellen Methoden und Inhalte standardisieren und kommunizieren Kritische Erfolgsfaktoren berücksichtigen	Strategische Ziele ableiten Ursache-/Wirkungsbeziehungen aufbauen Messgrößen auswählen Zielwerte festlegen Strategische Aktionen bestimmen	BSC unternehmensweit einführen BSC auf nachgelagerte Einheiten herunterbrechen BSCs zwischen den Einheiten abstimmen Qualität sichern und Ergebnisse dokumentieren	BSC in Management- und Steuerungssysteme integrieren BSC in das Planungssystem integrieren Mitarbeiter mit Hilfe der BSC führen BSC in das Berichtssystem integrieren BSC mit Shareholder Value verknüpfen EQA und BSC abgestimmt einsetzen

Abb. 19: Schritte des Horváth-Modells

Das hat Vorteile. Ein fester Rahmen kann als Richtschnur dienen. Er kann die Bewältigung der recht komplexen Problematik „Strategieumsetzung“ wesentlich erleichtern.

Das hat – wie alles – auch Nachteile. Nicht jedes Unternehmen und nicht jeder Unternehmer oder Manager passt in ein fest gefügtes System. Außerdem sollten wir über allen effektiven Instrumenten und logisch konstruierten Strukturen die handelnden Akteure mit ihren individuellen Eigenheiten und Bedürfnissen nicht ganz aus den Augen verlieren. Sie sind die eigentlichen Garanten für Erfolg oder Misserfolg einer Balanced Scorecard.

Und ganz nebenbei – der Beratungsaufwand ist erheblich.

3.3.2 Das informationstechnische Modell

Balanced Scorecard ist in aller Munde. Und wo sich ein Markt auftut, sind immer auch Berater zur Stelle! Gerade die großen Beratungsgesellschaften sind schnell auf den Zug aufgesprungen.

Dabei fällt der Umstand ins Gewicht, dass Kennzahlen aus den vier Perspektiven „Finanzen", „Kunden", „interne Geschäftsprozesse" sowie „Lernen und Entwicklung" für die Balanced Scorecard eine wichtige Rolle spielen. Das hat in der Praxis zu dem weit verbreiteten Missverständnis geführt, die Balanced Scorecard sei ein weiteres, ein neues Kennzahlensystem. Und da lag das Bestreben sehr nahe, die Balanced Scorecard möglichst elegant mit den bestehenden Managementinformationssystemen verschiedenster Art zu verknüpfen.

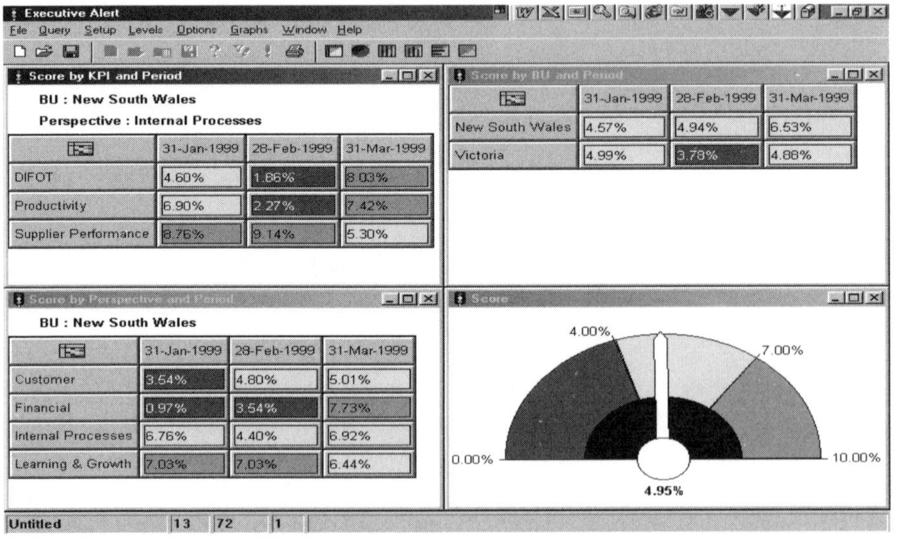

Abb. 20: Beispiel einer Balanced Scorecard-Darstellung[18]

18 Mit freundlicher Genehmigung der CorVu GmbH. Das Unternehmen versucht, in seinen Projekten die Balanced Scorecard auf mehr als nur ein EDV-gestütztes Kennzahlensystem auszurichten. Softwarelösungen allein können derzeit den Prozess der Balanced Scorecard nicht ausreichend abbilden und unterstützen.

Schnell gedacht, schnell gehandelt, schnell eine DV-Lösung zum Thema Balanced Scorecard entwickelt, und das Geschäft kann gemacht werden. Und in der Tat: Es gibt Berater, die kommen mit dem PC und einer Sammlung von Kennzahlen aus „den vier" Perspektiven, und nach zwei Tagen „steht" die Balanced Scorecard des Kunden: fünf Kennzahlen für jede Perspektive, ein ausgeglichenes Ergebnis. Eine tolle Sammlung von „harten" (finanziellen) und „weichen" (nichtfinanziellen) Kennzahlen.

Und, es ist recht einfach: alles auf einen Blick! Dank der neuen Softwarelösung mit integrierter Ampelfunktion in rot, wenn die Ziele nicht erreicht werden, und in grün, wenn die Prämie winkt.

Aber sind diese Kennzahlen ein Führungsinstrument zur Umsetzung von Strategien? Strategien, die dem Unternehmen Wege in die Zukunft aufzeigen? Natürlich ist es notwendig, sich im Unternehmen mit Kennzahlen wie Kunden- und Mitarbeiterzufriedenheit, mit Marktanteilen und dem Krankenstand zu beschäftigen. Zudem kann die Geschäftsführung mit Hilfe einer durchgängig verknüpften DV-Lösung von der obersten Unternehmens-Scorecard bis zur letzten Gliederung verfolgen, wie es wo steht: Warum sind die Mitarbeiter im Versand häufiger krank? Ist die Remissionsquote wieder gestiegen?

Aber ist das immer strategisch relevant? Und wird hier nicht allzu oberflächlich mit „weichen" Kennzahlen gearbeitet, weil die Balanced Scorecard auch nichtfinanzielle Kennzahlen „fordert"?

Was sagt beispielsweise eine Erhöhung des Krankenstandes um 0,1 % aus? Grippewelle in Spanien oder Unzufriedenheit mit dem schlechten Wetter? Was ermöglicht diese Information? Können wir mit ihrer Hilfe uns und unsere Mitarbeiter in die Zukunft führen, unsere Strategien im Alltag umsetzen? Oder bewirken sie nicht viel mehr als eine höhere Form von „Beschäftigungstherapie"?

Außerdem werden allzu oft Scheingenauigkeiten angezeigt, die letztlich nur einem Zweck dienen: dem obersten Management das Gefühl einer allumfassenden Kontrolle zu vermitteln. Das Gefühl, alles im Griff zu haben. Das Gefühl, sich bei Bedarf kurzfristig über jeden Bereich, jede Abteilung informieren zu können. Ein trügerisches Gefühl!

Denn erstens gehen in der hohen Aggregation der meisten Kennzahlen im Allgemeinen die Ungenauigkeiten der originären Datenerfassung verloren.

Der Computer aber liefert uns Zahlen „auf den Pfennig genau"! Und wir sind schnell geneigt, dem Computer zu vertrauen. Wir vertrauen damit Fakten, die keine sind.

Zweitens verschwinden in der Aggregation zu vergleichbaren Kennzahlen die besonderen Umstände des Einzelfalls. Für die Zurechnung zur Kategorie „Obst" ist es unerheblich, ob es sich um Äpfel, Birnen, Kirschen oder Trauben handelt. „1 Kilogramm Obst"sagt mir daher über die einzelne Obstsorte gar nichts. Und wie ist es mit dem Krankenstand eines Unternehmens, der Fluktuationsrate, den Fortbildungskosten und, und, und? Manche Kennzahlen haben den Charme der „Ø-Patienten-Körpertemperatur in einem Krankenhaus". Sie liefern Informationen, die Papiere füllen, Zeit in Anspruch nehmen. Zur Gesundung des Patienten tragen sie nichts bei. Im Gegenteil!

Was also wollen wir mit Kennzahlen erreichen? Mit ihnen arbeiten? Uns und andere mit ihnen beschäftigen? Kontrollmechanismen für vergangene Tätigkeiten aufbauen?

Oder wollen wir sie als Instrument nutzen, um Menschen, um die Mitarbeiter unseres Unternehmens in die Zukunft zu führen?

Es gibt gegenwärtig eine Reihe von DV-Lösungen, die es ermöglichen, Kennzahlen der Balanced Scorecard aus dem Managementinformationssystem eines Konzerns zu generieren und zentral zu berechnen. Damit lässt sich die Arbeit mit der Balanced Scorecard weitgehend automatisieren, wie die Arbeit mit anderen Kennzahlen auch. Die erforderlichen Informationen werden irgendwo digital oder manuell erfasst, vom Computersystem verdichtet, nach vorgegeben Kriterien ausgewertet und zu Kennzahlen kombiniert und schließlich in entsprechende Berichte eingefügt.

Aber es gilt nach wie vor das Prinzip der Kontrolle. Die Informationen werden technisch erfasst und verarbeitet. Von Steuerung im Sinne eines modernen Controllings keine Spur!

Sicher, dieser Ansatz ist ein erster Schritt hin zur Beschäftigung auch mit anderen Perspektiven. Nicht nur einzig und allein Konzentration auf die Finanzsicht. Und der oftmals flexible „Verzicht" auf 100 %-ige Vorgaben gibt

Raum für die Berücksichtigung spezifischer Eigenheiten. Das ist mitunter schon ein Fortschritt. Aber meist bleibt es nur bei diesem einen Schritt.

> Und die Reduzierung der praktischen Arbeit auf eine Umstellung der technischen Informationssysteme reduziert auch die Balanced Scorecard auf ein technisches System!

In der Folge solchen technokratischen Denkens verkümmert unsere Kommunikation zu technischem Informationsaustausch. Wir verschicken eMails und Dateien über das firmeneigene Intranet und reden immer weniger miteinander. Wir arbeiten mit Kennzahlen wie mit den Bedienungselementen einer Maschine – wir lesen sie ab und stellen sie ein. Als handele es sich um ein mathematisches Problem konstatieren wir „positive" und „negative" Abweichungen, verbinden aber damit – ausgesprochen oder unausgesprochen – moralische Wertungen. Wir stülpen dem sozialen Organismus „Unternehmen" eine technische Zwangsjacke über. Nun erweitert um ein paar weitere Knöpfe. Ein paar weitere Kennzahlen. Nennen wir sie Balanced Scorecard. Das eigentliche Ziel, Strategien in den unternehmerischen Alltag zu implementieren, haben wir längst aus dem Auge verloren. Wir haben diese Aufgabe an die Informationstechnik delegiert. Nur, informationstechnisch lässt sich das Problem nicht lösen!

Mangels Erfolgen bei der Umsetzung der strategischen Ziele „entpuppt" sich dann die so verstandene Balanced Scorecard bald als eine weitere Modewelle, als eine weitere Überfrachtung unserer ohnehin schon aufgeblähten Kennzahlensysteme. Schade, denn in der Balanced Scorecard stecken viel mehr Möglichkeiten!

Wir sollten uns also von einem allzu technischen Verständnis der Balanced Scorecard trennen. Wir sollten sie als Managementsystem verstehen! Und sie als Instrument zur strategieorientierten Führung unserer Mitarbeitern praktizieren.

Wenn wir dies tun, dann werden wir für jeden strategisch relevanten Bereich im Unternehmen eine eigene, eine individuelle Scorecard zusammen mit den Mitarbeitern erarbeiten. Es wird kein über alle Hierarchieebenen durchgängig verknüpftes Kennzahlensystem geben. Und die Frage nach einer DV-Lösung stellt sich nicht mehr vorrangig technisch. Sie stellt sich nunmehr genau anders: Wie kann der in erster Linie soziale (will meinen: an dem internen und externen Beziehungsgeflecht unserer Mitarbeiter orientierte) Prozess Balanced Scorecard mit Hilfe der technischen Datenverarbeitung unterstützt werden?

Wir müssen hier leider passen. Alles was bislang zu diesem Thema der breiteren Öffentlichkeit gezeigt worden ist, basiert auf einer von oben nach unten heruntergebrochenen Darstellung von aggregierbaren Kennzahlen, einer farbig unterlegten Kennzahlenstruktur. Über diesen Ansatz kommt keiner der bisherigen Anbieter hinaus[19].

Wir müssen uns daher anders behelfen. Die Sammlung von Daten, von finanziellen („harten") wie nichtfinanziellen („weichen") Informationen, die zur Darstellung der individuellen Scorecard eines Bereiches notwendig sind, kann über ein zentrales DV-System erleichtert werden. Allerdings liegen für viele der Kennzahlen meist keine oder nur rudimentäre Werte vor. Wir müssen uns die Datenbasis erst schaffen. Aber speichern können wir alles. Und die Datenausgabe in einer Tabelle, vielleicht sogar grafisch dargestellt, dazu sollte eigentlich jede zeitgemäße Controlling-Software in der Lage sein.

Notfalls kann das auch mit Hilfe einer Standardsoftware wie MS-Excel erfolgen. Kostengünstig und von allen zu bedienen.

Ein großer südwestdeutscher Konzern hat ein flexibel ausgestaltetes System von Balanced Scorecards aufgebaut: Ausgehend von der Kaplan/Norton'schen Grundstruktur der vier Perspektiven werden strategische Aufgaben bestimmt und deren Ergebnisse mit geeigneten Kennzahlen gemessen. Die Aufgaben werden in einzelne konkrete Aktionen untergliedert und in die Budgets und das Berichtssystem eingebunden. Schritt für Schritt werden ausgehend von einer zentralen Balanced Scorecard auch in den Untereinhei-

---

19 Es würde uns allerdings freuen, wenn wir vom Gegenteil überzeugt werden können. Wenn es doch geeignete Lösungen gibt, die bisher nur nicht öffentlich geworden sind. Oder die wir einfach übersehen haben. Wir sind keine Feinde von DV-Lösungen. Aber wir stehen auf dem Standpunkt, dass die Informationstechnik dem Managementprozess Balanced Scorecard als Hilfsmittel dienen sollte und nicht umgekehrt die Balanced Scorecard in eine technische Zwangsjacke zwingen darf.

ten Scorecards erarbeitet. Ein Drittel der strategischen Aufgaben und der sie messenden Kennzahlen dieser Scorecards darf individuell die strategischen Probleme der jeweiligen Einheit beleuchten. Für die übrigen zwei Drittel werden zentrale Rahmenorientierungen festgelegt. Sie dienen zugleich als Bemessungsgrundlage für eine Zukunftsprämie.

Dieser Konzern arbeitet Mitte des Jahres 2000 bereits mit mehr als 300 Scorecards auf den verschiedensten Ebenen – und mit MS-Excel!

Bei motivierten und engagierten Mitarbeitern, die im Rahmen ihrer individuellen Zielsetzungen eine spezifische Scorecard für ihren Bereich erarbeitet haben, kann ohne Informationsverlust die Sekretärin, der bzw. die Bereichscontroller/in oder ein Scorecard-Beauftragter die Datenerfassung und die monatliche bzw. quartalsweise Präsentation des IST-Standes übernehmen. Und wir müssen nicht warten, bis eine komplexe DV-Lösung anwendungssicher und fertig ist.

Aber wir wollen niemanden davon abhalten, zur Verbesserung seiner unternehmensweiten Kommunikation eine Balanced Scorecard-Software einzusetzen. Sie sollten nur vorher das Preis-Leistungs-Verhältnis kritisch prüfen!

Abschließend die vielleicht wichtigste Botschaft: Fangen wir erst einmal an! Und zwängen wir uns nicht in die Restriktionen einer vorwiegend technisch ausgerichteten Datenverarbeitung.

In einigen Jahren werden wir wahrscheinlich auch für die Balanced Scorecard geeignete Standardsoftwarelösungen erwerben können. Softwarelösungen, die uns als Servicewerkzeug in der Führung unserer Mitarbeiter unterstützen. Softwarelösungen, die uns nicht in eine technische Zwangsjacke stecken!

Aber wir müssen nicht darauf warten.

3.3.3 Die TQM-Scorecard und weitere Ansätze

Es gibt einige interessante Ansätze für spezifische Balanced Scorecard-Lösungen, die dem Kaplan/Norton'schen Modell neue Aspekte hinzugefügt haben. Zwei Beispiele wollen wir kurz skizzieren:

Das erste Beispiel ist die Entwicklung einer „TQM-Scorecard“ durch den Kreis um den Qualitätswissenschaftler G. Kamiske[20]. Es ist der Versuch einer direkten Verknüpfung von Elementen des weiter oben genannten europäischen TQM-Modells mit dem Instrumentarium der Balanced Scorecard.

Die Absicht besteht darin, die Synergien zwischen beiden Managementmethoden zu instrumentalisieren und in einem gemeinsamen System zusammenzubinden.

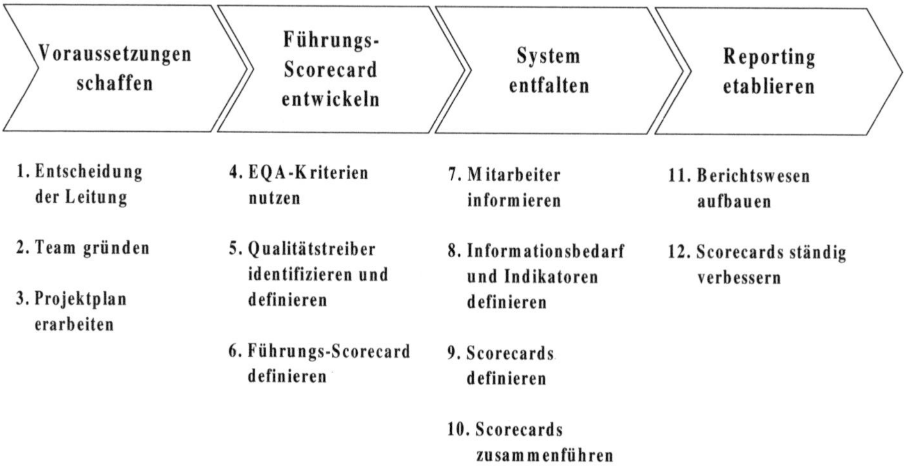

Abb. 21: Schritte des TQM-Modells nach Wolter (s. Fn. 20)

Dieser innovative Ansatz wird Unternehmen ansprechen, die den langen Weg des Total Quality Managements bis hin zur Selbstbewertung bereits gegangen sind. Er bleibt aber gebunden an die relativ feste TQM-Struktur mit ihren Normelementen und Bewertungskomplexen (Befähiger und Ergebnisse). Und mit ihrem Anspruch, ein durchgängiges Gesamtsystem zu installieren.

Für Unternehmen ohne fortgeschrittene TQM-Erfahrung dürfte die TQM-Scorecard daher nicht unbedingt geeignet sein.

20 Wolter, Olaf: TQM Scorecard, Die Balanced Scorecard in TQM-geführten Unternehmen umsetzen, Carl Hanser Verlag München, Wien 2000.

Das zweite Beispiel bezieht sich auf eine Arbeit von Prof. Eschenbach und Kollegen/Studenten der Wirtschaftsuniversität Wien[21]. Die Autoren haben in enger Anlehnung an das Modell von Kaplan und Norton eine Balanced Scorecard als Führungsinstrument im Handel entwickelt.

Den Prozess der Erstellung und Implementierung der Balanced Scorecard beschreiben sie wie folgt:

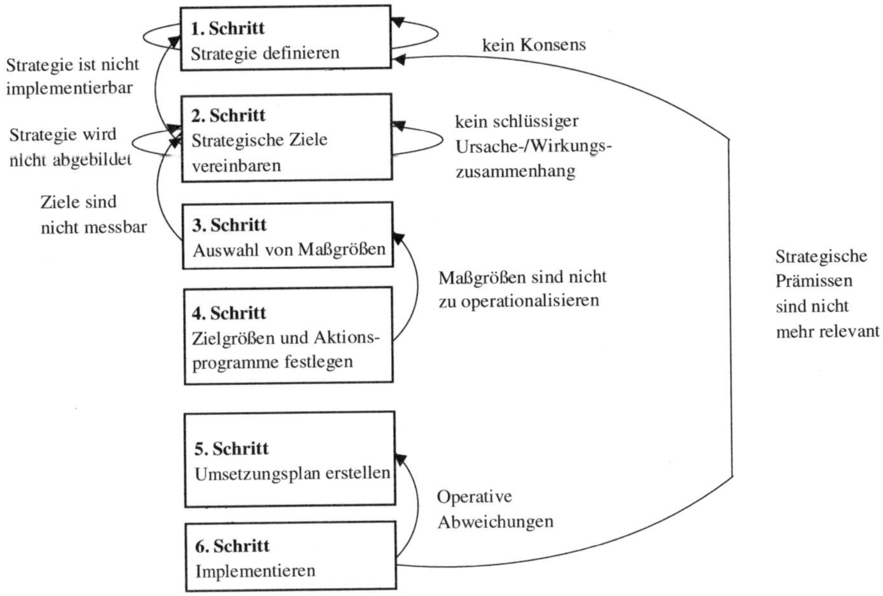

Abb. 22: Schritte des Eschenbach-Modells

Die Autoren haben ihrer Arbeit eine umfangreiche Sammlung von Maßgrößen und Fallbeispielen angefügt, die Interessenten insbesondere aus Handelsunternehmen durchaus anregende Impulse für eigene Lösungen geben können.

21 Eschenbach, Haddad (Hrsg.), Die Balanced Scorecard: Führungsinstrument im Handel, Service Fachverlag Wien 1999.

3.3.4 Das kommunikative Modell

Wir, die Autoren, neigen zu einem eher kommunikativen Ansatz. Nach unseren Erfahrungen können die im Managementinstrument Balanced Scorecard enthaltenen Potenziale am stärksten und im umfassenden Sinne freigesetzt werden, wenn wir beim Menschen, beim handelnden Akteur ansetzen, nicht bei der Sache!

Es geht nur vordergründig um Kennzahlen, um betriebswirtschaftliche Methoden und Organisationsstrukturen. In der heutigen kundenorientierten und wissensbasierten Wirtschaft entscheiden immer weniger technische Apparate über den Erfolg eines Unternehmens im Wettbewerb auf dem Markt.

Entscheidend sind die Fähigkeiten unserer Mitarbeiter, aus ihren vielfältigen Kontakten Kundenwünsche aufzugreifen und in innovative Problemlösungen umzusetzen. Die Fähigkeiten unserer Mitarbeiter, untereinander und mit Lieferanten, Kooperationspartnern aus den verschiedensten Bereichen, zunehmend auch mit Wettbewerbern, Netzwerke aufzubauen, mit deren Hilfe eine Reihe von Lösungen überhaupt erst in den Bereich des Möglichen gelangen. Die Fähigkeiten unserer Mitarbeiter, technische Systeme so einzusetzen und zu modifizieren, dass neueste wissenschaftliche Ideen umgesetzt werden und in den praktischen Alltag Eingang finden.

Und Menschen sollten wir nicht steuern wie technische Systeme. Diese Erkenntnis gehört heute eigentlich zum anerkannten Basiswissen. Taylor und sein System haben wir längst zu den Akten gelegt. Haben wir?

Noch viel zu sehr wird der Managementalltag von technokratischem Denken geprägt. Wir beschäftigen uns mit Berichten, Studien, Konzeptionen, umfangreichen Kolonnen von Kennzahlen. Wir nutzen Managementinformationssysteme, tauschen Briefe und eMails aus. Wieviel unserer Zeit verwenden wir für Kommunikation? Nicht für technische Kommunikation; für aktive Kommunikation, von Angesicht zu Angesicht! Wäre es nicht an der Zeit, stärker Menschen zu führen, statt Systeme zu steuern?

Und mitunter kommen wir nicht einmal zum effektiven Steuern der Systeme. Wir gehen schlicht und einfach in der immer noch anschwellenden Informationsflut unter. Einer Informationsflut, die zu einem Teil auch in der Form von Kennzahlen über uns kommt. Und dann noch die Balanced Scorecard!

Allerdings kann uns gerade die Balanced Scorecard helfen, mit der Informationsflut besser umzugehen. Wenn wir sie nutzen, um in unmittelbarer Kommunikation mit unseren Mitarbeitern und Führungskräften die Aktivitäten des Unternehmens auf die aktuellen strategischen Schwerpunkte zu konzentrieren. Wenn wir lernen, Verantwortung wirklich zu übertragen und auf strategische Projekte zu richten. Wenn wir lernen, den Fähigkeiten der Projektleiter und ihrer Teams zu vertrauen. Wenn wir lernen, die Kennzahlen der strategischen Projekte mehr als Kommunikations- denn als Kontrollinstrumente zu behandeln. Als Kommunikationsinstrumente, um entstehende Probleme frühzeitig zu orten und gemeinsam zu lösen. Als Kommunikationsinstrumente zur Beschreibung der anzustrebenden Zukunft.

Und wenn wir in der Geschäftsführung mit 10 bis 12 strategischen Projekten arbeiten, dann reichen uns auch 10 bis 12 Kennzahlen zuzüglich der Kennzahl für die quantifizierte Vision, um die Leiter dieser Projekte zu führen. Jener Projekte, mit denen wir die entscheidenden Zukunftspotenziale unseres Unternehmens entwickeln wollen. Es verbleiben dann noch (einige wenige) Kennzahlen der operativen Führung (insbesondere bezüglich der zeitlichen Abfolge von Einzahlungen und Auszahlungen und zur Reichweite der Zahlungsfähigkeit, also zur effektiven Gestaltung der Liquidität). Und das Budget mit seinen vielfältigen Details wird vom Controlling im Auge behalten. Es wird uns rechtzeitig informieren, wenn Prozesse aus dem Ruder laufen. Dabei können wir die Controller an zwei Kennzahlen messen: der Treffgenauigkeit ihrer Prognosen und der Frühzeitigkeit ihrer Problemortung. Alles in allem: Mit 15 bis 20 Kennzahlen, strategischen und operativen, sollten wir auskommen, sollten wir ein Unternehmen vielleicht besser, zielorientierter steuern können.

Natürlich nicht auf allen Ebenen. Und nicht in allen Bereichen. In der Fertigung werden wir andere Kennzahlen benötigen als im Einkauf oder im Verkauf. Aber dort haben wir auch andere strategische Projekte. Verknüpft mit den Projekten der Geschäftsführung, eventuell als abgeleitete, als Unterprojekte. Aber jeweils zugeschnitten auf die spezifischen Probleme. Und wir haben andere Projektleiter. Daher benötigen wir andere Kennzahlen (zumindest in ihrer konkreten Ausprägung und Handhabung). Aber auch hier gilt: Wir können auf allen Ebenen und in den verschiedensten Unternehmensbereichen mit jeweils 15 bis 20 Kennzahlen auskommen.

Sicherlich, die Durchgängigkeit der Kennzahlensysteme geht verloren, wenn überall andere, spezifische Kennzahlen dominieren. Aber brauchen wir diese Durchgängigkeit wirklich? Ist die so oft gewünschte „lückenlose Kette" nichts anderes, als der Wunsch nach einem steuerbaren Gesamtsystem? Einem Gesamtsystem, das eher technisch als menschlich gedacht ist?

Es lohnt sich, über diese Frage nachzudenken. Wir können mit Hilfe der Balanced Scorecard unsere Arbeit wesentlich erleichtern. Verkrustete Strukturen aufbrechen. Vertrauensbasierte Organisationen eigenständig und verantwortlich handelnder Akteure schaffen. Wenn wir es wollen!

Wenn wir unsere eigenständige Scorecard erarbeiten:

My Balanced Scorecard!

4 Die praktische Erarbeitung und Umsetzung der Balanced Scorecard in verschiedenen Unternehmensbereichen

Auf einen Blick:

⇨ Mit Hilfe der Balanced Scorecard die Trendumkehr schaffen – das war das Ziel.

⇨ So könnte man es machen: Beispielhafter Ablaufplan für die Umsetzung des Managementprozesses Balanced Scorecard in unterschiedlichen Bereichen eines Unternehmens.

⇨ Die gesamte Führungscrew sollte in die Erarbeitung einer Balanced Scorecard einbezogen sein.

⇨ Mögliche Koordinatoren für die Erarbeitung und Umsetzung einer Balanced Scorecard.

Jedes Unternehmen ist einzigartig – sonst hätte es kaum eine Daseinsberechtigung! Trotzdem kann man von jedem Einzelfall etwas für sein eigenes Unternehmen lernen. Wir möchten an einem weiteren Beispiel aufzeigen, wie man den Managementprozess Balanced Scorecard in einem Unternehmen einführen könnte.

Natürlich haben wir auch in diesem Fall das Unternehmen derart verfremdet, dass keine Rückschlüsse auf lebende Personen etc. geschlossen werden können.

4.1 Ein Messgerätehersteller auf neuen Wegen

Das hier aufgeführte Beispielunternehmen ist kein Konzern, sondern ein klassisches mittelständisches, bis vor kurzem streng hierarchisch geführtes Unternehmen. Aber in unserer Praxis haben wir immer wieder die Erfahrung gemacht, auch in Konzernen mit mehreren Milliarden Euro Umsatz, mit mehreren tausend Mitarbeitern, sieht es im Prinzip nicht anders aus, als in diesem Beispielunternehmen. Es gibt mehr Hierarchieebenen, die Entscheidungswege sind undurchsichtiger, aber Führungskräfte scheinen überall gleich schnell abzuheben von den immer wieder bekräftigten, ja fast beschworenen Grundsätzen zielorientierter Führung. Hochglanzbroschüren sind eines, die betriebliche Praxis ist aber immer noch anders!

4.1.1 Das Unternehmen: Die Marwitz GmbH

Die Marwitz GmbH & Co. KG ist ein mittelständischer Hersteller von Gas-Chromatographen im südwestdeutschen Raum. Das Unternehmen kann auf eine fast 35-jährige Geschichte zurückblicken. Gegründet wurde die Marwitz GmbH von zwei Brüdern, wobei der eine – Klaus Marwitz – als das technische Genie, der Tüftler schlechthin zu bezeichnen ist – von Kunden und vom Wettbewerb hoch geachtet, mit diversen Titeln ausgezeichnet.

Aber, wie so häufig, ist der internationale wirtschaftliche Erfolg weniger dem Tüftler Klaus Marwitz, sondern vor allem dem kaufmännischen wie menschlichen Geschick seines Bruders Thomas zu verdanken. Thomas Marwitz, vom Studium her Theologe, hatte die seltene Fähigkeit, mit Menschen, mit Kunden und Lieferanten, mit Mitarbeitern wie mit lokalen Honoratioren ein vertrauensvolles Verhältnis aufzubauen, das allen Widrigkeiten standhielt. Er konnte zuhören, hatte viel soziale Kompetenz, war ein geduldiger, aber klarer und zielgerichteter Partner für seine Umwelt.

Da Thomas Marwitz zudem mehrere Fremdsprachen beherrschte, war ihm der Ausbau eines weltweiten Netzes von Kunden, Lieferanten und Ideenlieferanten spielend gelungen. Verkauf war für ihn weniger eine Frage des Überzeugens von der Qualität der Marwitzschen Messgeräte, es war sein Geschick, dem Kunden die Gewissheit zu vermitteln, „gemeinsam mit Marwitz werden wir unser Problem lösen“.

Als Hierarchen konnte man Thomas Marwitz – im Gegensatz zu seinem Bruder – nicht bezeichnen. Aber dank seiner überragenden menschlichen Qualitäten, dank seiner langjährigen Erfahrung im Umgang mit Kunden wie Mitarbeitern, konnte ihm niemand im Unternehmen das Wasser reichen. So traf es die Marwitz GmbH wie ein Schock, als Thomas Marwitz im Jahr 1996 während einer Urlaubsreise ertrank.

Klaus Marwitz, bereits Anfang 70, übernahm als Alleingeschäftsführer das Ruder. Peter Sonnich, ein Eigengewächs, 35 Jahre alt, wurde mit der technischen Leitung beauftragt und erlaubte es Klaus Marwitz, sich vor allem um den kaufmännischen Bereich wie anfangs um den Vertrieb zu kümmern.

Ein renommiertes Beratungsunternehmen half bei der Suche nach einem Vertriebs-Geschäftsführer: Ein dynamischer Vertriebsmann aus einem großen Konzern sollte die internationalen Kontakte halten, den Export weiter ausbauen. Aber dieser gut bezahlte Manager scheiterte. Er führte seinen Bereich, wie er es im Konzern gelernt hatte – dies war aber in der mittelständisch geprägten Marwitz GmbH nicht möglich. Die Spannungen insbesondere zwischen Vertrieb und Produktion eskalierten, aber auch auf der persönlichen Seite wuchs das Misstrauen zwischen Klaus Marwitz und seinem Vertriebsgeschäftsführer. Nach 18 Monaten kam es zur Trennung.

Das Unternehmen stand vor einem Scherbenhaufen:

- Der Vertrieb wurde zwar weiter von Klaus Marwitz geleitet, aber sein hohes Alter ermöglichte nur wenige Reisen zu Kunden im Ausland. Zudem führte sein Hang zu technisch optimalen Lösungen zu immer neuen, dem Kundenwunsch entsprechenden ad-hoc-Lösungen, die den F+E-Bereich intensiv belasteten und die Produktion verzweifeln ließ.
- Die strategisch geplanten technischen Neuentwicklungen dauerten zu lange, Kunden sprangen ab – der junge technische Geschäftsführer Peter Sonnich musste mühsam lernen, ohne, zum Teil aber auch gegen Klaus Marwitz das Geschäft zu organisieren, sich gegen seinen Mentor durchzusetzen.
- Der kaufmännische Bereich, um den sich so recht niemand kümmerte, hatte mehr und mehr Probleme, die tägliche Arbeit abzuwickeln. Dies betraf insbesondere den Einkauf, der aufgrund der Variantenvielfalt und nicht optimierter DV-Lösungen häufig terminkritische Situationen zu bewältigen hatte.

Da kam der Zufall zu Hilfe. Nur wenige Kilometer entfernt liegt ein großes elektrotechnisches Unternehmen, welches in einen Konzern integriert werden sollte. Der dortige Vertriebsgeschäftsführer, Rüdiger Schmied, Mitte 40, wollte nicht in die Konzernzentrale wechseln und war bereit, bei der Marwitz GmbH & Co. als Geschäftsführer, vor allem zuständig für den Vertrieb, einzusteigen.

4.1.2 „Chemie" ist der wichtigste Faktor bei der Mitarbeiterauswahl

In den Vorgesprächen kam man sich näher, die „Chemie" stimmte zwischen Klaus Marwitz und dem „Neuen" – vielleicht, weil der Neue von der Persönlichkeit her gewisse Ähnlichkeit mit Thomas Marwitz hatte. Zum 1.9.1998 übernahm Rüdiger Schmied als Geschäftsführer, insbesondere zuständig für den Vertrieb, das Ruder bei der Marwitz GmbH. Das Eigengewächs Peter Sonnich blieb technischer Leiter, ein neuer kaufmännischer Leiter, Eugen Schulte, wurde Anfang 1999 eingestellt.

Klaus Marwitz konnte sich als technischer Berater und Beiratsvorsitzender aus dem Tagesgeschäft zurückziehen.

Die Marwitz GmbH beschäftigt ca. 240 Personen, davon 190 gewerbliche Mitarbeiter. Das Unternehmen ist in folgende Bereiche gegliedert:

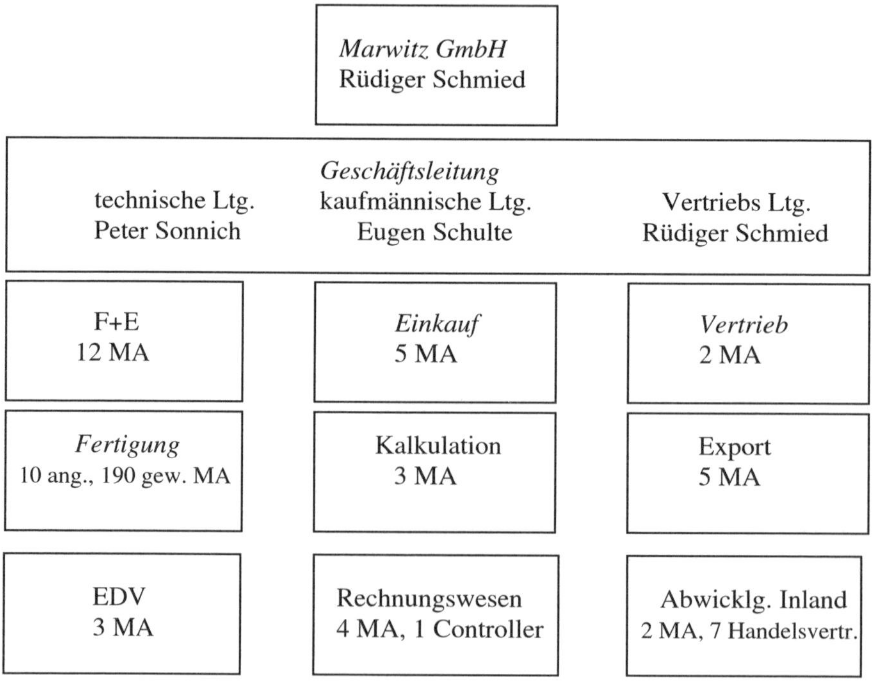

Abb. 23: Organigramm der Marwitz GmbH

Für die *kursiv* gesetzten Bereiche wird die Balanced Scorecard später detailliert erläutert.

- In der F+E-Abteilung (Konstruktion und Entwicklung) sind 12 Mitarbeiter beschäftigt.
- Die Fertigung besteht aus den Bereichen Feinmechanik, Montage, der Gehäusefertigung und Arbeitsvorbereitung (4 MA). Die benötigte Elektronik wird von einem langjährigen Lieferanten beigesteuert.
- Im Einkauf werden 5 Mitarbeiter beschäftigt. Abteilungsleiter ist ein seit 25 Jahren im Unternehmen beschäftigter ehemaliger Techniker. Ihm zur Seite stehen vier jüngere Mitarbeiter, die alle erst kürzlich eingestellt worden sind. Der Einkauf war in den letzten Monaten stark in die Kritik gekommen, weil benötigte Teile nicht termingerecht beschafft werden konnten.
- Die Kalkulation ist mit drei Mitarbeitern besetzt.
- Neben dem klassischen Rechnungswesen mit 4 Mitarbeitern ist vor zwei Jahren ein Controller eingestellt worden.

Der Verkauf und die Verkaufsabwicklung wird von 9 Mitarbeitern bewerkstelligt. Sieben selbstständige Handelsvertreter unterstützen die Vertriebsarbeit im deutschen Markt. Der Export (ca. 60 % Umsatzanteil) wird durch die eigene Mannschaft abgewickelt.

Noch einige Bemerkungen zum organisatorischen Umfeld: Das Unternehmen hat sich vor 1995 für eine IBM AS/400 mit Standardsoftware für Lohn/Gehalt und Rechnungswesen/Controlling entschieden. Die Produktionsplanung und -steuerung erfolgt mit einer Anfang der 90er Jahr für die IBM/36 selbst entwickelten und 1995 angepassten Softwarelösung. Für alle DV-Aspekte sind 3 Mitarbeiter in der EDV zuständig. Das EDV-Konzept des Unternehmens wurde in den letzten der Jahren nicht weiter entwickelt, Nachholbedarf besteht. Interessant: Die EDV ist dem technischen Leiter zugeordnet!

Das Werk wurde Anfang der 90er Jahre neu errichtet und ist auf neuestem technischem Stand. Die produktionstechnischen Anlagen wurden immer auf Zuwachs geordert, demzufolge gibt es so gut wie keine produktionsbedingten Engpässe.

4.2 Negative Geschäftsentwicklung als Anlass

Die Umsatzentwicklung in den letzten fünf Jahren war nicht zufriedenstellend: Das starke Wachstum bis Mitte der 90er Jahre hatte sich nach dem Tod von Thomas Marwitz abgeschwächt, dann gingen die Umsätze sogar absolut zurück. 55 Mio. DM sind 1998 erreicht worden.

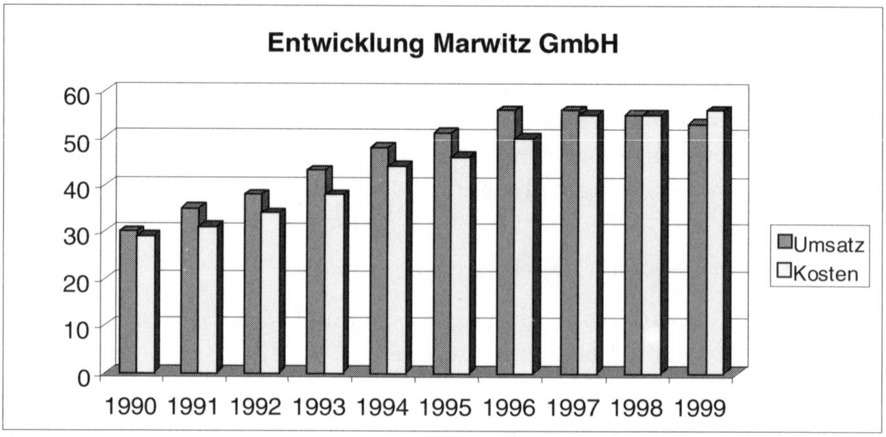

Abb. 24: Umsatzentwicklung der Marwitz GmbH

Problematisch darüber hinaus die Gewinnentwicklung: Seit 1996 stiegen die Kosten der Marwitz GmbH stark an, während zugleich die Umsatzerlöse aufgrund der starken Konkurrenz rückläufig waren. Damit drohte ernsthafte Gefahr für eine ausreichende Innenfinanzierung der Innovationspolitik des Unternehmens.

Eine Hauptursache der nicht zufriedenstellenden Umsatz- und Gewinnentwicklung wurde in der geschwächten Marktposition gesehen. Marwitz hatte seinen „angestammten“ Platz als die Nr. 1 in Europa verloren. Das lag vor allem am eingetretenen Imageschaden wegen zu langsam vollzogener Innovationen im Sinne des zielgenauen Eingehens auf Kundenwünsche. Hinzu kamen Nachteile im Zusammenspiel mit den Partnern des Unternehmens.

Der neue Geschäftsführer Rüdiger Schmied hatte daher ein großes Stück Arbeit vor sich, als er im September 1998 mit der Arbeit begann. Und er war sich im Klaren darüber, dass es mit einem bloßen Reengineering nicht getan sein würde. Er wollte mehr. Er wollte eine nachhaltige Veränderung der Unternehmenskultur erreichen. Und so entschloss er sich nach Absprache mit seinen Geschäftsleitungskollegen und Herrn Marwitz, es mit der Balanced Scorecard zu versuchen.

4.3 Auf welchen Ebenen im Unternehmen anfangen und weiterführen?

Mit der Balanced Scorecard soll Grundlegendes im Unternehmen angefasst, geändert werden. Dies bedeutet, dass das gesamte Management, beginnend mit der obersten Ebene in diesen Prozess eingebunden sein muss. Und eingebunden sein heißt, aktiv mitgestalten, aktiv mitmachen. Wir haben die praktische Erfahrung gesammelt, dass das Managementsystem Balanced Scorecard seine Wirksamkeit umso besser entfalten kann, je stärker das Top-Management von Anfang an in den Prozess integriert ist.

Allerdings ist es ein schwieriges Unterfangen, alle Führungspersönlichkeiten eines Unternehmens geschlossen in diesen Prozess einzubinden. Das ist allein schon eine Frage der Zeit. Eine Frage der Priorität in der Zeitplanung.

Und dann kommt da ein Controller, kommt ein Berater und erzählt, dass die Führungscrew vielleicht drei ganze Tage aufwenden sollte, weil die Beschäftigung mit der Balanced Scorecard dem Unternehmen weiterhelfen könnte.

Doch damit nicht genug. Die Wirksamkeit einer Balanced Scorecard wird auch davon beeinflusst, inwieweit die Führungscrew bereit ist, das dahinter stehende Managementprinzip „Vertrauen“ für das eigene Handeln zu akzeptieren, zu leben, vorzuleben. Nicht, dass eine Balanced Scorecard ohne Vertrauen nicht erarbeitet werden kann. Man kann. Nur, die mobilisierende Wirkung, die wir uns von einer Balanced Scorecard versprechen, die tatsächliche Umsetzung der strategischen Ziele in den unternehmerischen Alltag werden wir dann nur in marginalem Umfang erschließen.

Der zweiten Ebene im Unternehmen ist dies meist leichter zu verkaufen, aber angefangen werden muss in der ersten Ebene.

Und so haben wir daraus gelernt. Für die erste, die Vorstands- oder Geschäftsführungsebene, bieten wir als eine Möglichkeit zu einem ersten Kennenlernen der Balanced Scorecard so genannte „Schnupperworkshops“ oder auch „Lust-Mach-Workshops“an. Hierbei versuchen wir, in wenigstens vier, besser sechs Stunden aufzuzeigen, was in dieser Methode steckt: gemeinsam Ziele und Strategien erarbeiten. Daraus Aktionen für die einzelnen Perspektiven der Balanced Scorecard ableiten. Und die Aktionen in strategischen Projekten bündeln. Strategische Projekte, die wir in unsere Budgets und Berichtssysteme einbinden können. Und für die konkrete Führungskräfte die Verantwortung tragen.

Mit diesen Schnupperkursen ist meist der Effekt verbunden, dass allen Beteiligten schon bei der Frage nach den Unternehmensstrategien klar wird, dass diese nicht klar sind!

> Lassen Sie in einem Unternehmen „n“ Manager auf jeweils zwei Karten die wichtigsten zwei Strategien Ihres Unternehmens schreiben. Wir garantieren fast „2n“ Antworten! Und wenn dann die unterschiedlichen Aussagen auf ein Pinbrett gehängt werden, geht meist ein Raunen durch die Beteiligten: „Das ist doch recht ähnlich, oder ...?“, „das ist für meinen Bereich allerdings sehr wichtig“ etc. Aber ist es die gleiche Strategie? So bewahrheitet sich bei fast allen unseren diesbezüglichen Tests die Aussage „die Mitarbeiter von Unternehmen kennen nicht die gemeinsame Unternehmensstrategie“ – schon die Geschäftsführer, Mitglieder der ersten Linie haben unterschiedliche Ansätze für ihr Unternehmen!

Der zweite Teil des Aha-Effektes kommt bei der gemeinsamen Erarbeitung von Aktionen/Maßnahmen zur Erreichung gemeinsam angedachter Strategien: Auch die anderen Kollegen haben interessante, bedenkenswerte Ideen, Anregungen. „Also, das könnte ja doch für uns als Führungsteam gut sein, sich mit der Balanced Scorecard zu beschäftigen!“

Aber noch ist der Kampf um die Führungsmannschaft nicht gewonnen. Immer wieder kommt es vor, dass Einzelne verschreckt konstatieren, mit der Managementmethode Balanced Scorecard werden bisherige Führungsstrukturen, werden bestehende Machtverhältnisse zur Disposition gestellt. Es geht nicht mehr vorrangig um die Meinung des Primus inter Pares, es geht um das Ergebnis eines ganzen Teams.

Und hier wird dann doch schon geblockt, werden Argumente wie „alter Wein in neuen Schläuchen“, „haben jetzt Wichtigeres zu tun, als uns um so etwas zu kümmern“ gebracht, um nur nicht seine Stellung, seine Position infrage stellen zu lassen. Aber, wie Michail Gorbatschow schon sagte, „wer zu spät kommt, den bestraft das Leben“.

Mehrheitlich erreicht man mit diesen Schnupperkursen zum Thema Balanced Scorecard allerdings doch ein Gefühl „wir müssen da ran“. Und die Bereitschaft, sich für zwei bis drei Tage intensiv miteinander nicht nur um Strategien, sondern auch um deren Umsetzung zu kümmern.

Wer sollte aus der ersten Reihe eines Unternehmens an dem Prozess der Balanced Scorecard teilnehmen? Die Antwort ist einfach: „alle“. Und alle bedeutet, dass es keine Ausnahmen geben sollte. Wenn nicht alle an diesem ersten, für das Unternehmen richtungsweisenden Workshop teilnehmen, bekommen wir ein Problem, bevor der Prozess richtig begonnen hat. Wir bekommen das Problem, dass sich nicht alle mit den erarbeiteten, den gemeinsam formulierten Unternehmenszielen (Mission, Vision), mit den ausgearbeiteten strategischen Wegen sowie den strategischen Projekten identifizieren. Weil sie an ihrer Erarbeitung nicht beteiligt waren. Und so können sie die Ergebnisse auch nicht mit ausreichendem Engagement an die Mitarbeiter der zweiten, dritten Ebene etc. weitergeben. Dann aber besteht die ernsthafte Gefahr, dass der Prozess stecken bleibt. Die Balanced Scorecard sollte heruntergebrochen werden auf alle, fast alle, zumindest alle strategisch wichtigen Ebenen des Unternehmens. Erst dann erreichen wir die eigentlichen Akteure unseres Unternehmens. Erst dann erreichen wir, was wir mit der Balanced Scorecard letzten Endes bezwecken: die Umsetzung strategischer Ziele in den unternehmerischen Alltag.

Aber mit dem Anspruch „alle“ bekommen wir ein Problem: Die sinnvolle Gruppengröße für einen moderierten Prozess wie die Balanced Scorecard liegt bei 12, maximal 15 Teilnehmern. Mehr ist nach unseren Erfahrungen nur mit Abstrichen an der Effektivität zu schaffen.

12 oder 15 Personen zur Erarbeitung der Unternehmens-Scorecard heißt auch, wir können in vier oder fünf Kleingruppen zu je drei Teilnehmern Teilarbeitsaufträge vergeben. Dies ist ein ganz wichtiger Aspekt der gemeinsamen Arbeit. Wenn man nur im Plenum arbeitet, erhält der Vorstandsvorsitzende, der Geschäftsführer etc. doch recht schnell wieder ein Gewicht, das dem Ziel einer gemeinsam erarbeiteten Ausrichtung für das Unternehmen

nicht gerecht wird. Und in der gemeinsamen Erarbeitung liegt ein nicht zu unterschätzender Motivationsfaktor.

Aber wir haben auch das Gegenteil erlebt: Ein (wirklich außergewöhnlicher) Geschäftsführer eines (Beratungs-)Unternehmens hatte sich bei der Erarbeitung der Firmenstrategie sehr zurückgehalten. Dann, als aus der Strategie abgeleitete Aktionen, daraus Projekte und Kennzahlen, als die Balanced Scorecard des Unternehmens Formen annahm, meldete er sich erstmalig zu Wort und monierte, dass das alles „Humbug“ sei. Für ihn gelte „Gewinn, Gewinn und nochmals Gewinn – und dann lange Zeit nichts“. Was waren seine Kollegen erschrocken, dann erbost und schließlich tief getroffen. Das Projekt Balanced Scorecard für dieses Unternehmen war gestorben, die in drei Tagen angewachsene Motivation, gemeinsam zu neuen Ufern zu kommen, wie weggeblasen.

Nein, so geht es auch nicht. Bei dem Projekt Balanced Scorecard ist erst einmal jeder gleich. Aber der Geschäftsführer hat es in der Hand, mit seinen Erfahrungen, seinem Know-how die Arbeit an gemeinsamen Zielen zu steuern. Er sollte die Diskussionen, die geäußerten Ideen als Anregung verstehen, seine eigenen Vorstellungen im Wettstreit mit den anderen guten Ideen und Anregungen zu verbessern. Er sollte sich bemühen, seine Kollegen zu mehr Engagement zu gewinnen. Weil nämlich nun auch deren Ideen in der gemeinsam erarbeiteten Ausrichtung des Unternehmens stecken. Das ist ein ganz wichtiger Aspekt der Gruppenarbeit: Jeder findet sich in den formulierten Zielen wieder. Zumindest sollte es so sein. Dies ist der schwierigste Teil der Arbeit eines guten Moderators – und sein Maßstab!

Wer schließlich in dieser ersten Scorecard-Gruppe mitarbeitet, wurde in den von uns begleiteten Fällen bei jedem Unternehmen unterschiedlich geregelt. Gemeinsam sollte allen Gruppen die Gruppengröße sein, die wie gesagt 12–15 Personen beträgt. Und es sollte auch immer darauf geachtet werden, dass erstens alle Mitglieder der ersten Ebene, aber dass zweitens auch einige Teilnehmer aus der zweiten Ebene des Unternehmens daran teilnehmen. Ob diese aus der Linie oder aus den Stäben kommen, ist egal, am besten, aus beiden Hierarchiezweigen!

Wir möchten an dem Beispielunternehmen Marwitz GmbH aufzeigen, wie die Einführung einer Balanced Scorecard ablaufen könnte. Dieser Ablauf ist nicht allgemeinverbindlich, aber man kann die Richtung erkennen und für sein Unternehmen entsprechende Schlüsse ziehen.

4.4 Die Ablaufplanung

Die Einführung der Balanced Scorecard bei der Marwitz GmbH basierte auf dem Konzept, die an eher hierarchische Strukturen gewöhnten Mitarbeiter durch Kommunikation, gemeinsame Zielfindung und integrierte Maßnahmenplanung bei der Umsetzung der Pläne mitzunehmen. Die Balanced Scorecard wird also nicht als reines Kennzahlensystem verstanden, sondern als Managementsystem.

Der Ablauf der Umsetzung wurde Ende 1998 wie folgt festgelegt:

Phase 1 Entwicklung der Unternehmens-Balanced Scorecard

in 12/98 Eintägige Einführungsveranstaltung Balanced Scorecard („Lust-mach-Workshop"), Entscheidung für den Versuch, die Mitarbeiter auf den schwierigen Neuanfang einzustimmen und gemeinsam das Unternehmen zu alten Erfolgen, zu weitergehenderen Erfolgen zu führen.

in 01/99 Erarbeitung einer Balanced Scorecard für das Gesamtunternehmen. Hieran waren im Januar 1999 neben dem Geschäftsführer die technischen und kaufmännischen Leiter, die Abteilungsleiter Produktion, F+E, Einkauf, Rechnungswesen und Verkauf, der Controller, der Assistent des Geschäftsführers sowie zwei Berater in moderierender Funktion beteiligt.

in 02/99 Das Ergebnis des dreitägigen Workshops wurde gemeinsam mit Klaus Marwitz diskutiert, der (klugerweise) an dem Workshop nicht teilgenommen hatte. Insbesondere zur angedachten Mission und Vision der Marwitz GmbH hatte er Anmerkungen, die in einem zweiten eintägigen Workshop intensiv, zuweilen auch kontrovers diskutiert wurden.

in 02/99 Dieser zweite eintägige Workshop Mitte Februar hatte auch die Funktion, das erarbeitete Konzept noch einmal – nachdem darüber geschlafen wurde – zu überprüfen. Auch wurde die ursprüngliche Formulierung von Mission und Vision in zwei Runden mit einigen Mitarbeitern an der „Basis" diskutiert – und in der Folge auch verändert.

in 03/99 Ende März legten der Controller und die Mitte 1998 eingestellte Assistentin der Geschäftsführung gemeinsam auf einer dritten

Tagung eine auf den Ergebnissen des Workshops basierende Balanced Scorecard mit Istwerten vor. Die Zielwerte für die nächsten vier Jahre wurden festgelegt, der Startschuss für die zweite Phase gegeben.

Phase 2 Einbinden von wichtigen Unternehmensteilen in das Konzept der Balanced Scorecard

in 04/99 Eine Balanced Scorecard lebt aus dem Unternehmen heraus. Daher war es folgerichtig, dass man eigene Mitarbeiter zu so genannten Scorecard-Beauftragten ausbildete. Insgesamt acht Mitarbeiter aus allen Bereichen des Unternehmens wurden eingehend über die Balanced Scorecard informiert, erhielten aber auch Tipps und Anregungen, wie der Kommunikationsprozess im Unternehmen gefördert, wie Besprechungen und Workshops moderiert werden können.

Diese Ausbildung umfasste vier Tage und befähigte die Scorecard-Beauftragten, selbstständig Balanced Scorecards für die weiteren Unternehmensbereiche zu erarbeiten – aber nicht in ihrem jeweils eigenen Bereich! Im eigenen Bereich wird der Moderator zum Beteiligten. Er wird zur Partei. Das erschwert die Moderation, kann sie unter Umständen völlig paralysieren. Und außerdem: Der Prophet gilt nichts im eigenen Land! Diese mitunter frustrierende Erfahrung sollte man seinen Scorecard-Beauftragten möglichst ersparen.

Lediglich bei zwei Bereichen erschien es sinnvoll, auf die externen Berater bei der Erarbeitung der jeweiligen Balanced Scorecard zurückzugreifen: im Bereich F+E sowie beim Einkauf.

Interessanterweise baten die externen Berater bei der Ausarbeitung der F+E-Scorecard den „Alten“ Klaus Marwitz um Teilnahme. Es konnte dadurch eine Stärkung der Position des recht jungen, aber von seinen alten Kollegen noch nicht voll akzeptierten technischen Leiters erreicht werden.

in 06/99 In jeweils zweitägigen Workshops wurden für die Bereiche Fertigung und Vertrieb Balanced Scorecards erarbeitet. Hiermit waren die primären strategischen Problemgebiete abgedeckt. Wichtig war, dass jeweils individuelle Strategien für die einzelnen Bereiche erarbeitet wurden, die dann mit strategischen Projekten und Kennzahlen ausgefüllt wurden. Die jeweiligen Scorecards werden unten beschrieben.

Teilnehmer waren jeweils ein Geschäftsführer, der zuständige Abteilungsleiter mit allen seinen Bereichs- und Gruppenleitern sowie mit seinen Mitarbeitern. Wert wurde auch darauf gelegt, dass die Verzahnung der einzelnen betrieblichen Bereiche Berücksichtigung fand: Immer wurden sowohl einige Mitarbeiter aus der darunter gelagerten Ebene als auch aus benachbarten Bereichen in die Erarbeitung der Balanced Scorecard integriert.

Natürlich konnte aus diesen Vorgaben nicht ein allgemeingültiges Muster gemacht werden, denn Kommunikationsfähigkeit und -bereitschaft, aber auch zeitliche Belastung spielten bei der Auswahl der Workshopteilnehmer eine Rolle. Es wurde festgelegt, dass maximal 15 Personen, minimal 9 Personen bei einem Workshop mitarbeiteten, zuzüglich immer zweier Scorecard-Beauftragter.

ab 09/99 Aufgrund der bei Marwitz im zweiten Quartal gemachten Erfahrungen wurden für weitere Bereiche Scorecards erarbeitet. Hierbei wurde mehr Gewicht als ursprünglich geplant der Einbeziehung der Mitarbeiter der dritten Ebene (Meister und Gruppenleiter) und paralleler Abteilungen gegeben. So war es für die Mitarbeiter des Einkaufs sehr motivierend, gemeinsam mit Kollegen der EDV, der F+E-Abteilung sowie der Produktion eine Einkaufs-Scorecard zu entwickeln. Im Rahmen dieser über Bereichsgrenzen gehenden Projektarbeit wurden diverse, auch persönliche Probleme angesprochen und ein kooperativeres Arbeitsklima geschaffen. Ein erster Schritt zur abteilungsübergreifenden Kommunikation wurde gemacht – in Richtung der langfristig angedachten Lösung von funktionalen hin zu prozessorientierten Strukturen im Unternehmen.

12/99 Zum Abschluss der Arbeit an der Balanced Scorecard der Marwitz GmbH wurde von den BSC-Beauftragten angeregt, auch für die Geschäftsleitung eine Scorecard zu entwickeln. Diese Maßnahme hatte gravierende Auswirkungen auf die Einstellung der gesamten Belegschaft zur Balanced Scorecard: Jeder im Unternehmen konnte die Geschäftsführer-Scorecard einsehen, fühlte sich verpflichtet, auch in seinem angestammten Bereich mitzutun:

„Die Geschäftsführung macht auch mit – ein Signal für alle!“

4.5 Die beteiligten Personen

Wie so häufig, so war es auch bei Marwitz das Zusammentreffen von zwei Situationen, die zur konsequenten Anwendung neuer Methoden führte: die sich rapide verschlechternde wirtschaftliche Situation des Unternehmens und die Verpflichtung des neuen Vorstands Rüdiger Schmied.

Mentor der Einführung der Balanced Scorecard war – und ist – Herr Schmied. In der Umsetzungsarbeit wurde er stark unterstützt von seiner Assistentin, die darin die Chance sah, das Unternehmen von allen Seiten kennen zu lernen.

Die beiden anderen Geschäftsführer, insbesondere der für kaufmännische Belange zuständige Herr Schulte, waren anfangs eher zurückhaltend gegenüber der Balanced Scorecard. Im Laufe des Prozesses änderte sich dies aber. Herr Sonnich wurde regelrecht zum „Fan“dieses Verfahrens, Zukunft in die praktische und alltägliche Arbeit einzuführen. Ihn faszinierte insbesondere die Nähe zum EFQM-Modell, zum Total Quality-Denken, das er in seinem Bereich (Entwicklung und Produktion) schon lange implementieren wollte.

Unterstützung auf dem Weg erhielt die Marwitz GmbH von unserem Team, das sich eher als Moderatoren denn als klassische Berater verstand. „Nutzen Sie die Stärken, die in Ihrem Unternehmen brach liegen“, unter diesem Aspekt begleiteten wir anfangs die Beteiligten. Zu Beginn der Phase 2 vermittelten wir unser Know-how an ein internes Scorecard-Team und zogen uns dann nach unserem Motto „Hilfe zur Selbsthilfe“ zurück.

Natürlich wurde Kontakt gehalten, immer wieder kamen Anrufe der internen Berater, aber sie wurden weniger. Bei der Erarbeitung der Scorecard für die Bereiche Forschung und Entwicklung und Einkauf wurden die externen Moderatoren dann doch noch einmal gerufen, zu groß schienen die persönlichen Animositäten, zu belastend war die Situation für das Unternehmen. Und in der Folge trennte man sich von dem F+E-Leiter, es fand sich keine gemeinsame Basis mit seinen engagierten Mitarbeitern – und mit Herrn Sonnich. Auch eine Folge der Balanced Scorecard, denn man hatte erstmalig in diesem Kreis über die bestehenden Probleme gesprochen, offen diskutiert. Und Entscheidungen getroffen!

Zur ersten großen Feedbacksitzung Ende 1999 wurden wir eingeladen und waren erstaunt und erfreut, auf welch fruchtbaren Boden die Balanced Scorecard bei der Marwitz GmbH gefallen war. Auch die Geschäftsergebnisse zeigten erste Anzeichen für eine durchgreifende Verbesserung.

4.5.1 Projektleiter

Für die Mitte 1998 eingestellte Geschäftsführungsassistentin Frau Weichbrodt war das die Chance: in ein neues, alle strategisch relevanten Bereiche des Unternehmens umfassendes Projekt eingebunden sein. Da sie kommunikativ veranlagt war, aber trotzdem zuhören und schweigen (!) konnte, dazu als Wirtschaftsingenieurin kaufmännische wie technische Belange verstand und noch nicht zu sehr eingebunden war in die Internas der Marwitz GmbH, war sie die ideale Leiterin für das Projekt Balanced Scorecard.

Geschickt hatte sie im Laufe der ersten Monate der Arbeit mit der Balanced Scorecard verstanden, die Ausgestaltung der Scorecard den Beteiligten selbst zu überlassen. Die jeweiligen Bereiche pflegten selbstständig die Daten und diskutierten alle zwei Monate die aktuellen Trends und Zahlen in einer halbtägigen Geschäftsführungsrunde.

Dies war übrigens ein Anreiz auch für andere Bereiche des Unternehmens, sich mit der Balanced Scorecard zu beschäftigen. An dieser Scorecard-Sitzung („Zukunftsteam“ genannt) durften nur die Bereiche teilnehmen, die eine Scorecard erarbeitet hatten. Jetzt überlegt man, die Teilnehmerzahl zu reduzieren, zu erfolgreich ist der Prozess Balanced Scorecard bei Marwitz!

4.5.2 Controller

Eigentlich wäre der Controller, Herr Dehler, auch erst seit 1998 dabei, die ideale Besetzung für die Scorecard-Projektleitung gewesen. Aber es kam nicht so:

Vielleicht durch seine Nähe zum Rechnungswesen war Herr Dehler zu sehr auf „Fakten" konzentriert. Und auf Probleme. Er sah überall die Risiken und vergaß dabei die Chancen, die in jedem Veränderungsprozess stecken. Durch seine (schlechten) Erfahrungen mit der zentralen EDV glaubte er auch, für das Projekt Balanced Scorecard eine spezielle BSC-Software einsetzen zu müssen. „Sonst kann doch jeder seine Zahlen manipulieren ...".

Aber dem war nicht so: Da alle Mitarbeiter eines Bereiches ihre strategischen Projekte selbst erarbeitet hatten, gemeinsam die Kennzahlen entwickelten und Ist wie Soll festlegten und dann monatlich in ihrem Kreis die Ergebnisse diskutierten, bestanden vielleicht noch Möglichkeiten, aber überhaupt kein Interesse, zu manipulieren. Es waren nicht mehr die Zahlen, die vordergründig interessierten, sondern das Ziel, die gemeinsame Bewältigung der Probleme auf dem Weg zum Ziel stand im Mittelpunkt der Diskussionen.

Aber Herr Dehler verstand die Entwicklung, sah, dass seine Zukunft als Controller weniger in der Kontrolle der Funktionsbereiche als in der Steuerung von unternehmerischen Prozessen liegt. Er hat mit Unterstützung der Geschäftsführung mehrere Kurse an der Controller Akademie absolviert und baut derzeit das Rechnungswesen in eine Informations- und Servicezentrale des Unternehmens um – offene Systeme, die allen Interessierten zeigen, wo man steht, auch zeigen, wo sich das Ziel befindet.

4.5.3 Externe oder interne Moderatoren?

Wir werden immer wieder gefragt, mit welchem Beratungsaufwand man für die Einführung im Unternehmen zu rechnen hat. Es gibt hierzu natürlich keine allgemein gültigen Aussagen, aber überrascht sind die meisten Unternehmen doch, wenn wir von lediglich 10 bis 15 Teamtagen sprechen. Das kann nicht gut sein, das kann nie ausreichen!

Es reicht! Es geht bei der Beratungstätigkeit doch nicht darum, für alle Unternehmensteile eine Balanced Scorecard entwickeln zu lassen. Es sollte Ziel eines Consultants sein, den Prozess anzuregen, die Mitarbeiter zu befähigen, selbst diesen Prozess in den strategisch relevanten Abteilungen zu initiieren und am Laufen zu halten.

Natürlich, auf Geschäftsführungsebene ist ein interner Moderator (und primär diese Aufgabe hat der Consultant im Prozess) überfordert, ist zu sehr Partei, zu sehr eingebunden in das Firmengeschehen. Hier ist externe Neutralität gefordert. Und sinnvollerweise auch bei der Ausbildung von kommunikationsfähigen Mitarbeitern zu internen Moderatoren, zu Scorecard-Beauftragten.

Warum ein Moderatorenteam? Es gibt natürlich diese Supermoderatoren, die 10 bis 14 Stunden am Tag Informationen aufnehmen, umsetzen, Hinweise geben, führen, anregen. Aber zuweilen wird doch der eine oder andere übersehen, der Fragen hat, der unsicher ist, der sich nicht traut voll mit zu diskutieren. Auch das Mitschreiben der Ergebnisse muss erfolgen. Also, wir treten nur zu zweit auf, im Team. Und sind trotzdem abends geschafft, sind keine Supermänner!

Vielleicht finden Sie diese in Ihrem Beratungsumfeld.

4.6 Die Rolle der EDV

Die Marwitz GmbH besitzt mit der IBM AS/400 einen klassischen Datenbankrechner. Ideal, um als mittelständisches Unternehmen am Markt zu operieren. Sicher, klar strukturiert. Und die Softwarelösungen für das Rechnungswesen, das Controlling erlauben die Sammlung jedweder Informationen sowie deren Ausgabe über MS-Excel.

Die EDV-Abteilung, befragt, ob sie eine spezifische Scorecard-Softwarelösung implementieren und betreuen könnte, winkte (zurückhaltend) ab: Die Integration von Produktionssteuerung und Materialwirtschaft hatte Vorrang und erforderte alle Kapazitäten. Also musste kurzfristig eine Lösung gefunden werden. Hier setzte man im Hause Marwitz auf die dezentrale Funktionalität von MS-Excel. Jeder konnte damit umgehen, Frau Weichbrodt erarbeitete in Zusammenarbeit mit den Consultants einen einfach handhabbaren standardisierten Vorschlag für eine grafische Darstellung der Balanced Scorecard, der nun in allen Abteilungen, in allen Unternehmensbereichen, die ihre Scorecard entwickelt haben, eingesetzt wird.

Die Datensammlung wird dezentral durchgeführt, meist von der jeweiligen Sekretärin, natürlich kommen Teilmengen aus dem zentralen DV-System. Aber händisch! Vielleicht wird man in den nächsten Jahren die zentrale Software nutzen, um alle Scorecarddaten zentral zur Verfügung zu haben – noch sieht man nicht den Sinn. Das Wort Kontrolle wird in letzter Zeit bei Marwitz eher klein geschrieben, oder vielleicht besser: mit „C“ wie Controlling. Auch ein Ergebnis des Managementprozesses Balanced Scorecard!

4.7 Die Verankerung im Berichtssystem

Es gibt wenig Dinge, bei denen wir Sturheit empfehlen. Aber noch immer zu häufig hören wir aus Unternehmen, „der Prozess der Erarbeitung der Balanced Scorecard war anregend, kommunikativ, aber diese Phase des Miteinander ist wieder eingeschlafen". Bleiben Sie dran, nutzen Sie jede Chance, diesen Prozess des miteinander Aufbrechens, indem Sie gewisse Kommunikationsprozesse institutionalisieren.

4.7.1 Das Feedback nicht dem Zufall überlassen

Kaplan und Norton schreiben, wie wichtig diese letzte Phase der Balanced Scorecard ist. Aus Abweichungen, aus Fehlern lernen, lernen, die Zukunft anders, neu einzuschätzen und gemeinsam analysieren, was können wir besser machen. Aber zur Zukunftsfähigkeit gehört auch, sich darauf einzustellen, dass man nicht alles planen kann, dass man sich auch an Entwicklungen anpassen muss – und kann!

In vielen Unternehmen gibt es Qualitätszirkel, die sich monatlich, vielleicht sogar öfter treffen, um den ständigen Prozess der Qualitätssicherung und Qualitätsverbesserung zu besprechen. Könnte man nicht auch einen Zukunftszirkel einrichten, einen Strategiezirkel, einen „brain-trust", der die Aufgabe hat, das Umfeld des eigenen Unternehmens zu beobachten, der Dinge vordenkt, andenkt, der querdenkt? Der Anregungen gibt, wie sich unser Unternehmen im gesellschaftlichen, im politischen Umfeld, im Wettbewerb behaupten können wird?

Wie können wir besser werden, in jeder Richtung?

4.7.2 Durch Institutionalisierung sich selbst zwingen

Aber zum Feedback gehört mehr. Monatlich, vielleicht auch alle zwei Monate, zumindest aber einmal im Quartal muss die Balanced Scorecard im Team besprochen, analysiert werden. Und natürlich, da sind alle dabei, die die Scorecard erarbeitet haben, auch der Vorgesetzte:

- Welche Ziele konnten nicht erreicht werden?

- Wo haben wir uns zu viel vorgenommen?
- Welche Aktionen, welche strategischen Projekte laufen besser als erwartet? Sind wir unserer Vision, dem messbaren Ziel näher gekommen?
- Welches unserer Projekte hat wohl den größten Einfluss auf die Erreichung der Vision?
- Wo müssen wir nachlegen?

Auch das leidige Budget für unsere Zukunftsprojekte muss abgestimmt werden. Und da Budgetprozesse, weil operativ, eigentlich monatlich besprochen werden sollten, bietet es sich auch an, die Balanced Scorecard monatlich zu diskutieren.

Aber zur Institutionalisierung der Balanced Scorecard gehört mehr. Es heißt doch, die Scorecard soll man auf einer Seite, auf einer Karte mit sich, bei sich tragen. Es ist Psychologie, aber (trotzdem) wirksam. Ziele sollen ins Blut der Mitarbeiter übergehen, wollen verstanden, gelebt werden. Daher können wir die Anregung aus einem Unternehmen nur empfehlen:

Jeder führt einen Kalender, ob als Terminplaner (hat man) oder als Leporello in der Brieftasche. Ein kleines Einlegeblatt mit den persönlichen (operativen) Jahreszielen und auf der Rückseite mit den strategischen Zielen, der Balanced Scorecard ist schnell produziert, eingefügt und kann leicht aktualisiert werden. Ein Kollege hatte sich seine Scorecard sogar auf Ausweisformat verkleinert und führt sie immer mit sich herum. So lebt der Prozess, nicht nur theoretisch, sondern ganz praktisch im Kleinen.

Die Lösung für die ganz modernen Mitarbeiter mit ihren elektronischen Terminplanern haben wir noch nicht gesehen, aber auch das dürfte keine Schwierigkeiten machen!

Bei der Marwitz GmbH hängt bei jedem Geschäftsführer, im Büro jedes Vorgesetzten, in dessen Bereich die Balanced Scorecard erarbeitet wurde, ein Plakat mit der Scorecard-Spinne: Da stehen wir, da wollen wir hin. Und die Mitarbeiter erhalten jedes Quartal ein Informationsblatt, das nicht nur Neues aus dem Unternehmen, die wichtigsten operativen Zahlen, sondern auch die Unternehmens-Scorecard enthält.

Weiß dann nicht jeder Wettbewerber, was wir vorhaben, wie wir unsere, und damit auch seine Zukunft gestalten? Ja und Nein.

Ja, aber würde der Wettbewerb dies nicht auch so mitbekommen, erleben, dass sich bei seinem Konkurrenten etwas tut? Und gilt für ihn nicht noch mehr, was schon für die Geschäftsführung gilt: Nur derjenige, der die Scorecard mit erarbeitet hat, kann sie auch verstehen. Die nackten Zahlen sagen wenig aus, der Inhalt steckt in den Köpfen, steckt in der Gemeinschaftsleistung aller, und das ist nicht kopierbar.

Nein, die Balanced Scorecard ist kein Kennzahlensystem, sie ist ein Prozess, ein Managementprozess, der gelebt werden muss. Ein Prozess, der die Mitarbeiter zu zielorientierter Leistung anspornt, der die Geschäftsprozesse verbessert, der die Kunden erfreut, der die Wettbewerber vielleicht auch motiviert – die Balanced Scorecard bei sich auch einzuführen!

4.8 Die Scorecards der Marwitz GmbH

Wir haben im 2. Kapitel ausgeführt, welchen Sinn und Zweck die Perspektiven im Rahmen des Prozesses Balanced Scorecard haben: den Kopf frei zu machen für alle Sichten auf das Unternehmen, damit nichts vergessen wird. Wir wollen die Komplexität des Unternehmens reduzieren.

Wir haben ausgeführt, dass später für die Scorecard-Aktionen aus allen Perspektiven zu strategischen Projekten zusammengefasst werden sollten, Aktionen, die eine gemeinsame Zielausrichtung haben. Wir heben quasi die Reduktion der Komplexität wieder auf. In weiteren Schritten werden diese strategischen Projekte bewertet und mit Budgets versehen, damit die Zukunft Eingang in das Budget findet.

Bei der Marwitz GmbH wollte man sich nicht so weit von Kaplan/Norton entfernen, wollte Herr Schmied die Perspektiven noch beibehalten, damit jeder im Unternehmen sieht, die finanziellen Ergebnisse sind nicht alles. Daher wurden die strategischen Projekte, obwohl sie zumeist Aktionen aus allen Perspektiven enthielten, doch wieder einer Perspektive zugeordnet.

4.8.1 Das Unternehmen insgesamt

Mission:	Marwitz misst Moleküle
Vision:	Wir wollen auf unserem Markt wieder die Nr. 1 in Europa werden *Wir erhöhen unseren europäischen Marktanteil von 21 % auf 35 % in 2005*
Strategie 1:	Von der Technik- zur Kundenorientierung
Strategie 2:	Coopetition, d. h. Aufbau strategischer Partnerschaften (Wettbewerb, Zulieferer, Handelsvertreter)

Marwitz GmbH	**Unternehmens-Scorecard**	
Perspektive	**Strategisches Projekt**	**Kennzahl**
Mitarbeiter	1. Aufbau integriertes Kunden-Info-System	Anteil über das Kunden-Info-System abgewickelter Kontakte
	2. Kundenorientierung des F+E-Bereiches verbessern	Anzahl Messe- und Kundenbesuchstage der F+E-Mitarbeiter
Geschäftsprozesse	3. Höhere Trefferquote bei Neuentwicklungen erreichen	„Kunden-überraschung“
Kunden	4. Kundenbesuche intensivieren	Anzahl Kundenbesuche
	5. Forschungsprojekte zusammen mit Kunden durchführen	Anzahl Kundenprojekte
Coopetition	6. Zusammenarbeit mit mittelständischen Wettbewerbern und Lieferanten	Anzahl gemeinsamer Projekte
	7. Vertriebszusammenarbeit mit mittelständischen Wettbewerbern	Anzahl gemeinsamer Ausstellungen

Finanzen	8. Umsetzung technischer Innovation	Umsatzanteil neuer Produkte (< 2 Jahre alt)
	9. Zusammenarbeit mit Partnern	Verringerung Wertschöpfung
	10. Zielausrichtung Kunden	Umsatzanteil Bestandskunden

Die Balanced Scorecard des Unternehmens zeigt die Zielausrichtung für die nächste Zeit: Vorrangig ist der Ausbau eines Kundeninformationssystems, die gemeinsame Entwicklungsarbeit mit Kunden und die rasche Umsetzung von Innovationen. Die anderen strategischen Projekte haben in den folgenden Jahren ihr Schwergewicht.

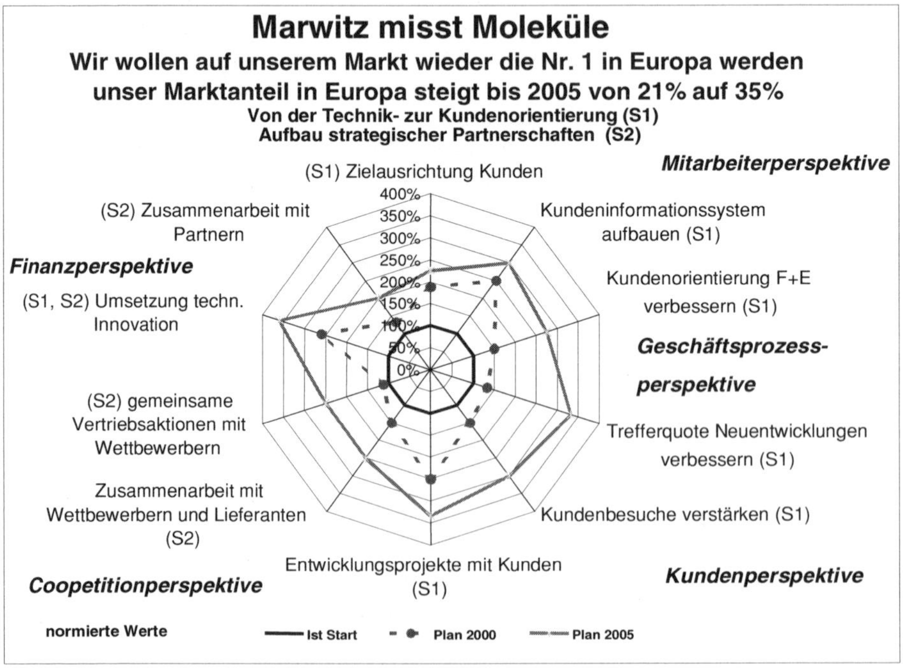

Abb. 25: Balanced Scorecard der Marwitz GmbH

Auch erkennt man die Fokussierung auf die beiden Strategien: Nicht alles, was wichtig ist, hat auch strategischen Wert. Die Balanced Scorecard zwingt zur Besinnung auf das Wesentliche.

4.8.2 Balanced Scorecard der Marwitz-Geschäftsführung

Mission:	Marwitz misst Moleküle
Vision:	Wir wollen auf unserem Markt wieder die Nr. 1 in Europa werden *Wir erhöhen unseren europäischen Marktanteil von 21 % auf 35 % in 2005*
Strategie 1:	Wir vermitteln unseren Mitarbeitern Kundenorientierung
Strategie 2:	Aufbau strategischer Partnerschaften zur Kostenreduzierung (Kunden, Zulieferer, Handelsvertreter, Wettbewerb)

Die strategischen Ansätze für die Geschäftsführung variieren zur Unternehmenszielsetzung, sind aber gleichgerichtet.

Marwitz GmbH	**Geschäftsführungs-Scorecard**	
Perspektive	**Strategisches Projekt**	**Kennzahl**
Mitarbeiter	1. Anreizsysteme für Mitarbeiter einführen	Anzahl Mitarbeiter, mit denen Zielvereinbarungen bestehen
	2. Vermittlung von Fort- und Weiterbildung als Zukunftsaufgabe	Anzahl von Verbesserungsvorschlägen aus Fortbildungsveranstaltungen
	3. Verbesserung der zielorientierten Kommunikation bei Marwitz	Workshopteilnahme auf unteren Ebenen
Coopetition	4. Benchmarks zur Leistungssteigerung	Anzahl Benchmarks mit Wettbewerbern
	5. Teamarbeit mit Handelsvertretern verstärken	gemeinsame Kundenbesuche mit HV

Kunden	6. Intensivierung Kundenkontakte	Anzahl Besuche bei A-Kunden
	7. Wachstum Marktanteil in Frankreich	Anzahl Kundenbesuche, Anzahl Neukunden in Frankreich
Finanzen	8. Verbesserung Cash-flow	überschüssiger Cash-flow (residualer Wert)[22]
Akquisitionen	9. Akquisition Marktanteile	Anzahl Gespräche mit dem Ziel, Unternehmen zu übernehmen
	10. Aufbau „Akquisitionspolster“	Kapitalstock

Interessant ist bei der Geschäftsführungs-Scorecard die in die Scorecard integrierte Überlegung, nicht nur strategische Partnerschaften, sondern auch Firmenübernahmen einzugehen.

22 Das ist der Einzahlungsüberschuss, der die berechnete Mindestgröße übersteigt. Als Mindestgröße wird jährlich der Betrag ermittelt, der für die Finanzierung der Jahresaufgaben (einschließlich der strategischen Projekte) aus eigener Kraft erforderlich ist.

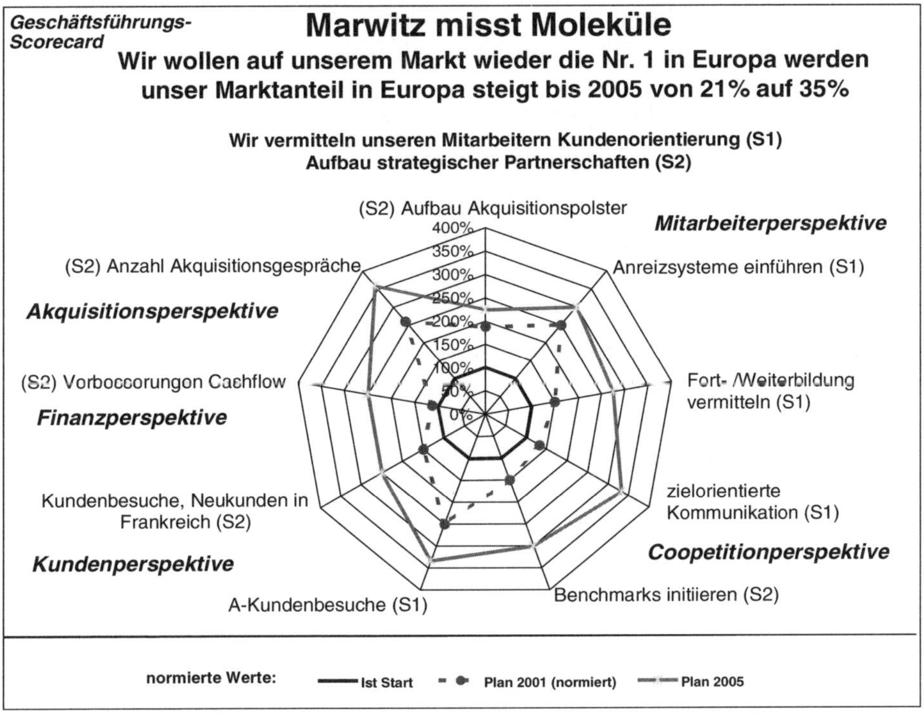

Abb. 26: Die Scorecard der Geschäftsführung der Marwitz GmbH

4.8.3 Balanced Scorecard der Marwitz-Fertigung

Mission: Marwitz misst Moleküle
Vision: Wir wollen auf unserem Markt wieder die Nr. 1 in Europa werden
Wir erhöhen unseren europäischen Marktanteil von 21 % auf 35 % in 2005
Strategie 1: Bessere Zusammenarbeit – extern wie intern
Strategie 2: Schneller, bessere Qualität, kostengünstiger

Die Strategien sehen folgende Stoßrichtungen vor:

1. Intensivierung insbesondere der internen Zusammenarbeit im Kundeninteresse, d. h. insbesondere mit dem Bereich Forschung und Entwicklung und mit dem Einkauf

2. Schnellere Umstellung auf neue Produkte, Verbesserung der Qualität in der Produktion und Verringerung der Produktionskosten

Marwitz GmbH	**Fertigungs-Scorecard**	
Perspektive	**Strategisches Projekt**	**Kennzahl**
Mitarbeiter	1. Mitarbeiterorientierte Qualitätsprozesse einführen	Anzahl Mitarbeiter, mit denen Qualitätszielvereinbarungen bestehen
	2. Zielorientierte Teamtreffen initiieren (Fertigung + Einkauf + Forschung + Entwicklung)	Anzahl von Verbesserungsvorschlägen aus Teamtreffen
	3. VV-Prämiensystem installieren	Höhe der VV-Prämien im Bereich der Fertigung
	4. Verbesserung der Kommunikation untereinander/mit Einkauf und F+E	Teilnahmequote an Betriebsfesten
Lieferanten	5. Zusammenarbeit mit Lieferanten steigern	Anzahl Werkaufträge an Dritte
Geschäftsprozesse	6. Reduzierung Durchlaufzeiten	Durchschnittlicher Fertigungsdurchlauf pro Los
	7. materialbedingte Wartezeiten verringern	Wartezeit
Kunden	8. Ausbau Kundenservice	Anzahl Telefonate mit Kunden wegen termingenauer Auslieferung
Finanzen	9. Verringerung Fertigungskosten	Fertigungskosten/ Umsatz
	10. Auslastung der Maschinen erhöhen	Auslastungsgrad

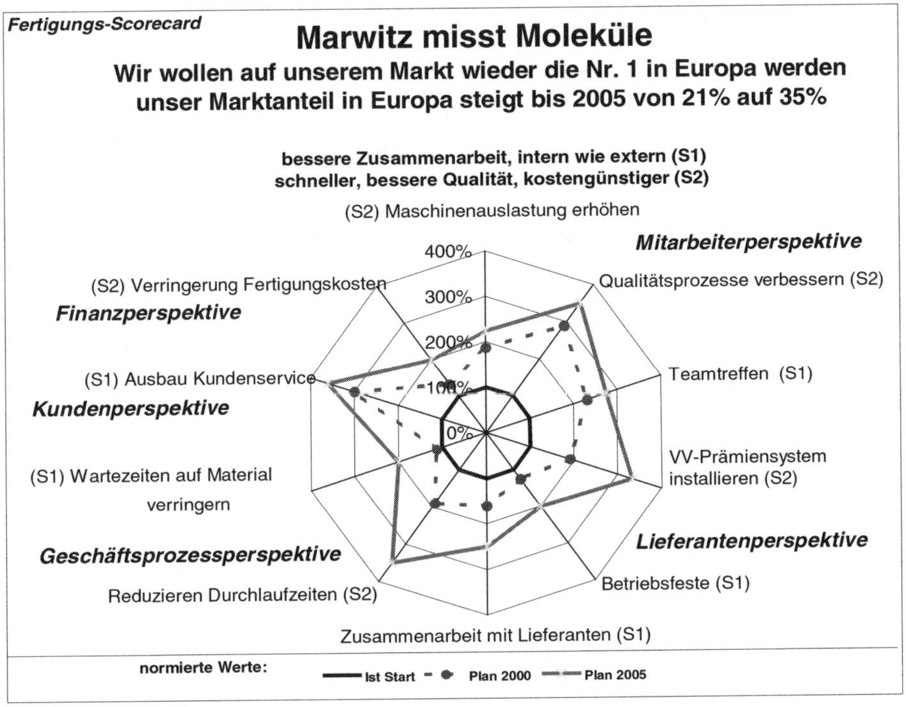

Abb. 27: Scorecard des Bereiches Fertigung bei der Marwitz GmbH

4.8.4 Balanced Scorecard des Marwitz-Einkaufs

Mission: Marwitz misst Moleküle

Vision: Wir wollen auf unserem Markt wieder die Nr. 1 in Europa werden
Wir erhöhen unseren europäischen Marktanteil von 21 % auf 35 % in 2005

Strategie 1: Wir sichern mit schneller und kostengünstiger Beschaffung von Materialien Kundenzufriedenheit

Strategie 2: Aufbau strategischer Partnerschaften zu unseren Zulieferern

Marwitz GmbH	Einkaufs-Scorecard	
Perspektive	**Strategisches Projekt**	**Kennzahl**
Mitarbeiter	1. Zielorientierte Schulung für Einkaufsmitarbeiter durchführen	Anzahl Mitarbeiterschulungstage
	2. Fort- und Weiterbildung als Zukunftsaufgabe	Anzahl von Verbesserungsvorschlägen aus Fortbildungsveranstaltungen
Geschäftsprozesse	3. Beschaffungszeit verringern	durchschnittlicher Beschaffungsaufwand in Tagen
	4. Nutzung des Internets für weltweiten Einkauf	Anteil Beschaffungen über das Internet
	5. Durchführen von weltweiten Ausschreibungen im Internet	Anzahl von Internetausschreibungen
Lieferanten	6. Zusammenarbeit mit Lieferanten verbessern	Anzahl Kooperationsvereinbarungen mit Lieferanten
	7. Liefertermintreue der Lieferanten verbessern	Anzahl Abrufvereinbarungen mit Lieferanten
	8. Teamarbeit mit Lieferanten verstärken	Beteiligung von Lieferanten an Entwicklungsprojekten
Kunden	9. Intensivierung Kundenkontakte	Anzahl Besuche bei Kunden
Finanzen	10. Verbesserung Einkaufsergebnis	erzielte Einsparungen (% vom Vorjahresergebnis)

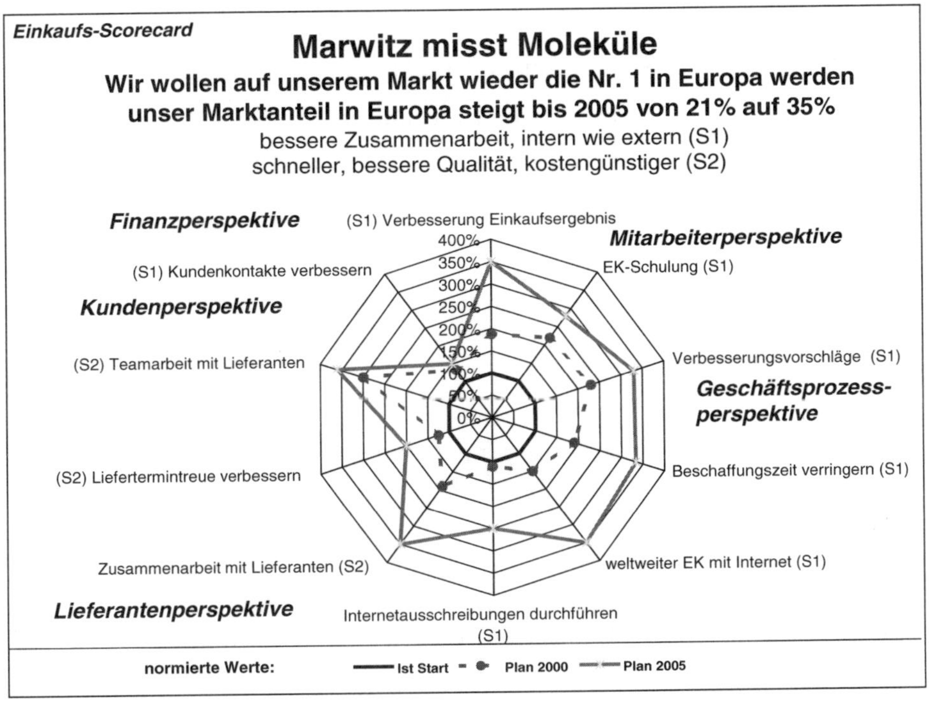

Abb. 28: Die Balanced Scorecard des Einkaufs bei Marwitz

4.8.5 Balanced Scorecard des Marwitz-Vertriebs

Mission: Marwitz misst Moleküle
Vision: Wir wollen auf unserem Markt wieder die Nr. 1 in Europa werden
Wir erhöhen unseren europäischen Marktanteil von 21 % auf 35 % in 2005
Strategie 1: Wir bieten unseren Kunden komplette Lösungen
Strategie 2: Wir bilden die Brücke zwischen Kunde und Entwicklung

Marwitz GmbH **Vertriebs-Scorecard**

Perspektive	**Strategisches Projekt**	**Kennzahl**
Mitarbeiter	1. technische Fortbildung forcieren	Anzahl Mitarbeiter, die an techn. Fortbildungen zusammen mit der Ent wicklung teilnehmen
	2. Incentivesystem einführen	Anteil der Vertriebsmitarbeiter, die mehr als 30 % variablen Gehaltsanteil haben
Geschäftsprozesse	3. Verbesserung Zusammenarbeit mit F+E	Anteil der Mitarbeiter, die Job-Rotation im F+E-Bereich machten
Coopetition	4. Gemeinsame Ausstellungen mit Wettbewerbern	Anzahl Ausstellungen mit Wettbewerbern
	5. Großprojekte akquirieren	Anzahl Projekte mit Kunden und Wettbewerbern
	6. Veranstalten eines „Molekül-Kongresses“	Anzahl teilnehmende Unternehmen, Verbände etc.
Kunden	7. Image als Problemlöser aufbauen	Anzahl Veröffentlichungen in Fachzeitschriften
	8. Wachstum Marktanteil in Frankreich	Anzahl Kundenbesuche, Anzahl Neukunden in Frankreich
Finanzen	9. Neukundenumsatz erhöhen	DB 2 von Neukunden

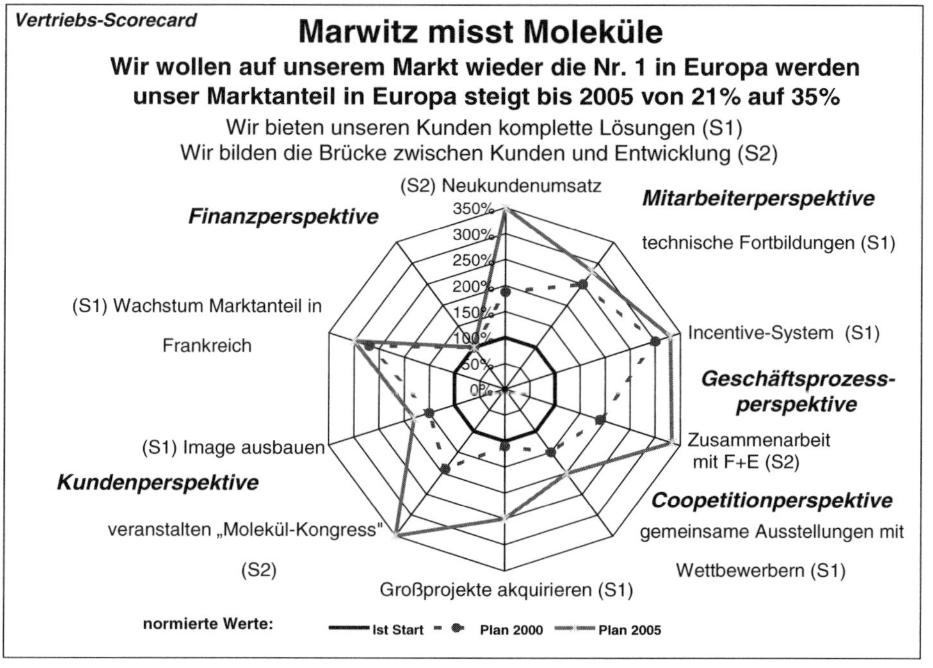

Abb. 29: Die Balanced Scorecard des Vertriebs bei Marwitz

Auch für dieses Beispiel, für alle strategisch relevanten Unternehmensbereiche gilt die Devise:

Wir sollten nach unserer ganz spezifischen Lösung suchen. Dabei kommt es vor allem darauf an, dass wir ihren Inhalt und die konkreten Ziele in einer Weise formulieren, dass wir sie kommunizieren können, dass die Mitarbeiter sie mit erarbeiten, damit verstehen und als ihre eigenen Ziele betrachten.

Dann können sie alle sagen: It's *My* Balanced Scorecard

5 Von der Strategie zum Budget – Ziele im Alltag leben

Auf einen Blick:

⇨ Konzerngesellschaften erleben nicht selten Überraschungen: Mit Hilfe der Balanced Scorecard kann ein gemeinsamer Weg in neue Partnerschaften gefunden werden.

⇨ Balanced Scorecard-Projekte entsprechen nach unseren Erfahrungen nicht der „reinen Lehre". Wir müssen unseren eigenen Weg finden.

⇨ Ausgangspunkt einer Balanced Scorecard ist eine angedachte Strategie. Aber lieber mit 80 % anfangen als auf 100 % warten und nie beginnen.

⇨ Wir sollten nur solche strategischen Projekte in die Balanced Scorecard aufnehmen, für die wir auch finanzielle und personelle Ressourcen bereitstellen wollen und können.

⇨ Strategische Projekte benötigen Projektleiter. Ihre Einbindung in das Verantwortungsgefüge eines Unternehmens ist eine Aufgabe, die viel Führungsgeschick erfordert.

Manchmal läuft es auch ganz anders. Das Unternehmen, von dem wir im Folgenden berichten wollen, hatte ursprünglich gar nicht die Absicht, eine Balanced Scorecard zu erarbeiten. Es ging im engeren Sinne auch nicht um die Weiterentwicklung der eigenen Strategie.

„Unsere Tochter hat ihre Strategie erfolgreich umgesetzt. Wir können zufrieden sein!", so hatte sich der Vorstandsvorsitzende des damaligen Mutterkonzerns im Sommer 1999 geäußert.

Und eigentlich war uns die Aufgabe gestellt worden, für die strategische Planung der Jahre 2000 bis 2003 – verbunden mit einem Ausblick bis zum Jahr 2005 – die bereits erarbeiteten Varianten zu vergleichen und eine Präsentation vor dem Lenkungsausschuss des Konzerns vorzubereiten.

Drei durchgerechnete Varianten sollten mögliche Alternativen darstellen. Und sie waren nicht nur durchgerechnet. Sie waren auch mit allen Leitern der strategischen Geschäftseinheiten und den Leitern der Stabsbereiche abgestimmt. Per eMail über das unternehmenseigene Intranet. Der Bereich „strategische Planung" hatte inhaltliche Einzelfragen mit den jeweils zuständigen Mitarbeitern abgestimmt, die auf dieser Basis von ihm berechneten finanziellen Kennzahlen per eMail versandt und von den strategischen Geschäftseinheiten bzw. anderen Bereichen mit einigen Korrekturen per eMail zurückerhalten. Die Korrekturen wurden eingearbeitet. So weit, so gut.

Als wir unsere Arbeit im Herbst 1999 begannen, holten wir alle beteiligten Führungskräfte an einen Tisch – und erlebten eine erste Überraschung: In diesem großen Kreis war noch nie über die strategische Planung gesprochen worden! Die Abstimmung erfolgte wie gesagt nur in einzelnen Gesprächen zwischen Mitarbeitern der strategischen Planung und denen der strategischen Geschäftseinheiten bzw. der anderen Bereiche. Und vor allem über den Austausch von finanziellen Kennzahlen per eMail.

Die zweite Überraschung ließ da nicht lange auf sich warten: In der entstehenden Diskussion stellte sich heraus, dass die verschiedenen Führungskräfte mit den abgestimmten finanziellen Kennzahlen unterschiedliche konkrete Vorstellungen zur weiteren technischen Entwicklung verbunden hatten. Vorstellungen, die nicht so recht zueinander passten.

Das begann schon bei den einzelnen Planvarianten. Um sie miteinander vergleichen zu können, hatten wir ein das gesamte Unternehmen abbildendes Modell entwickelt. Dabei wurden nicht nur die betriebswirtschaftlichen, sondern auch die ihnen zugrunde liegenden technischen Hauptparameter miteinander verknüpft. Die daraus entwickelten Aussagen legten Widersprüche offen, die bisher von den ausschließlich finanziellen Kennzahlen überdeckt waren.

Also entschlossen wir uns, die Varianten neu zu bestimmen. Das führte zur dritten Überraschung: Die Auffassungen über das anzustrebende gemeinsame Ziel, über die einzuschlagenden Entwicklungsrichtungen, über die Strategie des Unternehmens gingen erheblich auseinander. Wie schon der Vorstandsvorsitzende des Gesamtkonzerns geäußert hatte, war eine wesentliche Entwicklungsetappe des Unternehmens erfolgreich abgeschlossen. Aber was nun? Es gab mehrere mögliche Vorgehensweisen für die kommenden fünf bis zehn Jahre. Sie wurden mit den bisher erarbeiteten Varianten offensichtlich nur unzureichend erfasst.

Damit führte die Diskussion zu der Festlegung, zunächst einmal Klarheit in die strategischen Grundüberlegungen zu bringen, um ausgehend von einer möglichst einheitlichen Zielstellung, die verschiedenen Entwicklungsvarianten aufbauen zu können. Allerdings stand der Schritt hin zur Erarbeitung einer Balanced Scorecard zu diesem Zeitpunkt nicht zur Debatte. Es sollte erst noch eine vierte Überraschung folgen!

5.1 Ein Industrieunternehmen orientiert sich neu

5.1.1 Das Beispielunternehmen aus der Maschinenbaubranche

Aber wir stellen zunächst einmal das Unternehmen vor, von dem wir hier sprechen, ein im Südosten Deutschlands angesiedelter Maschinenbaubetrieb. Wir wollen ihn die „Alpha-Beth Aktiengesellschaft (ABAG)“ nennen. Die ABAG ist ein Produzent elektronischer Bauteile zur Lenkung und Steuerung in drei verschiedenen Bereichen:

- Flugzeuge
- Wasserfahrzeuge
- Baumaschinen

Der Umsatz hat sich in den letzten drei Jahren verdoppelt. Er betrug 1999 etwa 600 Mio. €. Dabei wurde die strategische Aufgabenstellung, das Ungleichgewicht zwischen den drei Bereichen abzubauen, weitgehend erfüllt. Heute steht die ABAG auf drei ähnlich großen Standbeinen (siehe Abb. 30).

Aufgrund ihrer Besonderheiten sind die drei Bereiche in betriebswirtschaftlich eigenständige, allerdings rechtlich unselbstständige strategische Geschäftseinheiten strukturiert. Dabei bezieht sich die Besonderheit vor allem auf die historisch unterschiedlich gewachsenen speziellen Kundenbeziehungen, weniger auf die interne Technologie. Im Gegenteil, technologisch sind die strategischen Geschäftseinheiten relativ eng miteinander verflochten. Das betrifft vor allem die Fertigung der elektronischen Basissysteme und bestimmter elementarer Baugruppen.

Die Fertigungsbasis der ABAG ist hochmodern. In den vergangenen fünf Jahren wurde ein umfangreiches Investitionsprogramm realisiert, das die rasante Umsatzausweitung erst ermöglicht hat.

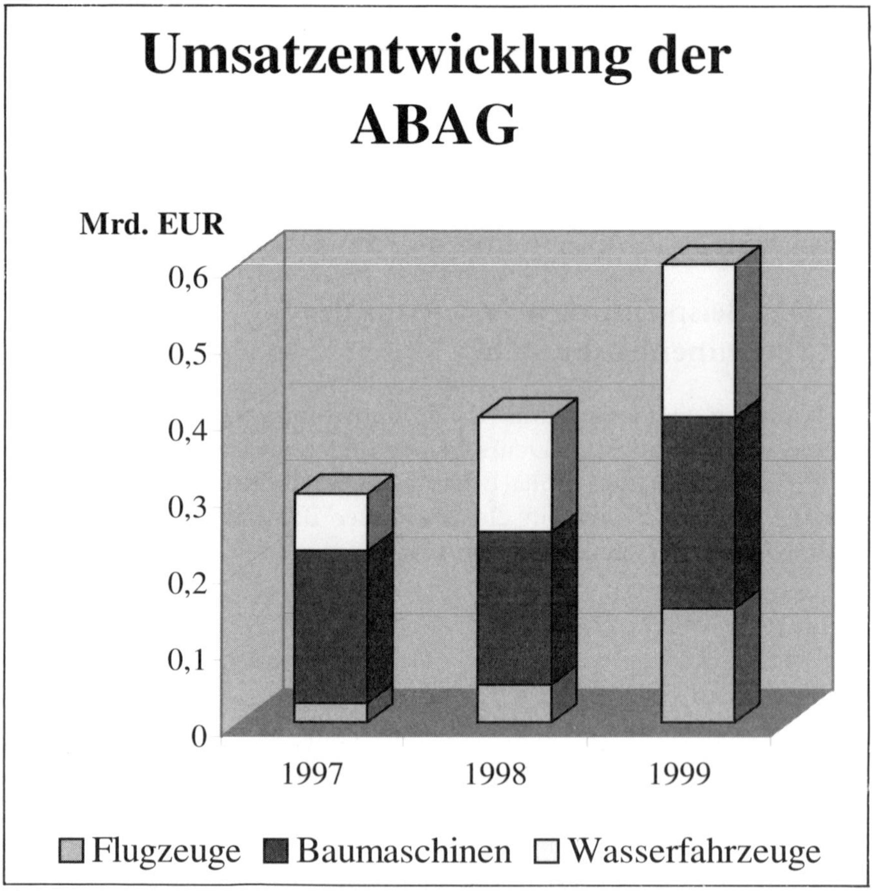

Abb. 30: Umsatzentwicklung der ABAG

Problematisch ist der zu geringe Kooperationsgrad im Zulieferbereich. Eine Reihe wesentlicher Baugruppen wird von wenigen Lieferanten bereitgestellt. Dabei funktioniert die Zusammenarbeit seit vielen Jahren im Wesentlichen reibungslos. Allerdings auf traditioneller Basis, auf der Basis normaler Handelsbeziehungen. Doch der Markt hat sich verändert. Die Kunden der

ABAG erwarten zunehmend aufeinander abgestimmte integrierte Systeme. Das verlangt eine andere Art der Zusammenarbeit zwischen der ABAG und ihren Lieferanten. Es geht um gemeinsame Entwicklungsprojekte. Es geht um eine stärkere Verzahnung der Kette Zulieferer – ABAG – Kunde. Diese Aufgabe muss gelöst werden, wenn die ABAG ihre Marktposition halten oder, wie in der strategischen Planung konzipiert, weiter ausbauen will.

Problematisch ist auch das Klima im Unternehmen. Die ABAG beschäftigt ca. 3.500 Mitarbeiter an einem Industriestandort. In ihren Beziehungen zueinander haben sich die drei strategischen Geschäftseinheiten über 15 Jahre allmählich, aber inzwischen deutlich spürbar zu kleinen „Königreichen" entwickelt. Abgeschottet gegeneinander und gegenüber den Stabsbereichen des Vorstands. Rivalität statt Zusammenarbeit, Misstrauen statt Vertrauen, zermürbende Debatten um interne Verrechnungspreise und Umlagen, gegenseitige Schuldzuweisungen bei Störungen der innerbetrieblichen Kooperation bestimmen die Atmosphäre. Weniger innerhalb der strategischen Geschäftseinheiten; dafür umso mehr in der bereichsübergreifenden Zusammenarbeit und gegenüber dem Vorstand.

Das hat Auswirkungen auf das Betriebsergebnis. Mögliche Synergien insbesondere bezüglich der Entwicklung elektronischer Basislösungen sowie bei der Gestaltung der notwendigen bereichsübergreifenden Arbeitsabläufe werden verschenkt. Bürokratien sind entstanden, die selbst einfachste Kommunikationsvorgänge zu komplizierten Entscheidungsprozessen entarten lassen, sobald Bereichsgrenzen überschritten werden.

Allerdings wurden die negativen Wirkungen teilweise von den Effekten der Umsatzausweitung und außerordentlichen Erträgen überdeckt. 1999 aber wurde das operative Ergebnis trotz des hohen Umsatzwachstums erstmalig negativ. Das deutete sich im Verlauf des Jahres zwar bereits an, wurde aber erst im Herbst in der Jahresvorschau des Controller-Dienstes der Konzernmutter offen gelegt.

Die Konsequenzen folgten unmittelbar und für den ABAG-Vorstand völlig unerwartet.

5.1.2 Im neuen Konzern Chancen nutzen

Als wir zur ABAG stießen, war sie die Tochter eines deutschen Traditionskonzerns, und die ABAG gehörte seit vielen Jahrzehnten dazu. Aber Traditionen gelten nicht für ewig. Anfang Oktober traf es die ABAG wie ein Schlag: Sie wurde verkauft. Die große Mehrheit ihrer Aktien hatte den Besitzer gewechselt. Über Nacht war sie die Tochter eines internationalen Konzerns mit Sitz in den USA geworden. Der Vorstand wurde personell verändert. Die vierte Überraschung, von der wir weiter oben gesprochen hatten, war perfekt.

Nun stand die Aufgabe einer strategischen Neuorientierung in einer vorher nicht erwarteten Dimension auf der Tagesordnung. Der neue Konzern forderte die Formulierung eines Leitbildes und eines Leitziels und deren Einbindung in die weltweite Konzernstrategie.

Und auch der neue ABAG-Vorstand wollte nicht auf den eingefahrenen Gleisen einfach weiterfahren. Er stellte sich drei Aufgaben:

- das Unternehmen stärker auf seine gemeinsamen Hauptkompetenzen zu konzentrieren,
- die Dissonanzen und fehlende Kommunikation in der Zusammenarbeit zwischen den verschiedenen Bereichen im Unternehmen abzubauen,
- die aus der Einbindung in den neuen Konzern erwachsenden Möglichkeiten als Chancen zu nutzen.

Dem neuen Vorstandsvorsitzenden war klar, dass es hier nicht nur um die Formulierung neuer Konzepte ging. Es ging um die Firmenkultur, um das Selbstverständnis des Unternehmens, um das Miteinander der Mitarbeiter im Unternehmen. Es ging darum, den Wechsel zum neuen Konzern als Impuls zu nutzen, eine neue, alle Seiten und Facetten der ABAG umschließende Strategie zu erarbeiten.

In diesem Kontext entstand die Idee, die Lösung der gestellten Aufgaben mit Hilfe einer Balanced Scorecard zu erreichen.

5.1.3 Quo vadis ABAG?

Aber es ging nicht gleich los. Bevor es zur Erarbeitung einer Balanced Scorecard im engeren Sinne kam, mussten einige Ausgangsfragen herausgearbeitet werden, ohne deren Beantwortung die Bestimmung der strategischen Ziele nur ungenau möglich wäre. Und parallel lief die Präzisierung des strategischen Planungsansatzes weiter.

Die Diskussionen um die strategischen Ausgangsfragen drehten sich vor allem um einen Punkt:

„Worin sieht die ABAG ihr eigentliches, ihr oberstes, allen anderen Zielstellungen übergeordnetes Ziel?“

Zunächst schien die Beantwortung ganz einfach. Der Konzern fordert von seinen Tochterunternehmen eine Kapitalverwertung[23] von 12,5 %. Damit ist die Zielmarke definiert.

Nur, ist es so einfach?

- Reicht es aus, dem Konzern die Wege der ABAG zu einer Kapitalverwertung von 12,5 % darzulegen? Oder ist es darüber hinaus für die nachhaltige Existenz der ABAG von entscheidendem Gewicht, im Gesamtkonzern eine eigenständige und für bestimmte Aufgabengebiete übergreifende Rolle zu spielen? Was heißt in diesem Zusammenhang „eigenständig“? Welche Aufgabengebiete könnte die ABAG für den Gesamtkonzern übernehmen?
- Welche Anforderungen stellen die Märkte an die Kompetenz der ABAG in fünf bis zehn Jahren? Was wird notwendig sein, um zukünftig am Markt zu bestehen? Und ist das Notwendige das Erstrebenswerte? Oder geht es um mehr und um wieviel mehr?
- Die unmittelbaren Erfahrungen hatten gezeigt, dass traditionelle Bindungen an Gewicht verlieren. Das könnte auch für den Verbund innerhalb der ABAG gelten. Worin liegt die Garantie, dass die strategischen Geschäftseinheiten der ABAG zusammenbleiben? Ist das überhaupt ein erstrebenswertes Ziel? Und wenn ja, warum?

23 Die Kapitalverwertung, hier gemessen am Verhältnis von operativem Ergebnis zum eingesetzten Betriebskapital mit der Kennzahl ROCE (Return On Capital Employed).

- Könnte es nicht das oberste Ziel der ABAG sein, sich selbst zu erhalten? Ein „Hort der Beständigkeit" in einer sich rasant verändernden Welt zu sein, ein Anker für die Beschäftigten? Könnte nicht gerade darin die größte Motivation für alle Beteiligten liegen? Nur was heißt, sich selbst erhalten? Wieviel und welche Veränderungen innerhalb der ABAG und ihrer Beziehungen zum wirtschaftlichen und gesellschaftlichen Umfeld werden erforderlich sein, um beständig zu bleiben?

Um diese Fragen beantworten zu können, wurde festgelegt, eine SWOT-Analyse[24] zu erstellen, die Stärken und Schwächen der ABAG sowie die zu erwartenden Chancen und Bedrohungen gegenüberzustellen. Darüber hinaus sollte mit Hilfe einer Portfolio-Analyse[25] die gegenwärtige Marktposition der ABAG bzw. ihrer Haupterzeugnisse dargestellt und der mit dem industriellen Planungskonzept vorgeschlagenen Entwicklung gegenübergestellt werden.

Neben diesen Ausgangsfragen drehte sich die Diskussion um ein weiteres Problem: Strategische Zielsetzung ist das eine. Nur, ohne strategisches Handeln ist alle Strategieentwicklung reine Zeitverschwendung. Strategisches

---

24 SWOT-Analyse = Untersuchungen von Strength (Stärken), Weakness (Schwächen), Opportunities (Chancen), Threats (Bedrohungen).

25 Portfolio-Analyse = von der Boston Consulting Group (BCG) entwickeltes Analyseinstrument für die Einschätzung der Marktposition von Produkten, Produktgruppen, Geschäftsfeldern etc.; in einem Koordinatensystem werden der eigene Marktanteil und die Marktexpansion in Beziehung zueinander gesetzt und für jedes Produkt etc. die entsprechende Position eingetragen (dabei werden je nach Umsatzanteil für jedes Produkt unterschiedlich große Kreise dargestellt). Der Grundgedanke des Portfolios ist, ein Gleichgewicht zwischen den Cash-flows zu erreichen. Produkte mit starkem Wachstum brauchen Kapitalspritzen, um zu wachsen. Produkte mit geringerem Wachstum sollten Überschüsse generieren. Beide Arten werden gleichzeitig gebraucht. Im Ergebnis entsteht bei der BCG eine 4-Felder-Matrix (McKinsey hat eine 9-Felder-Matrix entwickelt), aus der dann Schlussfolgerungen für die weitere Produktstrategie gezogen werden sollen („arme Hunde" für niedrigen Marktanteil und geringe bis negative Marktexpansion = abstoßen, wenn es nicht als notwendige „Beigabe" erforderlich ist; „Kassenkühe" für hohen Marktanteil und stagnierende bzw. nur gering expandierende Märkte = Geld abschöpfen solange es geht; „Stars" für hohen Marktanteil und hohe Marktexpansion = unbedingt ausbauen; „Fragezeichen"für niedrigen Marktanteil und hohe Marktexpansion = prüfen, ob hier in Entwicklung der Märkte investiert werden sollte). Kritiker bemängeln, dass diese Methode zu stark auf die Vergangenheit, auf das IST orientiert und zu wenig Raum lässt für innovative Sprünge. Henry Mintzberg schreibt beispielsweise, dass „was wie ein Star aussieht, (sich) bald als schwarzes Loch erweisen (kann), während ein armer Hund zum besten Freund seines Unternehmens werden kann. Und Kühe bringen neben dem altbekannten Produkt Milch auch Produktinnovationen (kleine Kälber) – beides allerdings nur so lange, wie ihnen der Bauer von Zeit zu Zeit eine kleine Romanze mit einem Stier gönnt." (a. a. O., S. 117).

Handeln aber setzt neben der Beachtung sachlicher Zwänge auch die Einbeziehung vielfältiger Faktoren des menschlichen Verhaltens voraus:

1. Individuelle Interessen und Machtverhältnisse

Gegenwärtig gibt es drei starke Königreiche und einen schwachen Kaiser. Das hatte zu der negativen Entwicklung maßgeblich beigetragen. Das erstmalige Auftreten von nennenswerten Verlusten, vor allem aber der unerwartete Verkauf des Unternehmens führte jetzt dazu, dass bei einer Reihe von Mitarbeitern das Problembewusstsein geschärft wurde. Eine gute Ausgangsposition, um zu Veränderungen zu kommen.

Allerdings war Vorsicht angesagt. Die Position der „Könige“ beruhte nicht unwesentlich auf ihren guten Kontakten zu wichtigen Kunden und auf einem beachtlichen Informationsmonopol über interne Prozessabläufe. Ohne oder gar gegen sie würden zumindest kurzfristig gravierende Änderungen eher kontraproduktive Wirkungen zeigen.

Aber auch externe Machtpositionen galt es zu berücksichtigen. Eine Strategie, die nicht den „Segen“ der Konzernmutter erhält, hat wenig Aussicht auf Erfolg.

2. Unternehmenskultur und damit verbundene gemeinschaftliche Interessen

Die meisten Mitarbeiter hatten sich mit dem System der Königreiche eingerichtet. Es gab ein WIR-Gefühl der strategischen Geschäftseinheiten, kein WIR-Gefühl der ABAG. Der Sinn für übergreifende Gemeinsamkeiten war weitgehend abhanden gekommen.

Allerdings hat auch in dieser Beziehung der Verkauf des Unternehmens für Nachdenklichkeit gesorgt. Nachdenklichkeit, ob gemeinsam die Überlebensmöglichkeiten nicht deutlich besser wären. Chancen, Ansatzpunkte zur Verbesserung des internen Klimas waren daher gegeben. Allerdings nicht auf ewig. Es galt sie jetzt zu nutzen. Und innerhalb der strategischen Geschäftseinheiten waren durchaus Motivation zur Leistung und Wille zur Teamarbeit vorhanden. Hieran konnte angeknüpft werden.

3. Erfahrungen, die nachhaltig das Verhalten der Mitarbeiter prägen sowie die Fähigkeit des Unternehmens, zu lernen und sich zu verändern

Zwei Erfahrungen hatten das Verhalten der Mitarbeiter bis hin zu den Führungskräften in den letzten Jahren maßgeblich beeinflusst.

Zum einen das „Vorhandensein“ ausreichender finanzieller Mittel für Investitionen. Diese Mittel waren nur zu einem geringen Teil aus der eigenen Kraft entsprungen. Die wesentlichen Beträge stammten aus fremden Quellen, d. h. aus Darlehen des ehemaligen Gesellschafters bzw. Bankkrediten. Der neue Gesellschafter war nicht gewillt, eine derartige Finanzpolitik fortzusetzen. Nur, im Bewusstsein der ABAG-Mitarbeiter war der Gedanke, die notwendigen Mittel für zukünftige Investitionen selbst zu erwirtschaften, etwas in den Hintergrund geraten. Es war ein Anspruchsdenken entstanden, das es zu ändern galt.

Zum anderen das ausgeprägte Misstrauen im Umgang miteinander. Drei Königreiche in einem Unternehmen wirken selten vertrauensbildend. Kungelei, Zurückhalten von Informationen und enorme Zeitverschwendung für die Erarbeitung von Verteidigungsstrategien sind die Konsequenz. Das macht die Erarbeitung einer Balanced Scorecard zur Umsetzung strategischer Ziele nicht leichter. Allerdings könnte gerade die gemeinsame Erfahrung aus diesem Prozess die Vertrauensbildung fördern. Bei ausreichender Geduld und persönlichem Vorleben von Vertrauen[26].

Außerdem hatte die ABAG auch interne Potenziale, aus ihren eigenen Fehlern zu lernen. Im mittleren Management, unter den Projektleitern[27], insbesondere im F+E-Bereich, war eine „neue Generation“ herangewachsen, die die bestehenden Strukturen und Rituale durchaus kritisch sah. Sie konnten als Verbündete gewonnen werden, die Königreiche konstruktiv aufzulösen und das Anspruchsdenken zu überwinden.

5.1.4 Das strategische Pflichtenheft

Im Ergebnis dieser ersten Diskussionen wurden zwei Festlegungen getroffen. Die erste

Es ist ein strategisches Pflichtenheft zu erarbeiten und der Konzernleitung zur Bestätigung vorzulegen.

Die Arbeit wurde geleistet; das vom Konzernvorstand bestätigte strategische Pflichtenheft der ABAG hat folgenden Aufbau:

26 Wir werden diesem Thema das 6. Kapitel widmen.
27 Allerdings verfügte die ABAG nicht in allen Bereichen über Projekterfahrung.

I. Rolle der ABAG im Konzern

Die ABAG verstärkt die Marktposition des Konzerns in Europa und Asien. Dazu übernimmt die ABAG die Führungs- und Koordinationsverantwortung für den Gesamtkonzern.

Die ABAG wird zum Wohl des Konzerns unter Wahrung ihrer eigenen Identität ihre Leistungsfähigkeit ausbauen. Das schließt die Gewährleistung finanzieller Unabhängigkeit ein.

Die ABAG leistet ihren Beitrag zum Konzernergebnis mit einem ROCE von 12,5 %. Sie strebt dieses Ziel schrittweise bis zum Jahr 2003 an.

II. Externe Diagnose

a) Absatzmarkt (Branchen, Produkte, Marktregionen)

Thesen

- Asien ist ein Wachstumsmarkt.
- Europa ist ein quantitativ stagnierender Markt.

Chancen

- Wachstumspotenziale nach Standorten und Volumina in den Hauptbranchen A, B, C ...

Bedrohungen

- Verlust von Marktanteilen und Kunden durch Einschränkung des Angebotsprogramms und zu starke Orientierung auf einzelne Branchen
- Steigende Kundenansprüche bei sinkendem Preis-/Leistungsverhältnis

b) Technologische Entwicklung

Thesen

- Neue Produktqualitäten und zurückgehender Materialeinsatz
- Steigender Anteil der Veredlung (gemessen an der Differenz zwischen den gewichteten Ø-Einkaufspreisen und Ø-Verkaufspreisen über alle Produktgruppen) bei sich verändernder qualitativer Struktur
- Wachsender Anteil Komponentenfertigung

Chancen

- Ableitung der qualitativen und technologischen Anforderungen zur Deckung des sich verändernden Produktbedarfs
- Ableitung von Anforderungen aus sich verändernden Umweltbedingungen und -standards

Bedrohungen

- Verstärkter Wettbewerb durch Billigproduzenten aus dem asiatischen Raum
- Substitutionsprozesse

c) Wettbewerb

Thesen

- Konzentrationsprozesse bei Anbietern und Abnehmern
- Wachsende Produktionskapazitäten

Chancen

- Teilnahme am Konzentrationsprozess durch Akquisitionen, Beteiligungen und Neuanlagen
- Zusätzliche Marktchancen durch flexible Nischenproduktion

Bedrohungen

- Mengen- und Preiskonsequenzen infolge steigender Kapazitäten für die Hauptprodukte (nach Produktgruppen differenziert)
- Fortschreitendes Leistungsangebot bestimmter Produzenten (Osteuropa, Asien, Merkosur[28] ...)
- Vordringen globaler Anbieter in den Zielregionen
- Veränderungen der terms of trade (zyklische Schwankungen, Währungsturbulenzen, Handelsabkommen)

d) Beschaffungsmarkt

Thesen

- Konzentrationsprozesse bei Anbietern und Verbrauchern
- Europa bleibt wichtigster Beschaffungsmarkt für die ABAG

Chancen

- Ausbau der traditionellen Einkaufsbeziehungen zu Europa
- Gebündelter Einkauf über die Konzernorganisation

Bedrohungen

- Wachsende Abhängigkeit von einzelnen Lieferanten
- Veränderungen der terms of trade (zyklische Schwankungen, Währungsturbulenzen, Handelsabkommen)

28 Merkosur ist der wirtschaftspolitische Verbund südamerikanischer Staaten ähnlich der Europäischen Wirtschaftsgemeinschaft in ihren Anfangsjahren.

III. Interne Diagnose

a) Kundenbeziehungen

Thesen
- Die ABAG konzentriert sich auf die Festigung und den Ausbau seiner langfristigen stabilen Kundenbeziehungen in Europa und Asien.

Stärken
- Stabile Beziehungen zu Komplettabnehmern
- Traditionelle Beziehungen zu Abnehmern in Europa und Asien
- Nutzung von Möglichkeiten der Komplettierung im Rahmen des Gesamtkonzerns

Schwächen
- Langfristig ungenügende Veredlungskapazitäten in den Produktgruppen...
- Schwacher technischer Kundendienst (Kundennachsorge, gemeinsame Entwicklungen...)

b) Standort

Thesen
- Die ABAG wird zu einem vorteilhaften Standort für den Konzern entwickelt.

Stärken
- Kompakter Industriestandort mit genehmigten Erweiterungsflächen
- Vollständig integrierte technologische Einheit an einem Standort mit Erweiterungspotenzial
- Kostengünstige Beschaffung von Hauptrohstoffen aus...

Schwächen
- Vergleichsweise hohe Logistikkosten für andere Rohstoffe und die Hauptprodukte
- Unzureichende Attraktivität des Standortes für Spezialisten und Führungskräfte

c) Mitarbeiter/Organisation

Thesen
- Nutzung des Ideenreichtums der Mitarbeiter als Voraussetzung für die Leistungs- und Produktivitätsentwicklung

Stärken

- Motivierte und ergebnisorientierte Mitarbeiter innerhalb der strategischen Geschäftseinheiten, hohes Wissenspotenzial im Unternehmen und in der Region
- Wille zur Teamarbeit
- Effektive Ablauforganisation und ergebnisorientierter KVP in den strategischen Geschäftseinheiten, laufender EFQM-Prozess

Schwächen

- Kommunikation zwischen den strategischen Geschäftseinheiten
- Unzureichende Entwicklung von Führungsnachwuchs
- Ungenügender Ausgleich steigender Personalkosten durch innere Rationalisierung und steigende Wertschöpfung

IV. Strategische Ziele bis 2005

a) Ausbau des Kerngeschäfts

- Steigerung der Absatzanteile in Asien auf ... %
- Verbesserte Produktstruktur
  - hochwertige Sonderprodukte (A, B ...) von ... % auf ... %
  - Anteil Branche A von ... % auf ... %
  - Komponentenfertigung auf >pu sp%
- Erhöhung der Wettbewerbsfähigkeit in Qualität, Produktivität, Kosten und Kundenservice

b) Verbesserung der Umwelt

- Aufbau eines Umweltmanagementsystems

c) Soziale und ergebnisorientierte Mitarbeiterpolitik

- Teamkonzepte zur Förderung hochqualifizierter und motivierter Mitarbeiter
- Nachwuchsgewinnung und Entwicklung von Führungskräften

V. Strategischer Planungsansatz

a) Basisplan 2000

b) Strategischer Plan bis 2005 auf der Basis von alternativen Entwicklungsvarianten für die Produktgruppen

VI. Aktionsplan

a) Grundlagen

- Schwerpunkt des Grundlagenplans sind detaillierte terminierte Aufgabenstellungen an verschiedene Führungskräfte zur Erarbeitung analytischer Materialien entsprechend den Schwerpunkten des Pflichtenheftes.

b) Aktionsplan bis 2005

- Der Aktionsplan konzentriert sich im Wesentlichen auf die Entscheidungsvorbereitung für die im Zeitraum bis 2005 wirksam werdenden Investitionen (es geht um ein Volumen von etwa 450 Mio. €).

c) Aktionsplan Vorbereitung auf 2005 bis 2010

- Dieser Teil des Aktionsplanes dient der Bestimmung jener Alternativen, die in den nächsten zwei bis drei Jahren zur Entscheidungsreife geführt werden sollen.

d) Arbeitsgruppen

- Marktstrategie in Europa und Asien (I: intern; II: mit der Konzernleitung)
- Produktstrategie (I: intern; II: mit der Konzernleitung)
- Strategisches Konzept (I: intern; II: mit der Konzernleitung)
- Sensitivität und Risikobetrachtung (intern)
- Personalentwicklung, Wissensmanagement und Produktivität (intern)

VII. Terminplan

5.1.5 Die Erarbeitung einer Balanced Scorecard

Dies war die zweite Festlegung:

Parallel zum Pflichtenheft ist die Erarbeitung einer Balanced Scorecard in Angriff zu nehmen.

Man mag über diese zweite Festlegung streiten. Die „wissenschaftliche Reinheit“ verlangt wohl ausreichende strategische Überlegungen, ehe man mit der Umsetzung strategischer Ziele in den unternehmerischen Alltag beginnen kann. Aber können wir uns immer die dazu ausreichende Zeit nehmen? Und wann sind strategische Überlegungen so weit fortgeschritten, dass sie für eine Balanced Scorecard „taugen“?

Wir halten die parallele Bearbeitung strategischer Grundfragen und die Arbeit mit einer Balanced Scorecard nicht nur für möglich, sondern für notwendig. Denn eine Balanced Scorecard ist niemals „fertig". Sie spiegelt einen bestimmten Arbeitsstand wider und sollte den sich ändernden strategischen Bedingungen angepasst werden. Eine sich herausbildende strategische Chance werden wir doch nicht deswegen ungenutzt verstreichen lassen, nur weil sie uns zum Zeitpunkt der Erarbeitung unserer Balanced Scorecard nicht bewusst war! Aber auch umgekehrt: ganz egal, wie lange wir strategisch vordenken. Selbst wenn wir glauben, „fertig" zu sein, wird es weitere Veränderungen, neue Chancen, neue Bedrohungen geben.

Also fangen wir an mit dem strategischen Wissen, über das wir gegenwärtig verfügen. Und erweitern wir dieses strategische Wissen permanent. Durch strategische Zirkel, durch Studien, durch geeignete Arbeitsgruppen. Und parallel dazu sollten wir dafür sorgen, dass unsere strategischen Ziele – so unfertig sie zum Zeitpunkt auch sein mögen – im unternehmerischen Alltag praktisch gelebt werden. Lieber 80 %-ige Lösungen realisieren, als 100 %-ige Träume ewig zu perfektionieren und niemals umzusetzen. Auf diese Weise können wir gewährleisten, dass unsere Balanced Scorecard überhaupt erst einmal entsteht. Und wenn wir gleichzeitig die strategische Arbeit konsequent fortsetzen, werden wir dafür Sorge tragen, dass die Balanced Scorecard nicht veraltet und wir zum Schluss nicht Strategien leben, die nur noch in unserer Phantasie, aber nicht mehr im realen Alltag Bestand haben.

Und so wurde mit der Erarbeitung einer Balanced Scorecard begonnen. Wir wollen uns im Folgenden diesem Prozess zuwenden.

5.2 Die Zielfindung

Die Zielfindung ist ein Prozess, der uns im Verlaufe der Erarbeitung einer Balanced Scorecard immer wieder und teilweise in ganz verschiedener Form, in ganz anderem Kontext begegnet.

- Da sind zum einen die übergreifenden Ziele, unsere Vision, die wir als Leitvorstellung, als grundlegende Orientierung all unserem Handeln voranstellen wollen. Sie ist normalerweise sehr allgemein gehalten, kann vieles umschließen und sollte es auch. Unsere grundlegenden Orientierungen wollen wir ja nicht wechseln wie unsere Hemden. Sie geben unserem Handeln eine gewisse Stabilität und Beständigkeit.

- Da sind zum zweiten die strategischen Wege, die wir definieren, um unsere Aktionen konsequent auf das Leitziel des Unternehmens, auf unsere Vision zu orientieren. Aber wir wissen ja, manchmal ist auch der Weg ein Ziel. Zumindest bestimmen wir gern Meilensteine, um uns auf einem eingeschlagenen Weg zurechtzufinden. Um die Orientierung nicht zu verlieren.
- Da sind zum dritten die strategischen Aktionen, die wir auswählen, um unsere Strategie mit Leben zu erfüllen. Und auch für die Aktionen benötigen wir Ziele. Konkrete Ziele, denn es geht um konkretes Handeln. Je genauer wir diese Ziele bestimmen, umso besser können wir Kennzahlen finden, um Verlauf und Erfolg der Aktionen zu messen.
- Da sind zum vierten die strategischen Projekte, in denen wir die ausgewählten Aktionen bündeln, um unsere Kräfte zu konzentrieren und ein führungsfähiges Netzwerk von Verantwortlichen zu knüpfen. Für die strategischen Projekte formulieren wir wiederum Ziele. Denn auch deren Verlauf und Erfolg wollen wir messen. Und woran wollen wir uns messen, wenn nicht an den Zielen, die wir uns setzen?
- Da sind zum fünften die vielen operativen Routineaufgaben mit ihren diversen Detailzielen und Kennzahlen. Das Tagesgeschäft in der Fertigung, in der Arbeitsvorbereitung, in der Bestandswirtschaft, im Qualitätswesen, in der Forschung, Entwicklung und Anwendungstechnik, im Einkauf, im Verkauf, im Marketing, im Personalwesen, in der Dokumentation, im Rechnungswesen, und, und, und.
- Und schließlich haben wir es immer wieder mit so genannten „Feuerwehr"-Aktionen zu tun. Ungeplante, unvorhergesehene oder einfach nur zeitlich vorgezogene oder komprimierte Aktionen, die ebenso ihre Ziele haben, auch wenn diese nicht immer eindeutig definiert sind.

Wenn wir von Zielen reden, sollten wir daher deutlich aussprechen, in welchem Zielfeld wir uns bewegen. Geht es um strategische Zukunftsgestaltung, um Routineaufgaben oder um „Feuerwehr"-Aktionen?

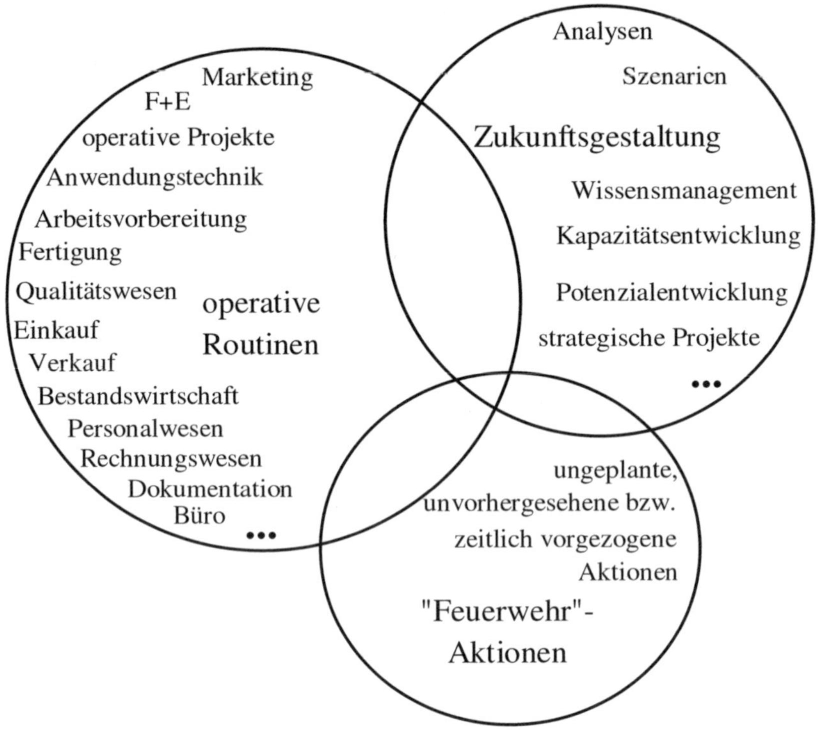

Abb. 31: Zielfelder

Und wenn wir uns die Zielfelder in Abb. 31 so anschauen, können wir eines mit Gewissheit sagen: Ziele und darauf ausgerichtete Kennzahlen haben wir eigentlich genug. Meistens mehr als genug. Wir werden von ihnen erschlagen. Wenn wir das Chaos handhabbar gestalten wollen, müssen wir uns konzentrieren. Müssen wir Strukturen schaffen. Strukturen, mit deren Hilfe wir Wichtiges von weniger Wichtigem trennen können.

Dabei gilt die Einstufung der Ziele in „Kategorien der Wichtigkeit" nicht generell für unser gesamtes Unternehmen. Für den Vorstand der ABAG werden andere Ziele wichtig sein als z. B. für die Mitarbeiter der Bauelementefertigung. Das liegt in der Natur der Sache, wird aber oft vergessen! Der Vorstand wird sich an der Gewinnentwicklung, am Umsatzwachstum, an der Entwicklung des ROCE des Gesamtunternehmens messen lassen müssen. Den Mitarbeitern der Bauelementefertigung wird allein der Begriff des „Return On Capital Employed" schwer zu vermitteln sein. Für sie dürfte die Ausschussrate oder die Effekte aus der Umsetzung von KVP[29]-Vorschlägen ein eher geeigneter Maßstab sein.

Aber es geht nicht nur um die Wichtigkeit. Wir brauchen auch eine Hierarchie der Ziele.

Nicht um eine durchgängige Verknüpfung und Durchrechenbarkeit anzustreben. Das ist Illusion oder die Vorspiegelung einer Transparenz, die in der Realität nicht gegeben ist. Wie bereits mehrfach betont sind Ziele zur Führung von Menschen keine rein technische Sache. Wenn wir sie auf ihre technische Seite reduzieren, werden wir unserer Führungsaufgabe nicht gerecht werden. Aber genau das ist das Resultat, sobald wir „Durchrechenbarkeit" anstreben. Sobald wir anfangen, Ziele so vergleichbar zu konstruieren, dass sie über alle Hierarchiestufen, Bereiche, Profitcenter, strategische Geschäftseinheiten etc. kombiniert und aggregiert werden können. Sobald wir zu diesem Zweck unsere Ziele auf reine Zahlen reduzieren. Sobald wir sie in das technische System einer EDV zwingen[30].

Was wir brauchen ist eine Hierarchie nach Ober- und Unterbegriffen. Eine Hierarchie von mehr allgemeinen, übergreifenden Zielen wie dem ROCE oder der Marktposition hin zu abgeleiteten, mehr konkreten Zielen des unmittelbaren Tuns wie die Verkürzung der Durchlaufzeit eines Produkts, die Erreichung einer bestimmten Anzahl von Presseveröffentlichungen oder die Erhöhung der Zugriffszahl auf das eigene Internetangebot. Wir benötigen beides. Allgemeine Ziele, um den Überblick zu behalten. Konkrete Ziele für die praktischen Aktionen[31].

---

29 Kontinuierlicher Verbesserungsprozess.

30 Um Missverständnissen vorzubeugen: Die EDV kann uns hervorragende Dienste bei der Bewältigung der enormen Informationsströme leisten. Ohne EDV ist eine moderne Leistungsgesellschaft überhaupt nicht mehr denkbar. Aber die EDV muss Dienstleister, muss Hilfsmittel bleiben. Sie darf nicht umgekehrt zu einer technischen Zwangsjacke für unser Handeln werden.

31 Darüber hinaus werden wir zwangsläufig mit den Zielen unserer externen Berichterstattung (Bilanz, Gewinn- und Verlustrechnung etc.) konfrontiert. Diese Berichterstattung spielt für die Beziehungen der ABAG zur Konzernmutter eine wichtige Rolle. Sie ist zwar nicht unmittelbarer Gegenstand einer Balanced Scorecard. Sie kann aber die konkrete Ausgestaltung einer Balanced Scorecard unmittelbar beeinflussen. Das gilt umso stärker, als gegenwärtig ein Trend zu beobachten ist, Kennzahlen „der" Balanced Scorecard in das Berichtswesen großer Konzerne einzubinden und entsprechende Informationen von den verbundenen Unternehmen zu verlangen.

Und wir brauchen eine zeitliche Differenzierung unserer Ziele. Wenn wir beispielsweise als strategisches Projekt den Aufbau eines wirksamen eCommerce-Angebots anstreben, werden wir vielleicht im ersten Jahr die Erarbeitung und Umsetzung der Konzeption für den Internetauftritt und dementsprechende Meilensteine zum Ziel haben. Im zweiten Jahr könnte unser Ziel vorrangig im Erlangen eines ausreichenden Bekanntheitsgrades und entsprechend wachsenden Zugriffszahlen liegen. Im dritten Jahr streben wir eine signifikante Steigerung des Umsatzes aus eCommerce an. Und im vierten Jahr wollen wir einen positiven Cash-flow erreichen, sollen die Einzahlungen aus eCommerce die diesbezüglichen Auszahlungen übersteigen. Im fünften Jahr schließlich soll der positive Cash-flow solche Dimensionen erreichen, dass die gesamte Vorfinanzierung (die negativen Cash-flows der Vorjahre) ausgeglichen wird.

Durch die zeitliche Differenzierung der Ziele ermöglichen wir auch eine zeitnahe Führung der verantwortlichen Mitarbeiter durch geeignete Kennzahlen. Der Profit oder Cash-flow sagt in den ersten Jahren zu wenig aus über Verlauf und Erfolg unseres Projekts. Im ersten Jahr wird es die termingerechte und inhaltliche Erfüllung der Meilensteine sein. Im zweiten Jahr die Zahl der Zugriffe (Hits) auf unsere Internetseite. Im dritten Jahr der Umsatz aus eCommerce. Erst ab dem vierten Jahr würde der Cash-flow eine geeignete Führungskennzahl sein.

Das strategische Ziel dürfen wir nie aus den Augen verlieren: aus dem eCommerce ein wirkliches Geschäft zu generieren, das sich in einem positiven Cash-flow niederschlägt. Aber die Erreichung des Ziels liegt erst am Ende eines mehrjährigen Prozesses. Und die menschliche Psyche verführt uns dazu, entferntere Ziele nicht ganz so ernst zu nehmen wie nahe liegende.

Auch deshalb benötigen wir zeitlich differenzierte Ziele. Um dran zu bleiben an den aktuellen Aufgaben. Um die verantwortlichen Akteure über den gesamten Prozess wirksam führen zu können.

Wenn wir unsere verschiedenen Ziele nach Hierarchie und Wichtigkeit und zeitlichem Wandel strukturieren, müssen wir auch beachten, dass unser strategisches Handeln eher aufgabenorientiert ist, während die Lösung der Routineaufgaben eher funktionsbezogen erfolgt. Daraus resultieren zum Teil erhebliche Probleme und manchmal fast unüberwindliche Barrieren.

Die Balanced Scorecard kann uns dabei helfen, diese Barrieren zu überwinden. Es ist ihr erklärtes Ziel, strategische Ziele im unternehmerischen Alltag zu verankern. Und das heißt ja nichts anderes, als strategisches und operatives Denken und Handeln einander näher zu bringen. Sie miteinander zu verbinden. In der Konsequenz kann die Balanced Scorecard uns dabei helfen, die gegensätzlichen Unterschiede und die daraus erwachsenden Konfliktpotenziale zwischen strategischen Projekten, also Zukunftsbearbeitung und operativem Tagesgeschäft aus einer eher destruktiven Gefahr in einen konstruktiven Kraftquell für die Stabilisierung und Weiterentwicklung unseres Unternehmens zu wandeln.

Wir müssen uns allerdings der bestehenden Probleme bewusst sein. Wir dürfen sie nicht ignorieren oder einfach beiseite schieben. Im Gegenteil. Bereits im Vorfeld der Erarbeitung einer Balanced Scorecard sollten wir uns auf mögliche Zielkonflikte einstellen. Auf mögliche Konflikte zwischen dem mehr aufgaben- und projektbezogenen Netzwerk von Verantwortlichen für strategische Entwicklungen und Projekte und dem zumindest im Bereich der Routineaufgaben zweckmäßigerweise bestehenden funktionsbezogenen Netzwerk von Führungskräften.

Aufgrund der traditionellen Dominanz der operativen Tätigkeiten und des operativen Denkens haben wir es im Allgemeinen mit einer fest verwurzelten Vormachtstellung des funktionsbezogenen Netzwerkes zu tun, die wir mit der Balanced Scorecard infrage stellen.

Und je weniger unser Unternehmen bisher Erfahrungen mit dem Managen von Projekten gesammelt hat, umso stärker ist diese Dominanz ausgebaut. Da hilft nur Geduld, Sensibilität für die Befindlichkeiten aller Beteiligten und die Bereitschaft, für unser Unternehmen neue Wege zu gehen. Ungewohnte Wege hin zur Überwindung ausschließlich funktionaler Strukturen, hin zu mehr projektbezogener Führungstätigkeit.

Wenn wir uns eine Struktur unserer Ziele hinsichtlich Wichtigkeit und Hierarchie schaffen, sollten wir auch beachten, dass wir all dies unter dem Aspekt betrachten wollen, uns zu konzentrieren. Denn es ist ja nicht allein die Informationsflut, die von dem Übermaß an Zielen ausgeht. Eine Informationsflut, die uns zu ersticken droht.

Es sind auch zu viele Kennzahlen, die an den Zielen hängen. Und jede Kennzahl kostet Geld. Das ist zwar banal, wird aber im normalen Alltag üblicherweise nicht beachtet.

Kennzahlen kosten Geld und Zeit!

Wissen wir eigentlich, was uns die Kennzahlen an Geld und Zeit kosten? Für die Erfassung der erforderlichen Basisdaten. Für die Aufbereitung der Basisdaten. Für die Zusammenfassung verschiedener Basisdaten zu Kennzahlen. Für die Übermittlung und Weiterleitung der Kennzahlen. Für ihre Verdichtung und Interpretation. Für ihre Auswertung und Diskussion. Und – sofern Misstrauen unsere Führungskultur dominiert – für die Ausarbeitung von Verteidigungsstrategien.

Wie effektiv gehen wir mit diesem Geld und dieser Zeit um? Allein diese Frage ist es wert, uns auf wenige, auf die entscheidenden Führungskennzahlen zu konzentrieren!

Nachdem wir uns sensibilisiert haben für die verschiedenen Zielfelder, für die Vielzahl denkbarer Konfliktpotenziale, für die enormen Möglichkeiten zur Rationalisierung unserer Führungsarbeit mit Zielen und den daran gebundenen Kennzahlen, wollen wir uns wieder der ABAG zuwenden und ihre ersten Schritte auf dem Weg zu einer, zu ihrer Balanced Scorecard begleiten.

Wie bereits im zweiten Kapitel erläutert, beginnen wir die Arbeit an einer Balanced Scorecard mit der Konkretisierung der eher bildhaften strategischen Zielvorstellungen. Dabei sind zunächst zwei Aufgaben zu lösen:

- die Erarbeitung eines Leitbildes, einer Mission
- die Erarbeitung eines Leitzieles, einer quantifizierten Vision

5.2.1 Die Mission – das Leitbild des Unternehmens

Mit der Mission, dem Leitbild, schaffen wir uns eine Beschreibung unseres Selbstverständnisses. Wir gehen den Fragen nach: Wie wollen wir gesehen werden? Was sollen unsere Kunden, unsere Partner, was sollen all jene, die mit uns zusammenarbeiten, von uns denken? Welches Bild von uns, welche Gefühle und Intentionen sollen sie in ihrem „Hinterkopf" speichern? Woran sollen sie ganz spontan denken, wenn sie unseren Namen hören, unser Logo sehen? Wenn sie ein Problem haben, das wir lösen könnten?

Und so hat sich die Führungscrew der ABAG, verstärkt um einige leitende Mitarbeiter der zweiten Ebene, zusammengesetzt und mit den Problemkomplexen befasst:

- Wer wollen wir sein?
- Was bieten wir an?
- Wie wollen wir sein?

In der Konsequenz war dann die Frage zu beantworten:

- Wie treten wir auf?
- Wer wollen wir sein?

Hierbei geht es vor allem um die Kompetenz. Auf welchen Sach- und geografischen Gebieten wollen wir als kompetent gelten?

Die „ABAG-Runde" hat sich in diesem Zusammenhang bemüht, ihre Kompetenzen zu unterteilen in Hauptgebiete und Nebengebiete. Und darüber hinaus, den jeweiligen Grad an Kompetenz zu bestimmen, den sie vermitteln will. Sollen die gegenwärtigen, aber auch die zukünftigen, potenziellen Kunden die ABAG im jeweiligen Gebiet wahrnehmen

- als die Nummer 1
- als Experten der Spitzengruppe oder
- als ein Kompetenzträger unter vielen?

Die Beschäftigung mit diesen Fragen zeigt auch schon das weiter oben dargestellte strategische Pflichtenheft.

Die entscheidende und ausbaufähige Kompetenz wird in der Bereitstellung kompletter Leistungen rund um die Lieferung von Bauteilen für die elektronische Lenkung und Steuerung von Luft- und Wasserfahrzeugen sowie Baumaschinen gesehen. Dabei besteht die Chance, vor allem im Consulting (Beratung) und Engineering (technische Entwicklung) eine führende Position in Europa und Asien mit starken traditionellen Kundenbindungen zu erreichen. Das Know-how, das Expertenwissen um kundenspezifische Problemlösungen ist in der ABAG vorhanden. Es ist ein gemeinsames Know-how der ABAG, weniger der einzelnen strategischen Geschäftseinheiten.

Andere Regionen sollen eher im Zusammenwirken mit der neuen Konzernmutter erschlossen werden. Hier kann die ABAG zumindest für den im Rahmen dieser Balanced Scorecard angedachten Zeitraum „nur“ als Experte der Spitzengruppe gelten. Mehr lässt der Wettbewerb derzeit nicht zu.

- Was bieten wir an?

Anfangs drehte sich die gesamte Diskussion um den Komplex der angebotenen Produkte und Leistungen. Dann kamen wir zu dem Punkt, dass es eigentlich nur vordergründig um die Produkte und Leistungen geht. Die Kernfrage lautet anders:

Welche Bedürfnisse unserer (potenziellen) Kunden wollen wir befriedigen bzw. für welche ihrer Probleme haben wir eine Lösung?

Und eine zweite Frage schließt sich nahtlos an:

Worin besteht die Besonderheit unseres Angebots zur Befriedigung der Bedürfnisse unserer Kunden bzw. zur Lösung ihrer Probleme?

Insbesondere die zweite Frage war nicht leicht zu beantworten. Die Antwort ist aber wichtig, wenn auch für die Zukunft gewährleistet werden soll, dass in genügendem Umfang Kunden ihre Probleme gemeinsam mit der ABAG lösen wollen und nicht zu Wettbewerbern gehen.

Und die Diskussion führte noch zu einer dritten Frage:

Welche ethischen Grundsätze verbinden wir mit unserem Angebot?

Geht es uns eher um Hilfe zur Selbsthilfe oder wollen wir letztlich den Kunden von unserer Leistung abhängig machen? Präferieren wir eher nachhaltige oder eher kurzlebige Lösungen? Und wie halten wir es mit humanitären Prinzipien, mit dem Umweltschutz?

Wir sollten nicht darauf spekulieren, dass wir dieser Frage ausweichen können. Spätestens seit dem „Brent-Spar-Debakel“ der Shell AG müsste zumindest allen Führungskräften klar sein, dass ethische Grundsätze ein immenser Faktor sind. Auch wirtschaftlich.

Und dass wir immer ethische Grundsätze vermitteln! Ob wir uns dessen bewusst sind oder nicht.

Die „ABAG-Runde“ kam zu dem Ergebnis, dass das Image des Bauteilelieferanten geändert werden muss. Hin zum Image eines kompetenten Anbieters komplexer Lösungen für die Lenkung und Steuerung von Luft- und Wasserfahrzeugen sowie Baumaschinen.

Dabei sollen die Leistungen der ABAG auch die Schulung ihrer Kunden einschließen, um eigenständige Detaillösungen zu entwickeln. Allerdings nur soweit, wie es die flexiblen Möglichkeiten der Bauelemente erlauben. Für grundsätzliche Weiterentwicklungen sind gemeinsame Entwicklungsteams vorgesehen.

- Wie wollen wir sein?

Welche Sinnlichkeit wollen wir vermitteln? Wieder ein nicht so leicht fassbarer Faktor. Ein Faktor, dessen Wirksamkeit von den allermeisten Menschen total unterschätzt wird. Aber er hat entscheidendes Gewicht für die Vorauswahl unserer Kunden. „Die Chemie muss stimmen", heißt es. Und sie sollte passen zu unserem Kompetenzanspruch, zur Besonderheit und Ethik unseres Angebots. Und zur Erwartungswelt, zur Kultur unserer Kunden.

Also sachlich unterkühlte Distanz oder einfühlsame Nähe? Wissenschaftliche Tiefe oder praktische Verständlichkeit? Seriöser Humor oder deftige „Kumpelhaftigkeit"? Überlegene Selbstsicherheit oder konstruktiv kritische Lösungssuche? Wir könnten die Reihe fortsetzen. Und es ist mit der Sinnlichkeit wie mit der Ethik. Wir vermitteln sie immer, ob wir uns dessen bewusst sind oder nicht.

An diesem Punkt konnte im ersten Workshop der ABAG zur Balanced Scorecard kein Ergebnis erzielt werden. Mit den Fragen der Sinnlichkeit des eigenen Angebots hatte sich noch keiner aus der versammelten Runde ernsthaft beschäftigt. Es gab ein Corporate Design. Eine Marketingagentur hatte es erarbeitet. Weil es dazu gehört. Weil heutzutage jedes Unternehmen, das etwas auf sich hält, ein Corporate Design hat.

Aber mit seiner Botschaft, mit seiner Wirkung auf das eigene Selbstverständnis zum einen und auf das innere Bild bei den Kunden und Partnern der Firma zum anderen hatte sich noch keiner auseinander gesetzt.

Und, Hand auf's Herz, in welcher Firma wird der Sinnlichkeit des eigenen Angebots, des eigenen Auftretens wirkliche Aufmerksamkeit entgegengebracht? Der nonverbalen Wirkung unserer Mitarbeiter und Führungskräfte? Der Ausstrahlung des Gebäudes, in dem wir unsere Kunden empfangen?

Es gibt Anfänge, erste Wege zur intensiven Nutzung der Sinnlichkeit. Einzelhandelsgeschäfte z. B. werden in wachsendem Maße mit Musik beschallt, weil Untersuchungen ergeben haben, dass Musik zum längeren Verweilen animiert, sofern sie zum gewünschten Kundenkreis passt. Und französischer Wein wird eher gekauft zu Klängen einer Musette; deutscher Wein eher zu Klängen von Blasmusik – wir möchten dies konstatieren, auch wenn wir persönlich dieser Entwicklung nicht wohlwollend gegenüberstehen.

Diese Erkenntnis hat sich inzwischen so weit durchgesetzt, dass es spezialisierte Produzenten gibt, die gezielt Käufer stimulierende Musik erzeugen.

Aber in der übrigen Wirtschaft ist man von der zielgerichteten Nutzung des Faktors Sinnlichkeit noch meilenweit entfernt. Das gilt auch für die ABAG. Vielleicht wird eines Tages ein strategisches Projekt zur Verkaufsförderung durch Sinnlichkeit gestartet. Heute steht es noch nicht auf der Tagesordnung.

- Wie treten wir auf?

Das äußere Erscheinungsbild unseres Unternehmens transportiert unsere Mission!

Es wird getragen von

- der zentralen Botschaft (Slogan)
- dem Corporate Design
- dem Marktauftritt (= Kundenkontakt) aller Mitarbeiter

Welche Facetten unseres Erscheinungsbildes entsprechen am besten unserem Kompetenzanspruch und der gewollten Sinnlichkeit unseres Angebots? Welche Facetten wirken kontraproduktiv?

> Aber ob unser Erscheinungsbild zu uns passt, können wir erst wissen, wenn wir herausgefunden haben, wer wir sein wollen, wie wir sein wollen und worin das Besondere unseres Angebots besteht!

Anderenfalls bleibt uns nur unser Gefühl. Und damit sind wir sofort wieder beim Faktor Sinnlichkeit. Und unserer Ethik. Wir können ihnen nicht entgehen. Und wir nutzen sie auch instinktiv. Aber in den seltensten Fällen setzen wir sie bewusst und zielgerichtet als wirksame Instrumente im Bemühen um Marktanteile ein.

Und in den seltensten Fällen schulen wir unsere Mitarbeiter für diesen Zweck. Bestenfalls findet ein Verkaufstraining unserer Vertriebsmitarbeiter statt. Aber Kundenkontakte werden von wesentlich mehr Mitarbeitern realisiert. Das beginnt beim Pförtner und endet nicht bei der Finanzbuchhaltung. Doch diese Mitarbeiter werden diesbezüglich nicht geschult. Und so vermitteln sie nur in Ausnahmefällen bewusst jenes Bild von unserem Unternehmen, das wir als unser Selbstverständnis, unsere Mission betrachten.

Am ehesten funktioniert noch die Geschichte mit dem Slogan! Das hat sich inzwischen herumgesprochen. Und auch, dass es ein möglichst kurzer, einprägsamer Spruch sein sollte.

„*Otto find ich gut!*" hat einen Bekanntheitsgrad erreicht, der – sofern man Umfragen trauen kann – den des Bundeskanzlers übersteigt. Und solange der Otto-Versand dem damit verbundenen Anspruch auch gerecht werden kann, wird dieser Slogan verkaufswirksam sein.

„*Wir können alles – außer hochdeutsch*" hat neben dem Anspruch an die eigene Leistung auch Witz. Und der Slogan passt. Kein anderes deutsches Bundesland außer Baden-Württemberg könnte ihn glaubhaft präsentieren. Diese glückliche Kombination zueinander passender Charakteristika hat dem Slogan schnell zu hoher Wirksamkeit verholfen.

„*Beat the Heat – XYZ Ceramics*" hat ein weltweit tätiger technischer Keramikhersteller aus Deutschland seine Mission als Slogan formuliert. Seine Produkte dienen vor allem dem Handling superheißer Medien.

Unter diesem Slogan wird das Unternehmen sein Corporate Design neu überdenken.

Aber der mit dem eigenen Slogan geweckte Anspruch muss im Alltag gelebt werden. Anderenfalls kann ein Slogan auch in sein Gegenteil umschlagen. Opel und Ford haben diesbezüglich leidvolle Erfahrungen.

Die ABAG-Runde hatte in ihrem Workshop zur Balanced Scorecard einen Arbeitsslogan für die ABAG-Mission entwickelt:

„*Innovative Lösungen für Ihre Elektronikprobleme*"

Es sollte das neue Image als innovativer Problemlöser zum Ausdruck bringen. Aber so richtig glücklich waren sie mit dem Ergebnis nicht. Deshalb wurde ein Ideenwettbewerb im Unternehmen ausgeschrieben. Er soll Ideen wecken und motivieren. Und vielleicht bringt er ja den zündenden Gedanken[32].

5.2.2 Die Vision – das (quantifizierte) Leitziel des Unternehmens

Mit der Vision wollen wir das oberste Ziel unseres Unternehmens zum Ausdruck bringen. Das ist nicht immer so einfach. Weil es zumeist hinter finanziellen Zielstellungen verborgen ist. Die Finanzen sind wie der Blutkreislauf eine existenzielle Voraussetzung für unternehmerische Tätigkeit. Aber wie ein funktionierender Blutkreislauf normalerweise nicht das Ziel unseres Lebens darstellt sind es auch nicht die Finanzen für unser Unternehmen. Wir merken es immer dann, wenn wir uns zwingen zu erläutern, warum wir bestimmte finanzielle Ziele wie Umsatzsteigerungen oder Rentabilitätsgrade ansteuern. Dann müssen wir jene Gedanken offen legen, die wir für gewöhnlich nur „im Hinterkopf" haben.

Wenn wir es denn überhaupt wollen. Nur was soll uns eine Balanced Scorecard bringen, wenn wir unsere obersten Ziele nicht offen legen? Wer soll dann verstehen, wohin wir unser Unternehmen steuern wollen?

Und wenn wir unseren Mitarbeitern nicht sagen, wohin die Reise geht, führen wir sie wie eine Gruppe unmündiger Kinder. Auf ihre Kreativität, ihre schöpferische Mitwirkung können wir dann nur in recht eingeschränktem Maße bauen. Wir geben ihnen die Ziele vor und dürfen nicht erwarten, dass sie die ihnen zugrunde liegenden Gedanken und Absichten verstehen. Eigenständiges Denken und Handeln ist nur im engen Rahmen unserer Vorgaben erlaubt. Alles andere würde unser Zielsystem infrage stellen.

Eine Balanced Scorecard, die unter derartigen Bedingungen entsteht, wirkt eher kontraproduktiv. Die an ihrer Entwicklung Beteiligten merken nach unserer Erfahrung relativ schnell, ob die Geschäftsführung ihre tatsächlichen Ziele offen legt oder nicht. Und dementsprechend ändert sich ihr Engagement bis hin zur Gleichgültigkeit und inneren Kündigung.

32 Die Resultate liegen uns noch nicht vor.

Umgekehrt erleben wir immer wieder, welch motivierende Wirkung die offene Diskussion der obersten Zielstellung eines Unternehmens auf alle Beteiligten hat. Natürlich muss im Kreis der Mitwirkenden Vertraulichkeit vereinbart und das gegenseitige Vertrauen darauf gegeben sein. Natürlich werden wir das oberste Ziel unseres Unternehmens nicht ungeprüft zu Markte tragen. Natürlich werden wir unser oberstes Ziel nicht auf allen Ebenen unseres Unternehmens zur Disposition stellen.

Aber im inneren Führungskreis, erweitert um die wichtigsten Mitarbeiter der zweiten Ebene und – nicht zu vergessen – Vertreter des Betriebs- bzw. Personalrates sollten wir unsere obersten Ziele offen beraten. Und Wege finden, wie wir sie wirkungsvoll im ganzen Unternehmen kommunizieren können. Diesen Weg ist auch der ABAG-Vorstand gegangen.

- Drei Fragen wurden in den Mittelpunkt der Workshopdiskussion gestellt:
- Was ist nötig, um als ABAG, als eigenständiges Unternehmen im Rahmen des neuen Konzerns, als Gesamtheit der drei strategischen Geschäftseinheiten am Markt präsent zu bleiben?
- Was ist darüber hinaus erstrebenswert?
- Was ist möglich, ausgehend vom Selbstverständnis des Unternehmens? Vom Selbstverständnis, das wir mit der Beschreibung unserer Mission gerade erst definiert hatten.

Die visionäre Zielbestimmung für die Balanced Scorecard sollte aus diesem Spannungsfeld abgeleitet und quantifiziert werden! Die Quantifizierung ist dabei von besonderer Bedeutung. Sie bringt uns auf den Weg zu unserer Balanced Scorecard. Weil Quantifizierung zur Konkretisierung führt. Und wir wollen ja unsere eher allgemeinen strategischen Ziele im konkreten unternehmerischen Alltag verankern. Das ist das Ziel der Balanced Scorecard. Die Formulierung und Quantifizierung der Vision gehört zum ersten Schritt.

Dabei wird es sich zeigen, wieweit wir in unserem strategischen Denken sind. Wie ausgeprägt unsere visionären Vorstellungen bereits sind. Allerdings geht es bei einer Balanced Scorecard nicht um den ganz großen Wurf. Unsere Balanced Scorecard ist nicht identisch mit unserer Strategie. Das sind zwei Paar Schuhe. Mit der Balanced Scorecard wollen wir für einen überschaubaren Zeitraum – im Allgemeinen für drei bis fünf Jahre – unsere strategischen Ziele in den unternehmerischen Alltag integrieren. Strategische

Überlegungen können durchaus langfristiger und umfassender ausgerichtet sein.

Aber unsere Balanced Scorecard sollte ja auch kein „fertiges“ Produkt werden. Wenn wir das in ihr liegende Potenzial umfassend nutzen wollen, werden wir sie beständig weiterformen. Sie den sich ändernden strategischen Bedingungen, neuen strategischen Zielstellungen anpassen. Insofern ist sie Teil, ist sie beständiger Begleiter unserer Strategieentwicklung. Ist sie die Brücke zum strategischen Handeln. Zum strategisch orientierten Handeln im operativen Tagesgeschäft.

Und auch für die Vision sollten wir einen Slogan suchen. Um sie besser mit unseren Mitarbeitern kommunizieren zu können. Wenn wir eine Vision haben, ist das schön für uns. Wenn wir sie im inneren Zirkel des oberen Managements beraten, kann das unsere Gedanken multiplizieren und die Ausprägung der Vision bereichern. Aber lebendig wird sie erst durch das Handeln unserer Mitarbeiter. Und eben dazu brauchen wir einen geeigneten Slogan; zur Kommunikation.

Die Anforderungen an einen Slogan ähneln denen, die wir im Zusammenhang mit der Mission besprochen haben. Auch hier geht es um die Kombination von sachlichem Inhalt und ethischer wie sinnlicher Botschaft. Nur dass die Vision vorwiegend unsere Mitarbeiter orientieren soll. Während die Mission unser Bild nach außen vermittelt.

Dabei gibt es keine Regeln. Mitunter wird der gleiche Slogan für die Kommunikation sowohl der Mission als auch der Vision genutzt. Meistens aber sind sie differenziert.

„Wir wollen die Spitzenuni Deutschlands werden!“ lautete die Vision eines Balanced Scorecard-Projekts einer Universität im Zentrum Deutschlands. Und gemessen werden sollte sie an einem im Detail noch zwischen allen beteiligten Universitäten abzustimmenden Uni-Ranking. Natürlich war das Ziel die Nr. 1.

„Teamwork schafft Freu(n)de“ formulierte der von uns bereits erwähnte technische Keramikproduzent seine Vision. Dabei besteht sein quantifiziertes Ziel darin, eine Kundenzufriedenheit von mehr als 95 % zu erreichen. Hintergrund war in diesem Fall die Überwindung interner Rivalitäten, die sich bereits in deutlichen Unmutsäußerungen wichtiger Kunden niedergeschlagen hatten und den guten Namen der Firma zu beschädigen drohten.

Kehren wir zur ABAG zurück. Die Workshoprunde stellte nach eingehender Diskussion die Wiederherstellung einer gemeinsamen Identität als das eine Kernziel in den Raum. Als zweites Kernziel wurde die Entwicklung strategischer Partnerschaften mit den wichtigsten Kunden in den zwei globalen Zielregionen definiert. Das formulierte oberste Ziel der ABAG hatte damit zwei Facetten – die eine war mehr nach innen gerichtet, die andere vor allem nach außen. Beide bedingen sich gegenseitig und sollen dazu führen, der ABAG wieder Stabilität zu geben und ihr langfristige Beständigkeit zu sichern. Letzteres ist das eigentliche, das wirklich oberste, das im „Hinterkopf" aller Beteiligten verankerte Ziel.

Nun galt es noch, die Vision zu quantifizieren und einen geeigneten Slogan zu finden, um sie im gesamten Unternehmen und gegenüber der Konzernmutter zu kommunizieren.

Als quantifiziertes Ziel wurde die Verdopplung des Umsatzes bis zum Jahr 2005 anvisiert, d. h. auf 1,2 Mrd. €. Dabei sollen 30 % – und das ist die eigentliche Herausforderung – aus gemeinsamem Consulting und Engineering der drei strategischen Geschäftseinheiten generiert werden. Entsprechend der Zielstellung des Konzerns wird eine Kapitalverwertung (ein ROCE) von 12,5 % angestrebt.

Folgender Slogan wurde gefunden:

„Gemeinsam sind wir nicht zu stoppen! Die ABAG wird zum strategischen Partner der Global Player in Europa und Asien."

5.3 Erfolgspotenziale allseitig identifizieren – Der Handlungsrahmen Balanced Scorecard

Der erste Tag des Workshops war vorüber. Dank der strategisch konzeptionellen Vorarbeit konnten Mission und Vision recht gut definiert und die entsprechenden Slogans sowie ein quantifiziertes Leitziel formuliert werden. Sicherlich, die Ergebnisse waren nicht in jeder Beziehung optimal, aber sie konnten sich sehen lassen. Und sie waren eine gute Grundlage für die weitere Arbeit.

Jetzt, am zweiten und dritten Tag des Workshops sollte die Balanced Scorecard im engeren Sinne entstehen. Der Handlungsrahmen für die Umsetzung der strategischen Zielstellung in den unternehmerischen Alltag.

Wie bereits im zweiten Kapitel beschrieben, spannen wir den Rahmen für unsere Balanced Scorecard zwischen die Fragen:

- „*Worauf richten wir unsere Aktionen aus?*" – Bestimmen der strategischen Wege – und
- „*Welche Aktivitäten wollen wir realisieren?*" – Bestimmen der Perspektiven auf bzw. Potenziale für unser Handeln.

5.3.1 Strategische Wege zum Ziel

Die ABAG-Runde begann ihre Diskussionen am zweiten Tag mit der Bestimmung der strategisch entscheidenden Wege zur Realisierung der anvisierten Leitziele.

Dabei geht es zum einen darum, die Wege inhaltlich zu bestimmen. Das reicht aber nicht aus. Gleichzeitig geht es auch darum, Etappen festzulegen:

- Was muss heute entschieden werden?
- Was kann später entschieden werden (und wann)?
- Was muss heute vorbereitet werden, um später fundiert entschieden werden zu können?

Für die ABAG wurden vier strategische Wege definiert:

S 1: Entwicklung vom Zulieferer zum integrierten Systemlieferanten

S 2: Zielorientiertes Wissensmanagement zur Erweiterung der Produkt- und Leistungsbasis

S 3: Erschließung des Marktes für Consulting- und Engineeringleistungen der ABAG

S 4: Verbesserung der Kommunikation und Zusammenarbeit sowohl intern als auch extern

Damit war die erste Frage nach der Ausrichtung der konkreten Aktionen beantwortet. Wenden wir uns der zweiten Frage zu.

5.3.2 Perspektiven auf die Handlungspotenziale

Zunächst gingen auch die Workshopteilnehmer der ABAG von den „klassischen" vier Perspektiven „Kunden", „Lernen und Entwicklung bzw. Mitarbeiter", „Geschäftsprozesse" und „Finanzen" aus. Es bestand die Auffassung, dass damit alle wesentlichen Handlungspotenziale erfasst werden.

Dann aber wurde die Diskussion breiter angelegt. Die eigenen Lieferanten wurden als wichtige Kooperationspartner für die Entwicklung zum integrierten Systemlieferanten in die Überlegungen einbezogen. Diese Beziehungslinie wird in den vier klassischen Perspektiven nicht explizit dargestellt. Also sollte sie als eigenständige Perspektive behandelt werden.

Als ein weiterer Gesichtspunkt geriet das Marketing in das Zentrum der Diskussion. Es hat aufgrund der anvisierten Umsatzverdopplung gravierende Bedeutung für alle vier strategischen Wege. Eigentlich ist es Bestandteil der Kundenperspektive. Die Diskussionsteilnehmer wollten aber das Marketing als besonderes Handlungspotenzial hervorheben. Um die Ideenfindung ganz speziell auf diesen Aspekt als einen der Hauptaspekte zu konzentrieren. Und so wurde eine Marketingperspektive kreiert.

Schließlich wurde noch eine Konzernperspektive definiert. Das hatte strategische Gründe. Die Verdopplung des Umsatzes bei gleichzeitiger Gewährleistung einer Kapitalverwertung von 12,5 % (ROCE) war nur unter Einbeziehung von Kapazitäten und Beziehungen des Gesamtkonzerns möglich. Es galt, bestehende Synergiepotenziale zu identifizieren, um geeignete Aktionen zu finden, die Synergien freisetzen.

Das hatte aber auch ganz pragmatische, eher taktische Gründe. Es galt, einen eigenständigen Platz der ABAG im Gesamtkonzern zu besetzen und dazu die entsprechende Kompetenz und das eigene Interesse zu demonstrieren.

Damit war der formale Handlungsrahmen, die Balanced Scorecard im engeren Sinne, definiert (s. Abb. 32). Sie musste nun mit Aktionen gefüllt werden.

Handlungsrahmen der ABAG

		Strategische Wege – Worauf richten wir die Aktivitäten aus?			
	Perspektiven	vom Zulieferer zum Systemlieferanten	Zielorientiertes Wissensmanagement	Markterschließung für Consulting und Engineering	Verbesserung der Kommunikation
Welche Aktivitäten wollen wir realisieren?	Mitarbeiter P1				
	interne Geschäftsprozesse P2				
	Kunden P3				
	Finanzen P4				
	Lieferanten P5				
	Marketing P6				
	Konzern P7				

Abb. 32: Handlungsrahmen der ABAG

5.3.3 Aktionen, die zum Ziel führen – Kennzahlen, die Verlauf und Erfolg der Aktionen messen

Wenn wir nach konkreten Aktionen suchen, unsere strategischen Ziele im Alltag umzusetzen, werden wir wieder Ziele definieren. Diesmal allerdings keine übergreifenden, mehr allgemeinen Ziele, sondern konkrete Ziele für ganz konkrete Aktionen. Wir hatten schon darauf hingewiesen, dass wir es im Verlaufe der Arbeit an einer Balanced Scorecard mit immer wieder wechselnden Arten von Zielen zu tun haben.

Aktionsziele benötigen wir, weil wir ihren Verlauf und Erfolg messen wollen. Und wir können den Erfolg nur messen, wenn wir uns vorher ein Ziel gegeben haben. Außerdem hilft uns die Zielbestimmung bei der Suche nach einer geeigneten Kennzahl. Erst wenn wir wissen, was wir messen wollen, können wir sagen, wie wir messen wollen. Die Art und Weise der Messung ist abhängig von der Art und Weise der Zielbestimmung. Und umgekehrt. Eine unbestimmte Kennzahl ist ein Zeichen für unbestimmte Ziele.

Nehmen wir als Beispiel die Fluktuationsrate der ABAG. Sie lag 1999 bei 3,5 %. Das sind bei 3.500 Mitarbeitern rund 125 Kündigungen. Diese Information sagt uns relativ wenig. Eigentlich interessieren uns an der Fluktuation zwei Details: Wieviel Leistungsträger sind aus dem Unternehmen ausgeschieden? Wie ist die Rate gemessen an den Leistungsträgern insgesamt? Das aber wurde nicht gemessen. Weil die Zielstellung – Senkung der Fluktuationsrate – zu indifferent war, ist es auch die Kennzahl. Wir müssen die Zielstellung genauer definieren: Senkung der Fluktuationsrate von Leistungsträgern. Dann werden auch die Kennzahl und die Messmethoden entsprechend konstruiert.

Wenn sich unsere Vorgehensweise von anderen Methoden zur Erarbeitung einer Balanced Scorecard unterscheidet, dann vor allem in diesem Punkt: Wir stellen die Aktionen und die sie ausführenden Akteure in den Mittelpunkt, nicht die Kennzahlen. Kennzahlen sind für uns abgeleitete Größen. Sie sollen dabei helfen, die verantwortlichen Akteure zu führen. Nicht mehr und nicht weniger.

Darum beginnen wir mit den Aktionen und ihrer möglichst genauen Zielbestimmung. Erst dann folgt die Ableitung einer geeigneten Kennzahl.

Eigentlich könnte es uns egal sein, ob wir mit den Aktionen oder den Kennzahlen starten. Wenn wir nur die gesamte Kette nicht vergessen, nicht aus den Augen lassen. Es ist aber nicht egal. Warum?

Das hat vor allem einen in unserer Psyche liegenden Grund. Die gedankliche Konzentration auf Kennzahlen, das Aufrollen der Kette von dieser Stelle aus „verführt" dazu, das Problem instinktiv als Zahlenproblem zu verstehen und damit vordergründig als ein Problem, das technisch aufbereitet werden kann. Die Balanced Scorecard wird damit primär zu einem Kennzahlensystem. Auch wenn es anders formuliert wird. Wir sind gedanklich bei einem System miteinander verbundener Kennzahlen. Die wir verknüpfen können. Die wir aggregieren können. Die wir durchrechnen können. Die wir in unsere EDV-Systeme einbinden können.

Die Aktionen und vor allem die Akteure werden dann gedanklich an die Kennzahlen „angehangen". Sie sollen sich dem System anpassen. Der Weg zur Zwangsjacke ist nicht mehr weit.

Deshalb unsere Forderung: nicht Kennzahlen für die Perspektiven finden, sondern Aktionen. Das heißt dann aber auch in der Konsequenz, dass beispielsweise in der Finanzperspektive nicht notwendigerweise finanzielle Kennzahlen im Vordergrund stehen müssen. Es geht um Aktionen im Finanzbereich, nicht um Kennzahlen. Die Kennzahlen sind immer ein Anhängsel der Aktionen, nicht umgekehrt!

Nehmen wir ein Beispiel. In der Kundenperspektive wurde als Aktion eine stärkere Differenzierung der Kundenaufträge festgelegt mit dem Ziel, die Kundenrentabilität zu erhöhen. Gemessen werden soll das Ergebnis mit Hilfe des Deckungsbeitrages je Kunde. In der Finanzebene ergibt sich daraus die Aktion, eine kundenbezogene Deckungsbeitragsrechnung schrittweise aufzubauen, da es sie schlicht und einfach bisher nicht gab. Gemessen wird die Aktion am Anteil der A-, B- und C-Kunden, die in der Deckungsbeitragsrechnung erfasst sind. Die finanzielle Kennzahl finden wir in der Kundenperspektive. In der Finanzperspektive messen wir dagegen kein finanzielles Ergebnis, sondern den Erfassungsgrad in der kundenbezogenen Deckungsbeitragsrechnung unterteilt nach Kategorien (A, B, C)[33].

Die ABAG-Runde hatte sich an die Arbeit gemacht. In immer wechselnden Gruppen wurden Ideen für mehr als 180 Aktionen und dazu gehörige Kennzahlen entwickelt. Eine Kreativität, mit der keiner gerechnet hatte. Einige der interessantesten Ideen für Aktionen sollen im Folgenden kurz dargestellt werden:

5.3.3.1 Kundenperspektive

<u>S 1: Entwicklung vom Zulieferer zum integrierten Systemlieferanten</u>

- Service definieren

  Das Ziel besteht darin, die erforderlichen Leistungsarten zu beschreiben, um am Markt als Systemlieferanten anerkannt zu werden und bestehen zu können.

33 Allerdings zeigen die in diesem Buch beschriebenen Beispiele, dass es die „reine Theorie“ in der Praxis nicht gibt. Es kommt auch nicht so sehr auf theoretische Reinheit an als auf praktikable Lösungen, die den Menschen und seine Handlungen im Zentrum sehen und die Kennzahlen und Methoden ihrer Messung und Berechnung als davon abgeleitete Kategorien verstehen.

Gemessen wird die Anzahl der definierten Leistungsarten.

- Strategische Partner suchen

  Ohne Partner wird der strategische Weg nur schwer zu bewältigen sein. Aber es ist erforderlich, Partner nach bestimmten Kriterien zu wählen. Es geht nicht um Partnerschaft schlechthin.

  Gemessen wird die Anzahl möglicher Partner in Bezug auf definierte Kriterien.

- Technische Vertriebsmitarbeiter gewinnen

  Die ABAG hat zu wenig Vertriebsmitarbeiter mit ausgeprägtem technischen Know-how für ein integriertes Leistungsangebot. Ihr Anteil soll erhöht werden.

  Gemessen wird der Anteil der technischen Vertriebsmitarbeiter an den Vertriebsmitarbeitern insgesamt.

S 2: Zielorientiertes Wissensmanagement zur Erweiterung der Produkt- und Leistungsbasis

- Austausch von Mitarbeitern mit den wichtigsten Kunden (diese Aktion könnte auch dem 4. strategischen Weg zugeordnet werden; wir stoßen wie bei der im zweiten Kapitel beschriebenen Fachbuch GmbH ebenso bei der ABAG auf das uns gut bekannte „Schubladenproblem“).

  Ziel ist ein ausreichender Know-how-Transfer. Der Austausch von Mitarbeitern führt zu einem intensiven Gedankenaustausch und damit zu einer enormen Verbreiterung der Wissensbasis übereinander.

  Gemessen wird die Anzahl der beim Kunden eingesetzten Mitarbeiter.

- Periodische Durchführung von Innovationsworkshops unter Einbeziehung von Kunden und Mitarbeitern des Außendienstes

  Auf diese Weise soll eine Art Ideenbörse entstehen, in die vor allem auch die Vorschläge der „Austauschmitarbeiter“ einfließen können.

  Gemessen wird das Cash-flow-Potenzial der präsentierten Vorschläge sowie das über Fragebögen erfasste Feedback der Teilnehmer.

- Klassifizierung der Mitarbeiter nach ihrem Kundenbindungspotenzial

Diese Aktion steht im Zusammenhang mit zwei anderen Aktionen – der Entwicklung von Erfolgskriterien für die Erweiterung der Produkt- und Leistungsbasis und einer zielgerichteten Mitarbeiterschulung. Sie könnte auch in der Mitarbeiterperspektive angesiedelt werden.

Gemessen wird auf der Basis eines Punktsystems mit Hilfe einer Gesamtnote.

S 3: Erschließung des Marktes für Consulting- und Engineeringleistungen der ABAG

- Aufbau eines Interessentenkreises für die Versendung von ABAG-News per eMail

  Über diesen Weg sollen sehr gezielte Kundenansprachen ermöglicht werden. Dafür ist eine intensive Vorarbeit zu leisten einschließlich der Einwilligung der Partner in derartige Kontakte.

  Gemessen wird die Anzahl der versandten News und der Anteil der eingehenden Rückmeldungen.

- Gründung eines Entwicklungsbeirates unter Einbeziehung wichtiger Kunden

  Mit dem Entwicklungsbeirat soll ein Gremium geschaffen werden, in dem frühzeitig strategisch relevante Trends erkannt und erörtert werden können. Das hilft der ABAG, rechtzeitig auf kommende Marktentwicklungen vorbereitet zu sein und verschafft ihr eine bessere Ausgangsbasis im Ringen um das Image eines kompetenten Consulting- und Engineeringpartners.

  Gemessen wird die Anzahl der Treffen.

S 4: Verbesserung der Kommunikation und Zusammenarbeit sowohl intern als auch extern

- Präsentation der neuen Ausrichtung

  Parallel zu vielfältigen internen Aktionen für den schrittweisen Aufbau des neuen bzw. erweiterten Angebots soll eine wirksame Marketingaktion (ein Mix aus Presseartikeln/Fachbeiträgen, Einladung zu Hausmessen, punktuell angesetzter Werbung und Teilnahme an Fachmessen) gestartet werden, um einerseits die bestehenden und potenziellen Kunden und andererseits die Mitarbeiter mit den Veränderungen bei der ABAG bekannt zu machen und Vertrauen zu wecken.

Gemessen wird die Anzahl und das Volumen der Auftragseingänge für Systemleistungen in Relation zum Präsentationsbudget.

- Gemeinsame Kundenbesuche von Mitarbeitern aus Vertrieb und Entwicklung

  Diese Aktion hat zwei Stoßrichtungen: Einerseits sollen die Kundenwünsche besser erfasst, das Beratungspotenzial vor Ort verstärkt und die Beziehungen zu den Kunden intensiviert werden. Andererseits soll auf diese Weise die Kommunikation zwischen den beiden Bereichen der ABAG ausgebaut werden.

  Gemessen wird die Anzahl der gemeinsamen Kundenbesuche, deren Dauer und der Einbeziehungsgrad der Mitarbeiter beider Bereiche.

5.3.3.2 Perspektive interne Geschäftsprozesse

<u>S 1: Entwicklung vom Zulieferer zum integrierten Systemlieferanten</u>

- Systemlösungen entwickeln und anbieten

  Um den Sprung zum Systemlieferanten zu schaffen, muss zunächst erst einmal das entsprechende Angebot entwickelt werden. Dazu sind schrittweise Einzellösungen zu erarbeiten.

  Gemessen wird im ersten Schritt die Anzahl neuer Systemlösungen. Später soll die Anzahl und das Volumen entsprechender Aufträge und schließlich der daraus resultierende durchschnittliche Cash-flow folgen.

- Bildung von systembegleitenden Qualitätszirkeln

  Die Erfahrungen aus dem Qualitätsmanagement der ABAG sollen für die bereichsübergreifende Qualitätssicherung von Systemangeboten genutzt werden.

  Gemessen wird die Frequenz der Meetings.

- Aufbau und Erweiterung abgestimmter Akquisitionen und Angebotsbearbeitungen

  Die Veränderung der Leistungspalette ist nur durch gemeinsame Anstrengungen realisierbar, weil die Beratungs- und Entwicklungskompetenz der drei strategischen Geschäftseinheiten nur in ihrer Kombination wettbewerbsfähig auf dem Markt wirksam ist.

Gemessen wird der Anteil querschnittlicher Anfragen und ihre Relation zur Anzahl der Abstimmungsgespräche.

S 2: Zielorientiertes Wissensmanagement zur Erweiterung der Produkt- und Leistungsbasis

- Aufbau eines über das Intranet kommunizierten internen Produktsupports

  Mit dieser Aktivität soll eine im gesamten Unternehmen nutzbare Informationsbasis für die Beratungs- und Entwicklungsarbeit geschaffen werden.

  Gemessen wird die Anzahl der Zugriffe.

- Aufbau einer internen Weiterbildungsakademie

  Die Strategie der ABAG ist nur durch konzentrierte und möglichst große Teile der Belegschaft einbeziehende Kompetenzerweiterung, durch zielgerichtete Bildung zu realisieren. Dazu werden jährlich Themenschwerpunkte festgelegt.

  Gemessen werden die Kurse pro Jahr und Themenschwerpunkt sowie der Einbeziehungsgrad der Mitarbeiter je Klassifizierungsstufe.

S 3: Erschließung des Marktes für Consulting- und Engineeringleistungen der ABAG

- Aufbau eines Stabsbereiches zur gezielten Erarbeitung und Platzierung von Sachbeiträgen in der einschlägigen Fachpresse

  Die Nutzung der Fachpresse für die Verbesserung des eigenen Images wurde bisher unterschätzt. Da das Werbepotenzial solcher Aktionen als hoch eingeschätzt werden kann, soll dieser Weg zukünftig für die Vermittlung des neuen Leistungsangebots der ABAG verstärkt genutzt werden.

  Gemessen wird die Anzahl der Veröffentlichungen gewichtet nach Auflage und regionalem Verbreitungsgrad der jeweiligen Presseerzeugnisse.

S 4: Verbesserung der internen als auch der externen Kommunikation und Zusammenarbeit

- Abfrage neuer Kundenwünsche

Die Identifikation von Kundenwünschen soll zu einer geförderten und abrechenbaren Aktivität möglichst aller Mitarbeiter werden. Dazu wird ein Informationsbriefkasten im Intranet eingerichtet, in den jeder Mitarbeiter Anregungen aus Gesprächen mit Kunden eintragen kann. Es sollen alle Ideen gelten, ob sie von der Pforte oder der Buchhaltung kommen.

Gemessen wird die Anzahl der Anregungen je Geschäftsbereich. Später soll der Anteil der realisierten Vorschläge und schließlich der daraus generierte Nutzen hinzu kommen.

5.3.3.3 Mitarbeiterperspektive

S 1: Entwicklung vom Zulieferer zum integrierten Systemlieferanten

- Ideenfindung im Rahmen bereichsübergreifender Teams

  Eine konsequent verfolgte Systemintegration setzt eine enge Verzahnung der innovativen Kapazitäten der ABAG voraus.

  Gemessen werden die Anzahl und später die Wirtschaftlichkeit von Projekten aus bereichsübergreifender Teamarbeit.

- Erarbeitung von Führungsgrundsätzen sowie Definition und Vermittlung der neuen Rolle von Führungskräften in der ABAG

  Der Wandel zum Systemlieferanten erfordert auch eine Veränderung der Führungskultur. Das soll nicht dem Zufall überlassen werden.

  Gemessen wird die termingerechte Vorlage der Führungsgrundsätze, die Anzahl der Führungskräftetrainingskurse in der Weiterbildungsakademie und der Einbeziehungsgrad der Führungskräfte nach Ebenen.

- Systematischer Ausbau interner Personalausschreibungen

  Die ABAG strebt eine stärkere Vermischung der Kompetenzen im Unternehmen an. Dazu sollen Mitarbeiter angeregt werden, innerhalb des Unternehmens zwischen den strategischen Geschäftseinheiten zu wechseln.

  Gemessen wird die Anzahl der Bewerbungen.

S 2: Zielorientiertes Wissensmanagement zur Erweiterung der Produkt- und Leistungsbasis

- Nutzung der internen Weiterbildungsakademie zur Entwicklung effektiver Ideen für eine Erweiterung der Produkt- und Leistungsbasis

  Die Produkt- und Leistungsbasis soll so erweitert werden, dass eine hohe Effektivität der Gesamtprozesse gewährleistet ist. Zu diesem Zweck sollen die Mitarbeiter angeregt werden, aus ihren Schulungen Vorschläge zur Veränderung der Prozesse zu entwickeln.

  Gemessen wird die Anzahl und der Effekt umgesetzter Maßnahmen aus Schulungen bzw. Weiterbildung nach Geschäftsbereichen.

- Entwicklung eines Kapazitäts- und Befähigungsprofils für die Leistungsträger der ABAG und Einbeziehung in das Controlling

  Diese Aktion dient der besseren Steuerung der Entwicklungsprozesse im Personalmanagement.

  Gemessen wird zunächst der Erfassungsgrad der Leistungsträger. Später folgt das ideale Befähigungsprofil sowie der Annäherungsgrad an die Sollkapazität.

<u>S 3: Erschließung des Marktes für Consulting- und Engineeringleistungen der ABAG</u>

- Durchführung von Kreativteamsitzungen zur Entwicklung neuer Angebote im Beratungs- und Entwicklungssektor

  Für diese Sitzungen sollen Wettbewerbe ausgeschrieben werden, in denen sich die Teilnehmer nach definierten Kriterien qualifizieren.

  Gemessen wird die Anzahl der Wettbewerbsteilnehmer je Struktureinheit, die Anzahl der qualifizierten Teilnehmer je Struktureinheit und die Anzahl der Kreativteamsitzungen.

- Erweiterung der Verkaufsschulungen der Vertriebsmitarbeiter auf Consulting- und Engineeringleistungen der ABAG

  Mit der Erweiterung der Angebotspalette steigen auch die inhaltlichen Anforderungen an die Vertriebsmitarbeiter.

  Gemessen wird ein so genannter Ausbildungsindex, der den Mix verschiedenartiger Vertriebsfähigkeiten erfassen soll.

<u>S 4: Verbesserung der Kommunikation und Zusammenarbeit sowohl intern als auch extern</u>

- Regelmäßige Präsenz aller Führungskräfte in den Struktureinheiten

  Es wird angestrebt, dass alle Führungskräfte mindestens einmal je Quartal für einen ganzen Arbeitstag an der Basis tätig werden.

  Gemessen wird der Einbeziehungsgrad aller Führungskräfte.

5.3.3.4 Finanzperspektive

S 1: Entwicklung vom Zulieferer zum integrierten Systemlieferanten

- Identifikation von Synergiepotenzial

  Das jahrelange Nebeneinanderbestehen der drei „Königreiche" hat auch das Controlling beeinflusst. Insofern gibt es keine übergreifenden Effektivitätsberechnungen. Zur Identifikation der Synergiepotenziale sollen nun die erforderlichen Instrumentarien geschaffen werden.

  Gemessen wird die Erarbeitung eines Gesamtmodells.

- Einführung bzw. stärkere Verbreitung der Berechnung des Cash-to-Cash-Zyklus (Erfassung von zeitlichem Verlauf und der jeweiligen Volumina der notwendigen Vorfinanzierung) für alle Projekte

  Cash-to-Cash-Berechnungen wurden bisher eher sporadisch im Zusammenhang mit Kapitalwertermittlungen von Investitionen in das Anlagevermögen durchgeführt. Mit dem Schritt hin zum integrierten Systemlieferanten, zum Berater und Entwickler wird die Vorfinanzierung zu einer wesentlich bedeutenderen Führungsaufgabe. Dabei ist zu beachten, nicht nur die Investitionen, sondern auch jene Aufwendungen in die Vorfinanzierung einzubeziehen, die wir buchungstechnisch in den laufenden Kosten erfassen.

  Gemessen wird der Anwendungsgrad der Cash-to-Cash-Berechnung bezogen auf die Gesamtleistung der ABAG.

S 2: Zielorientiertes Wissensmanagement zur Erweiterung der Produkt- und Leistungsbasis

- Entwicklung einer Effektivitätsberechnung für das in der ABAG akkumulierte Wissen

  In einem ersten Schritt sollen unabhängig von der buchungstechnischen Kategorie (Investition, laufender Aufwand) alle Vorfinanzierungsleistungen der ABAG (Weiterbildung, F+E, Hardware, Software, IT-Leistungen, Erwerb von Lizenzen, Fremdleistungen im Wissensbereich etc.) erfasst und der Entwicklung der Wertschöpfung gegenübergestellt werden. Dabei soll zunächst eine Zeitreihe aufgebaut werden, die in der Zukunft die Beobachtung von Zusammenhängen und die Ableitung von Führungsaufgaben ermöglicht.

Gemessen wird die Wertschöpfung pro akkumuliertem Wissen sowie der Anteil der Vorfinanzierung an den Gesamtausgaben.

- Aufbau eines Frühwarnsystems im finanziellen Bereich

  Ziel ist die Berechnung und laufende Präzisierung finanzieller Mindestgrößen zur Sicherung der erforderlichen Vorfinanzierungsleistungen. Begonnen werden soll mit der Berechnung einer Mindestmarge für den Cash-flow, um dann zum einen den Cash-flow berechnen zu können, der den Mindestwert übersteigt (Residualwert), und zum anderen die Relation des Residualwerts zum Mindestwert. Nach Erprobung der Arbeit mit einem Cash-flow-Residualwert soll die Einbeziehung weiterer Finanzzahlen geprüft werden.

  Gemessen wird der Arbeitsstand bezogen auf festgelegte Meilensteine bei der Erarbeitung des Frühwarnsystems.

S 3: Erschließung des Marktes für Consulting- und Engineeringleistungen der ABAG

- Erfassung der Deckungsbeiträge für Consulting- und Engineeringleistungen sowie der entsprechenden Aufwendungen für die Markterschließung

  Diese Aktion ist eine Ergänzung zur Erfassung der Zahlungsströme für die Cash-to-Cash-Berechnung. Mit ihr sollen die Voraussetzungen geschaffen werden, um die Rentabilität der Markterschließung bestimmen zu können.

  Gemessen wird der Erfassungsgrad der entsprechenden Leistungen und Aufwendungen.

5.3.3.5 Lieferantenperspektive

S 1: Entwicklung vom Zulieferer zum integrierten Systemlieferanten

- Anpassung der Logistikkette

  Die bisherige Praxis ist durch traditionell gewachsene Lieferbeziehungen der drei strategischen Geschäftseinheiten bestimmt. Um den sich wandelnden Marktbedingungen und dem angestrebten Image als Systemlieferant gerecht werden zu können, hat sich die ABAG eine Optimierung und Straffung der Logistikkette als Ziel gestellt.

  Gemessen werden die Anzahl der Logistikpartner und der Logistikschritte.

- Prüfung der strategischen Möglichkeiten zur engeren Verflechtung mit ausgewählten Lieferanten

  Diese Aktion steht in engem Zusammenhang zur vorherigen. Alle Produktionsstufen sollen einer Prüfung unterzogen werden, ob sie bei einem verstärkten Angebot von Consulting- und Engineeringleistungen noch sinnvoll sind. Oder ob sie besser von geeigneten Lieferanten übernommen werden könnten (Make or Buy). Dabei werden auch Möglichkeiten gemeinsamer Entwicklung und Fertigung bis hin zu gemeinsamen Unternehmen (Joint-Ventures) einbezogen.

  Gemessen wird ein Lieferantenindex auf der Basis eines Punktsystems für mehrere Bewertungskriterien (Marktwirksamkeit als Anbieter, Kosten, Entwicklungszeit bis zur Marktreife – Time to Market, Vorfinanzierungszeitraum und -volumen).

S 4: Verbesserung der Kommunikation und Zusammenarbeit sowohl intern als auch extern

- Verstärkung der elektronischen Verknüpfung mit den wichtigsten Lieferanten

  Schrittweise sollen die Verbindungen zu den Lieferanten mit eCommerce-Anteilen „angereichert“ werden. Dabei sind mehrere Etappen vorgesehen (bis hin zum elektronischen Datenaustausch von Entwicklungsschritten, natürlich auch die elektronische Fakturierung!). Zunächst soll ein Konzept erarbeitet und verabschiedet werden.

Gemessen wird die termingerechte Vorlage der Konzeption. Später soll der Anteil der elektronischen Abwicklung des Datenaustausches mit den Lieferanten folgen.

5.3.3.6 Marketingperspektive

S 1: Entwicklung vom Zulieferer zum integrierten Systemlieferanten

- Durchführung einer Imagekampagne

  Die Imagekampagne unterstützt eine Reihe anderer, bereits genannter Aktionen zur Markterschließung bzw. bereitet sie vor. Insofern könnte sie auch dem dritten strategischen Weg (Erschließung des Marktes für Consulting- und Engineeringleistungen der ABAG) zugeordnet werden.

  Gemessen wird ein so genannter Imageindex. Er soll auf der Basis von Umfragen ermittelt werden.

S 4: Verbesserung der Kommunikation und Zusammenarbeit sowohl intern als auch extern

- Aufbau eines Internetkompetenzzentrums

  Um die Möglichkeiten der Kontaktaufnahme sowie die ständige und aktuelle Präsentation des eigenen Leistungsangebots zu erhöhen, soll schrittweise die bestehende Webseite zu einem Kompetenzzentrum mit vielseitigen Kontaktmöglichkeiten und interaktiven Angeboten ausgebaut werden.

  Gemessen wird die Anzahl der Kundenkontakte über das Kompetenzzentrum sowie deren Relation zu den Gesamtkontakten.

5.3.3.7 Konzernperspektive

S 1: Entwicklung vom Zulieferer zum integrierten Systemlieferanten

- Integration in das Marketing des Gesamtkonzerns

  Das Ziel besteht darin, die größeren Möglichkeiten des Konzernverbundes für eine bessere Vermarktung des sich wandelnden Leistungsangebots der ABAG zu nutzen. Das sollte zum einen über wechselseitige Schulungen der Marketingmitarbeiter und zum anderen über gemeinsam entwickelte und realisierte Projekte erfolgen.

Gemessen wird die Anzahl der wechselseitigen Besuche und Schulungen von Marketingmitarbeitern sowie der gemeinsamen bzw. abgestimmten Marketingprojekte.

- Kundenorientierte Prozessoptimierung

  Es sollen die Möglichkeiten für eine sinnvolle wechselseitige Bereitstellung von Fertigungs-, Einkaufs- und F+E-Kapazitäten für ausgewählte Projekte geprüft und entschieden werden.

  Gemessen wird die Anzahl gemeinsamer Projekte.

S 4: Verbesserung der Kommunikation und Zusammenarbeit sowohl intern als auch extern

- Präsentation der Leistungsfähigkeit zur Untermauerung der eigenständigen Rolle und des Gewichts der ABAG im Konzernverbund

  Der ABAG-Vorstand will nichts dem Selbstlauf überlassen. Das Bild der Konzernführung und der anderen Unternehmen im Verbund soll aktiv beeinflusst werden.

  Gemessen wird die Anzahl von Präsentationen auf den verschiedenen Ebenen.

- Intensive Nutzung des konzerneigenen Intranets

  Diese Aktion dient der Erweiterung der elektronischen Kommunikationsmöglichkeiten.

  Gemessen wird die Anzahl der Zugriffe.

5.4 Konzentration auf das Wesentliche

Nachdem die Aktionen vorgeschlagen und in die Ideensammlung aufgenommen waren, ging es am nächsten Tag des ABAG-Workshops darum, sie zu handhabbaren Projekten zu bündeln. Dabei spielte eine große Rolle, dass in der ABAG bisher nicht konsequent mit Projekten gearbeitet wurde. Schon gar nicht auf der Ebene des Vorstandes.

5.4.1 Sinnvolle Bildung strategischer Projekte

Aufgrund der bisherigen Projekterfahrung war eine latente Skepsis vorhanden, ob strategische Zielstellungen über Leistungsstrukturen umgesetzt werden können, die neben der funktionsbezogenen Hierarchie entstehen. Dabei ging es vor allem um die Zuständigkeit der zukünftigen Projektleiter. Sollten sie nur koordinierende Aufgaben lösen, mehr im Sinne eines Coaches? Oder sollten ihnen Budgetverantwortung oder gar Direktionsrechte übertragen werden?

An dieser Frage entzündete sich ein heftiger Streit, bevor die Zusammenfassung der Aktionen zu Projekten überhaupt beginnen konnte. Es zeigte sich sehr drastisch, dass an diesem Punkt besonders sensible Probleme bestehen. Die gesamte Balanced Scorecard wäre beinahe gescheitert. Es konnte ein Kompromiss gefunden werden. Jeder der beteiligten Führungskräfte erhielt die Verantwortung für ein Projekt. Das bedeutete, bereits die Zusammenstellung der Aktionen zu Projekten so zu steuern, dass sie möglichst in den Rahmen der jeweiligen Zuständigkeiten passten.

Es mag eingewendet werden, dass eine Bündelung der Aktionen unter dem Gesichtspunkt der Zuständigkeiten der beteiligten Führungskräfte dem Projektgedanken entgegensteht. Das kann zutreffend sein. Aber alles Theoretisieren bringt wenig, wenn keine praktikable Lösung gefunden werden kann. Was nutzen die besten Projekte, wenn sie nicht umgesetzt werden, weil die Führungskräfte des Unternehmens sie blockieren?

Und im Übrigen haben Projekte eine gewisse Eigendynamik. Sie können im Verlauf der Zeit auch das Denken der Führungskräfte, die Führungskultur verändern. Nur nicht auf einen Schlag. Kulturelle Veränderungen brauchen Zeit. Selbst wenn sie gewollt werden!

Das Ergebnis wollen wir im Folgenden kurz darstellen. Die Aktionen wurden in acht strategischen Projekten gebündelt:

1. Personalentwicklung und Mitarbeitermotivation
2. Wissensmanagement und interne Kommunikation
3. Externe Kommunikation und Kundennachsorge
4. Optimale Prozessgestaltung
5. Übergreifende Schulung Vertrieb
6. Controlling/Cash-Management

7. Markterschließung
8. Neuorganisation

5.4.2 Zuweisen von finanziellen und personellen Kapazitäten – die Stunde der Wahrheit

In Unterarbeitsgruppen wurden erste Vorstellungen für konkrete Projektpläne erarbeitet. Bestandteil dieser Pläne waren auch Bedarfsgrößen für finanzielle und personelle Kapazitäten.

Allerdings konnten im Workshop nur erste Anregungen gefunden werden und auch das nur für zwei der acht strategischen Projekte. Darin bestand auch nicht die Aufgabe des Balanced Scorecard-Workshops. Die konkrete Ausformung der Projekte gehört bereits zum „normalen" Managementalltag. Auf dem Workshop wurde festgelegt, dass die verantwortlichen Führungskräfte zu den einzelnen Projekten innerhalb von drei Wochen detaillierte Arbeitspläne zu erarbeiten und dem Workshopkreis vorzulegen hatten.

Mit diesen Arbeitsplänen sollten auch Vorschläge für die Ausstattung mit finanziellen Mitteln und personellen Kapazitäten vorgelegt werden. Im Workshop selbst wurde jedoch bereits eine Vororientierung erarbeitet.

> Wir bezeichnen diese Phase der Erarbeitung einer Balanced Scorecard als die „Stunde der Wahrheit". Denn es lässt sich über Strategie und strategische Projekte trefflich streiten – bis zur Entscheidung über den Einsatz finanzieller Mittel und personeller Kapazitäten. Und so war der ABAG-Vorstand im ersten Moment geneigt, diese Frage einfach zu vertagen. Allerdings löst Vertagen nicht das Problem. Ohne Entscheidungen zu diesem Punkt kann eine Balanced Scorecard schnell zu einer leeren Hülse verkommen.

Um zu einer Vororientierung für die Vergabe finanzieller Mittel und die Zuweisung personeller Kapazitäten zu gelangen, wurden zwei Fragen untersucht:

- Welches Gewicht wird den einzelnen strategischen Projekten beigemessen?

  Dazu wurde in Arbeitsgruppen versucht, die Wechselwirkungen und Abhängigkeiten der Projekte zu bestimmen. Als Darstellungsformen wurde zum einen eine Matrix benutzt, in der die Beinflussungsgrade nach einer Skala zwischen Null und Drei eingetragen wurden. Zum anderen wurde versucht, die Abhängigkeiten mittels Verbindungspfeilen grafisch zu erfassen. Beide Methoden sind ausschließlich auf den Erfahrungshorizont der Workshopteilnehmer begrenzt und sollten durch genauere Untersuchungen in der Folge untermauert werden.

  Sie haben aber zwei Vorteile. Sie schulen das Denken der Beteiligten in komplexen Zusammenhängen, von denen unser Alltag bestimmt wird. Und sie führen zu einem ersten angenäherten Ergebnis, das alle Beteiligten nachvollziehen können, eben weil es ihren Erfahrungen entspricht und weil sie bei seiner Entstehung dabei waren.

  Diese Vorteile können praktisch schwerer wiegen, als durch langwierige empirische Erhebungen statistisch untermauerte Ergebnisse. Denn wir kennen doch den berühmten Ausspruch des englischen Premiers Churchill: „Ich glaube nur die Statistik, die ich selbst gefälscht habe!“ Und so stehen wir auch allzu oft statistischen Erhebungen, Daten und Kennzahlen sehr skeptisch gegenüber.

- Welcher Investitions-, Kosten- und Zeitbedarf kann in erster Näherung für die einzelnen Projekte erwartet werden?

  Die Diskussion zu dieser Frage erfolgte im Plenum. Natürlich gilt auch hier die Einschränkung, dass detailliertere Betrachtungen in der Folge das Ergebnis dieser Runde bestätigen sollten. Aber ebenso wiegt das praktische Resultat schwerer als der „exakt“errechnete Wert, der „irgendwann“ vorliegt und vielleicht nie entschieden wird. Wir sollten uns auch immer der „Gunst des Augenblicks“ bewusst sein. So oft kommt der erweiterte Führungskreis der ABAG nicht zusammen. In dieser Form tagte er das erste Mal. Die Balanced Scorecard hatte sie zusammengebracht, oder besser sie war der Anlass.

Unter Berücksichtigung beider Fragen wurde eine erste prozentuale Budgetverteilung für die acht Projekte abgestimmt und daraus eine Orientierung für den ersten Planansatz des Jahres 2001. Alle waren sich im Klaren, dass hier nur eine vorläufige Budgetierung vollzogen wurde. Die Runde beschloss, nach Fertigstellung der Projektpläne in drei Wochen ein weiteres Mal zusammenzukommen, um die vorgelegten Arbeitspläne zu beraten und zu verabschieden. Dann sollten auch die Orientierungen für das Budget bestätigt werden.

5.5 Drei Bausteine der Balanced Scorecard

Im Ergebnis entstanden drei Bestandteile der Balanced Scorecard für die ABAG:

Abb. 33: Die Scorecard-Spinne der ABAG

- Das Kennzahlennetz für die acht strategischen Projekte
- Der Aufgaben- und Umsetzungsplan

Jeder Projektleiter hat einen detaillierten Aufgabenplan vorgelegt. Die zugeordneten Aktionen waren ausnahmslos durch weitere Aktionen ergänzt worden. Für jede Aktion (oft mehrere Aktionen) gab es einen zuständigen Mitarbeiter. Termine wurden festgelegt und in das Berichtssystem der ABAG eingebunden. Jeder Projektleiter hatte seinen „Reviewtag". Außerdem würden alle Projekte mit der Budgetberatung wieder auf der Tagesordnung stehen.

- Die Budgettorte

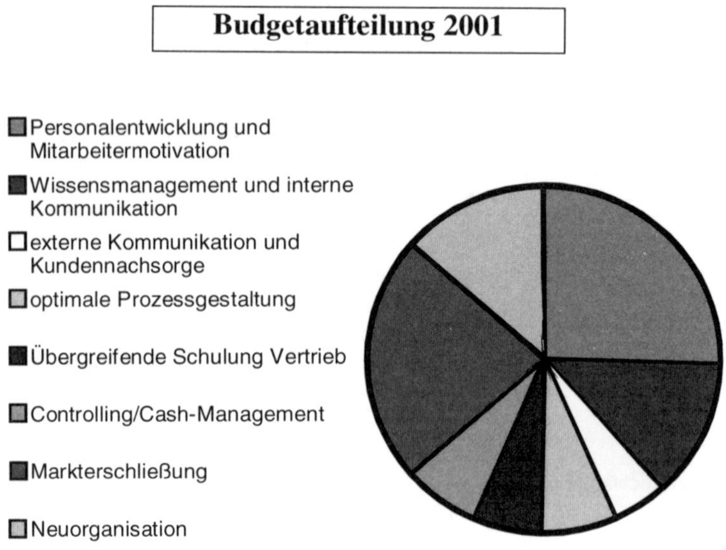

Abb. 34: Das Scorecard-Budget der ABAG

Damit war die Erarbeitung der Balanced Scorecard auf der obersten Ebene der ABAG zu einem Ende gekommen. Jetzt galt es, den Prozess mit Leben zu erfüllen, am Leben zu halten. Und herunterzubrechen auf die einzelnen Abteilungen des Unternehmens, um Schritt für Schritt alle Mitarbeiter in die Umsetzung der strategischen Zielstellungen einzubeziehen.

5.6 Checkliste für günstige Rahmenbedingungen zum Erarbeiten einer Balanced Scorecard

Nun haben wir schon über drei Beispiele für die Erarbeitung einer Balanced Scorecard berichtet: die Fachbuch GmbH, die Marwitz GmbH und die ABAG. Wir wollen nicht verbergen, dass in diese Beispiele die Erfahrungen aus verschiedenen, ähnlich gearteten Unternehmen eingeflossen sind. Dabei konnten wir im Verlaufe der Zeit einige Erfahrungen sammeln, welche Rahmenbedingungen der Erarbeitung einer Balanced Scorecard förderlich sind. Wir wollen sie im Folgenden kurz skizzieren.

Als wichtigsten Punkt: Machen wir unseren Kopf frei! Dies ist die Hauptbotschaft in diesem Zusammenhang. Den eigenen Kopf frei machen, und den unserer Mitarbeiter, die in dem Prozess der Scorecard-Erarbeitung einbezogen sind. Wie geht das, was kann diesen Prozess unterstützen?

1. Führen wir unsere Workshops in lockerer Umgebung durch, keinesfalls im Unternehmen selbst. Ansonsten ist es nicht zu verhindern: Andauernd klingelt ein Telefon, permanent ist einer unterwegs, muss beim Kunden schlichten und einen Lieferanten bedrängen – eben Tagesgeschäft! Raus da. Ohne Schlips und Kragen in ein kleines Hotel im Grünen, je enger, je lieber. Und mindestens eine Autostunde entfernt von Haus, Heim und Firma. Damit die Abende der Kommunikation dienen. Die meisten Vorstände, Geschäftsführer etc. kennen von ihren Kollegen höchstens die Vornamen, aber das war es dann auch schon. Und mit diesen will man gemeinsam zu neuen Ufern aufbrechen?
2. Nehmen wir alle Vorstände, Geschäftsführer, alle wichtigen Personen des Bereiches mit, für den eine Balanced Scorecard erarbeitet werden soll. Alle, ohne Ausnahme. Lieber verschieben, als hinterher das Gerede: „Ist doch alles Quatsch, was die sich ersponnen haben“. Wenn alle eingebunden sind, jeder seine Meinung, seine Ideen hat einbringen können, dann kann es zum Erfolg führen. Aber leider gibt es eine maximale Obergrenze für die Teilnehmerzahl an einem derartigen Workshop. Maximal 15, besser nur zwölf sollten teilnehmen, sonst ist das Team nicht mehr zu „steuern“.

3. Wir sollen aber auch nach unten eine Grenze einziehen. Mindestens neun Teilnehmer müssen es schon sein! Denn in kleinen Arbeitsgruppen können – manchmal auch befreit von dem allgegenwärtigen Chef – neue Gedanken aufblitzen, werden festgehalten und dann dem staunenden Plenum vorgetragen. Kreativität gelingt selten in großen Gruppen. Und es obliegt der Kunst des Moderators, diese zu wecken. Aber ebenso bei allzu großer Phantasie geht es um die Kunst des Moderators, die Gruppen in Maßen wieder einzufangen. Wenn die Ziele zu „spinnert" werden.

   Die Arbeit erfolgt dann in Kleingruppen zu je drei oder vier Teilnehmern und in Wettbewerb zu anderen Gruppen mit dem gleichen Thema. Und immer in wechselnder Besetzung, damit jeder das Vergnügen hat, gemeinsam mit dem „Chef" Ideen auszuhecken.

   Unsere Erfahrung hierbei: Es ist schon erstaunlich, wie hemmend manche Vorstände/Geschäftsführer sind. Aber auch andere Seiten haben wir erlebt: sprühend vor Geist und Witz, die tollsten Ideen habend oder aufgreifend, also richtige Kreativkräfte auf der Führungsebene. Verschiedenheit, wie es im Leben so ist. Daher die Arbeit in immer wechselnden Kleingruppen. Und es gibt in diesem Prozess erst einmal keine Grenzen, alles an Ideen ist erlaubt und erwünscht. Einschränken können wir uns später immer noch!

4. Wir müssen aufschreiben, damit die Ideen mitgenommen werden können. Alles sollte dokumentiert werden, auch schon, damit jeder sieht: Das kommt von mir. Am besten auf Karten in Schlagwörtern notieren, so dass es auch alle lesen können. Und dann an das Pinnbrett. Zum Lesen, zum Zusammenfassen, zum Umorganisieren, zum Arbeiten an und mit den Ideen. Gesprochenes verflüchtigt sich zu schnell. Geschriebenes bleibt!

5. Ein wichtiger Bestandteil des Managementprozesses Balanced Scorecard besteht in der Kommunikation untereinander, im Reden, im Zuhören, im Mitfühlen, Mitdenken. Lassen wir uns Zeit für die Kommunikation – sie ist in Unternehmen häufig die größte Schwachstelle überhaupt!

Der Aufwand? Wir meinen, in drei Tagen kann man den Prozess Balanced Scorecard im Unternehmen anstoßen. Können wir gemeinsam Vision und Mission erarbeiten, Strategien andenken. Können wir aus Aktionen strategische Projekte entwickeln und verantwortliche Mitarbeiter benennen. Und Budgets in Größenordnungen festhalten. Aber danach geht es an das Umsetzen, an das „TUN“. Überprüfen, ob die Vision erreichbar ist, die Slogans von Mitarbeitern wie Öffentlichkeit verstanden werden. Ob die Strategien machbare Wege sind. Erarbeiten von Plänen für alle strategischen Projekte. Pläne, die in einen Zeit- und Budgetbedarf münden – und dieser ist abzustimmen mit der operativen Jahresplanung.

Und dann muss unter Einbeziehung der anderen strategischen Projekte des Unternehmens der zur Verfügung stehende Budgetkuchen verteilt werden. Aber dies ist klassisches Budgetgeschäft, das kann unsere Mannschaft bereits.

Jetzt sind wir auf dem besten Weg, die Balanced Scorecard in unserem Unternehmen zum Leben zu erwecken, den Prozess am Laufen zu halten. Nur fertig werden wir nie – es bleibt eine never ending story mit

My Balanced Scorecard.

6 Eine vertrauensbasierte Organisation – Grundlage der Balanced Scorecard

Auf einen Blick:

⇨ Es gibt keine objektive Kennzahl. Ihre Botschaft hängt von unserem Kommunikationsverhalten ab.

⇨ Die Balanced Scorecard kann Konflikte nicht lösen. Sie kann aber dabei helfen, Konflikte frühzeitig offen zu legen, damit wir rechtzeitig reagieren können.

⇨ Vertrauen kann man nicht erzwingen; wir müssen es vorleben.

Wir haben nun die Scorecards der Fachbuch GmbH, der Marwitz GmbH und der ABAG kennen gelernt. Sie haben uns gezeigt, auf welche Weise wir an die Erarbeitung einer Balanced Scorecard herangehen können. Sie haben uns darüber hinaus gezeigt, dass Kommunikation und Vertrauen den Prozess einer Balanced Scorecard enorm befördern.

Nicht, dass eine Balanced Scorecard mit wenig Kommunikation und ohne Vertrauensbasis unmöglich wäre. Aber wo Kommunikation und Vertrauen fehlen, dominieren die „Systeme“, dominieren die Kennzahlen in ihrem technischen Verständnis. Wir weichen auf die technische Information der „reinen“ Zahl aus. Weil wir uns nichts zu sagen haben. Weil wir den Mühen einer nicht nur oberflächlichen Kommunikation von Angesicht zu Angesicht aus dem Wege gehen. Weil wir einander misstrauen.

6.1 Strategie und Kommunikation

Die Kunst der Strategie besteht darin, aus utopischen Träumen mögliche Denkansätze abzuleiten und sie in praktisches Handeln umzusetzen.

Solange ich Strategien für mich selbst entwickle, mag es noch angehen, dass ich meine Überlegungen für mich behalte. Selbst dann wird es schwierig werden, ganz ohne Kommunikation auszukommen, denn spätestens beim praktischen Handeln wird Kommunikation mit anderen nicht mehr zu vermeiden sein.

Wenn wir in unserem Unternehmen Strategien entwickeln wollen, sollte eine intensive Kommunikation von Anfang an Bestandteil all unserer Bestrebungen sein. Ohne ausreichende Kommunikation wird es nur in eingeschränktem Maße gelingen, unsere vielleicht guten Denkansätze in praktisches Handeln umzusetzen. Dazu bedarf es des Mittuns aller Mitarbeiter. Und in einem Wettbewerbsumfeld, das zunehmend vom effektiven Umgang mit dem im Unternehmen akkumulierten Wissen geprägt wird, kommt es auch auf das Wissen unserer Mitarbeiter um die strategischen Ziele und Wege an.

Man mag einwenden, dass eine allzu freizügige Kommunikation bestimmte strategische Entwicklungen offenbart, die als Vorsprung im Wettbewerb genutzt werden könnten. Hier gilt es abzuwägen. Es ist in der Tat nicht alles für die Öffentlichkeit bestimmt. Und breite Kommunikation zu einem zu frühen Zeitpunkt erhöht die Gefahr, dass Informationen zu falscher Zeit in falsche Hände geraten. Allerdings: Je enger wir den „Kreis der Eingeweihten" halten, umso mehr steigt die Gefahr, dass die Wissensträger einfach abgeworben werden oder sich selbstständig machen und tiefe Wunden hinterlassen. Da sie das Wissen in ihrem Kopf tragen. Für Ersatz hatten wir nicht gesorgt. Denn es sollten so wenig Mitarbeiter wie möglich einbezogen werden.

Die Kunst der Umsetzung von Strategien ist also sehr eng verwoben mit der Kommunikationskultur im Unternehmen. Wir wollen im Folgenden einige Aspekte etwas näher beleuchten. Aspekte, die mit dem Instrument Balanced Scorecard im Zusammenhang stehen. Es ist ein Exkurs. Aber ein wichtiger Exkurs. Damit wir keine Illusionen haben über die Möglichkeiten einer Balanced Scorecard.

6.1.1 Die Botschaften einer Kennzahl

Kennzahlen sind wichtige Informationsträger in jedem Unternehmen. Sie spielen auch eine wesentliche Rolle bei der Erarbeitung und Umsetzung einer Balanced Scorecard. Allerdings ist die Wirksamkeit von Kennzahlen in starkem Maße davon abhängig, wie wir mit ihnen umgehen.

Zunächst ist eine Kennzahl nichts anderes als eine Aggregation aufbereiteter Informationen. Sie steht nicht für sich allein. Sie ist eingebettet in einen Kontext vielfältiger Informationen, die in einem gewaltigen Umfang beständig auf uns einwirken. Aber die meisten Informationen gehen verloren.

Wenn man einschlägigen Untersuchungen glauben darf, nehmen wir in jeder Sekunde mit unseren Sinnen wie Augen, Ohren, Haut, Mund, Nase etc. eine Informationsmenge auf, die einem Speichervolumen von 10 Mio. Bit entspricht. Wir verarbeiten mit unserem Gehirn von dieser Fülle etwa 10 %, also 1 Mio. Bit pro Sekunde. Und aktiv nutzen wir nur den winzigen Bruchteil von 50 Bit. Das sind 0,0005 % der von unseren Sinnen wahrgenommenen Information. Und wir leben gut damit!

Und um das Ganze noch mehr infrage zu stellen: Die von unseren Sinnen wahrgenommenen Informationen sind nicht identisch mit der realen Welt. Sie sind Informationen, die von den real ablaufenden Prozessen im Nachhinein hinterlassen werden. Wir müssen sie deuten, interpretieren. Und dann können wir bestenfalls glauben, die reale Welt zu verstehen. Aber die wirklichen Fakten, die reale Welt selbst werden wir niemals kennen lernen.

Es ist wie mit unserer ersten Liebe. Da läuft der „auserwählte“ Partner vielleicht Monate oder Jahre neben uns her und wir registrieren ihn nicht. Wir nehmen die von ihm ausgehenden Signale nicht auf. Er existiert zwar in der Realität, aber nicht für uns. Bis es „funkt“ – und auf einmal steht er da wie Gottes Werk auf Erden. Und strahlt wie die Sonne selbst. Aber auch das ändert sich schlagartig, wenn die Liebe endet. Es fällt uns wie Schuppen von den Augen. Wir waren blind vor Liebe. Aber ist das nun entstehende etwas nüchternere Bild die Realität? Mitnichten. Unser Bild ist inzwischen facet-

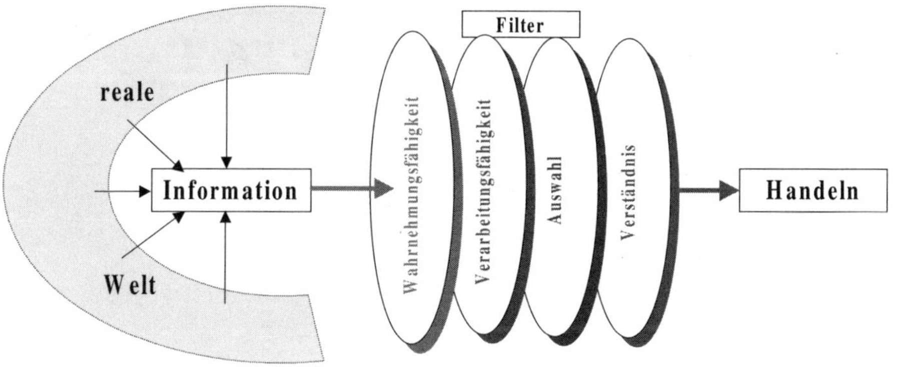

Abb. 35: Reale Welt, Information und aktives Handeln

tenreicher, weil wir mehr vom ehemaligen Partner wissen. Aber es bleibt immer unsere individuelle Sicht und damit zwangsläufig einseitig.

Und noch eine weitere Erkenntnis sollten wir beachten, wenn wir mit Kennzahlen umgehen: Es geht nicht nur darum, dass wir intuitiv wesentlich mehr Informationen aufnehmen als jene, die wir in Kennzahlen erfassen und widerspiegeln. Die Filter, mit denen wir die Masse der wahrgenommenen Informationen von 10 Mio. auf 50 Bit pro Sekunde reduzieren, funktionieren immer individuell. Sie sind abhängig von unserer Erfahrung, von unserer Kultur, von unserer Erziehung, von unserem Wissen. Sie sind abhängig von unseren Fähigkeiten, unseren Absichten, von unserer Einbindung in das feine Beziehungsgeflecht zu anderen Menschen.

Es ist wie mit einem Film, den sich fünf Freunde gemeinsam anschauen. Wenn sie hinterher davon berichten, kann man oft den Eindruck gewinnen, dass sie fünf verschiedene Filme gesehen haben. Oder denken wir an die vielen Redewendungen, die diesen Umstand der unterschiedlichen oder auch sich wandelnden Sichtweisen in der alltäglichen Erfahrung widerspiegeln: „Jemanden mit anderen Augen sehen“, „Den Wald vor lauter Bäumen nicht sehen“ oder wie schon erwähnt „Vor Liebe blind sein“, „Wie Schuppen von den Augen fallen“ etc.

Aber sind wir uns immer der Tatsache bewusst, dass wir – und jeder auf seine individuelle Weise – mit Kennzahlen mehr verbinden, als sie „für sich genommen“ aussagen? Ist beispielsweise die betrachtete Zahl in der folgenden Abbildung nun eine „6“ oder eine „9“? Oder kommt es eher auf die Sicht des Einzelnen an?

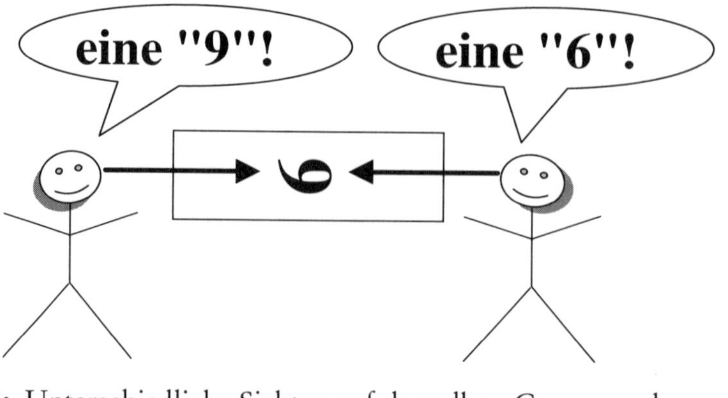

Abb. 36: Unterschiedliche Sichten auf denselben Gegenstand

Wie schnell können wir uns über Kennzahlen streiten. Ohne uns ernsthaft zu fragen, ob der Streit gar nicht so sehr um die Sache geht. Ob seine Ursache nicht eher in unserer unterschiedlichen Sicht auf die Dinge liegt.

Wenn beide Seiten Harmonie suchen, „einigen" wir uns. Je nach Kräfteverhältnis auf einen Wert um die 7,5. Nur, wem haben wir damit gedient? Der Lösung des Problems oder dem eigenen Ego?

6.1.2 Konflikte im betrieblichen Alltag

Und schließlich sei noch ein weiterer Aspekt hinzugefügt, der uns für einen sorgsamen, vorsichtigen Umgang mit Kennzahlen sensibilisieren soll. Bei der Präsentation einer Kennzahl entstehen mit der Sachaussage zugleich mehrere Nebenaussagen:

Stellen wir uns für einen Moment die banale Situation eines Ehepaars in einem Auto vor. Sie sitzt am Steuer, er daneben. Sie stehen an einer Ampelkreuzung. Die Ampel wird grün. Er sagt: „Es ist grün." Und sie antwortet: „Noch ein Wort, und Du steigst aus!"

Noch nie erlebt? Oder haben Sie vielleicht doch ähnliche, scheinbar unerwartete Reaktionen auf eine nüchterne Sachaussage in anderen Situationen erfahren?

Die Sachaussage „Es ist grün" war offensichtlich berechtigt. Die Ampel war grün! Nur wir bedenken zu selten die Nebenaussagen, die sich gewollt oder ungewollt mit unserer Sachaussage verbinden.

- Da ist zum ersten die Aufforderung an den oder die Empfänger, etwas zu tun („Nun fahr doch endlich los. Grüner wird's nicht!").
- Das ist zum zweiten die persönliche Wertung des Präsentierenden („Du kannst ja gar nicht richtig fahren.").
- Da ist zum dritten die Beziehungsbotschaft des Präsentierenden an den oder die Empfänger („Du solltest endlich akzeptieren, dass ich der bessere Autofahrer bin!").

Diese Nebenbotschaften wurden nicht ausgesprochen, aber gehört. Dahinter stecken vielfältige Erfahrungen beider Ehepartner aus den unterschiedlichsten Situationen und zum Teil aus lange zurückliegenden Ereignissen.

So ist es im betrieblichen Alltag auch. Nicht die Sachaussagen, die Nebenbotschaften bilden das Hauptpotenzial für Konflikte.

Wenn wir Kennzahlen präsentieren, vermitteln wir – ob wir das wollen oder nicht – zumeist zwei Nebenbotschaften:

- „Ich habe Recht!" (denn Kennzahlen sind Fakten! [?])
- „Du bist schuld!" (Warum konnte das passieren?)

Und ganz unvermittelt fühlt sich unser Gegenüber unter Rechtfertigungszwang. Die aus frühester Kindheit („Warum hast Du das getan?!") eingeübten Reflexe werden aktiviert. Das Resultat ist Widerstand, Misstrauen, Furcht, mitunter Feindschaft.

Das liegt nicht an der Kennzahl. Das liegt an der Art und Weise, wie die Kennzahl auf den Tisch kommt, wie wir sie präsentieren, liegt an der Atmosphäre, liegt am Unternehmensklima.

Wir sollten uns daher bemühen, die Nebenbotschaften von Kennzahlen zu erkennen und offen auszusprechen. Insbesondere die im mathematischen Sinne positiven oder negativen Abweichungen des IST vom SOLL führen zu unausgesprochenen Nebenbotschaften, weil sie moralisch interpretiert werden. Eine positive Abweichung ist gut, eine negative schlecht! Dabei ist jede Abweichung zunächst nicht mehr als ein Hinweis auf mögliche Probleme.

Und wir sollten gegen ungewollte Nebenbotschaften offen angehen. Das ist mitunter schwer. Insbesondere, wenn die bisherige Unternehmenskultur durch Misstrauen geprägt wurde. Wenn Offenheit eher bestraft als belohnt wurde.

Wenn wir uns dieser Aufgabe aber nicht stellen, werden wir mit Kennzahlen immer wieder eher Fronten bilden als Probleme lösen. Werden wir Konflikte schüren, anstatt sie abzubauen. Und dann hilft uns auch keine Balanced Scorecard. Im Gegenteil. Denn sie erzeugt in einem misstrauensbasierten Unternehmen nur neuen Rechtfertigungsdruck, neue Konflikte, neues Misstrauen, neue Ablehnung.

In einem derartigen Umfeld verkommt die Balanced Scorecard leicht zu einer Modifikation der bekannten, auf Kennzahlen aufgebauten Kontrollsysteme.

Welche Schlussfolgerungen können wir ziehen?

Die erste und vielleicht wichtigste:

Es gibt keine „Fakten", keine „objektiven", keine „exakten" Kennzahlen. Das gilt sowohl qualitativ als auch quantitativ. Jede unserer Wahrnehmungen ist subjektiv. Und selbst die mit den feinsten Instrumenten so „genau" ermittelte Zahl gewinnt ihre eigentliche Aussage und Bedeutung erst in der Kombination mit der Vielzahl von Bedingungen, unter denen sie gemessen wurde. Daher steht sie nicht für sich. Die Einbettung in das Umfeld vollziehen wir in unserem Kopf. Zumeist völlig unbewusst. Und immer individuell, immer subjektiv!

Daher die zweite Schlussfolgerung:

Es gibt keine „richtigen" oder „falschen" Kennzahlen. Wie wir die Information einer Kennzahl aufnehmen und ob wir uns wirklich von ihr leiten lassen, hängt vom gesamten Umfeld ab, in dem wir arbeiten und leben. Unter anderem vom Erarbeiter einer Kennzahl. Ob wir ihm vertrauen oder nicht. Ob wir gute oder schlechte Erfahrungen mit ihm gemacht haben Und sie hängt davon ab, was wir mit einer Kennzahl verbinden. Genugtuung? Rivalität? Angst vor der Zukunft?

Schließlich die dritte Schlussfolgerung:

Es gibt keine für alle Unternehmen geeigneten Kennzahlen. Wir müssen schon selbst auswählen, welche Informationen und damit welche Zahlen und wieviele Kennzahlen für unser Unternehmen wichtig sind. Und wir sollten unsere Auswahl von Zeit zu Zeit auf ihre Wirksamkeit hin überprüfen!

Damit sind wir beim Kernpunkt. Denn die Wirksamkeit der von uns ausgewählten Kennzahlen ist in erster Linie davon abhängig, wie wir sie kommunizieren. Was wir mit ihrer Hilfe erreichen wollen.

- Wir können sie für eine umfassende Kontrolle nutzen. Dann werden wir darauf achten müssen, ein möglichst durchgängiges, mathematisch berechenbares System von Kennzahlen aufzubauen. Wie bereits im dritten Kapitel erwähnt, vermittelt uns die moderne Datenverarbeitung leider die

Illusion allmächtiger Kontrollmöglichkeiten. Wir verkennen dabei leicht, dass die in Managementinformationssystemen hierarchisch strukturierten Informationen auf ihren technischen Gehalt, auf die reine Zahl reduziert sind. Die vielfältigen Bedingungen, unter denen die ursprünglichen Informationen entstanden sind, unter denen sie erfasst wurden, sie finden keinen Eingang in das System. Schlimmer noch: Irgendwann verselbstständigen sich die Zahlen so weit, dass wir sie nur noch mathematisch analysieren. „Die Zahlen müssen stimmen!" Welche Informationen sie tragen spielt nur noch eine untergeordnete Rolle. Manchmal kennen die Zahlenjongleure die Informationen gar nicht mehr. Das ist auch der Grund, warum uns die meisten Zahlen fremd sind[34]. Wir fühlen uns von ihnen eher bedroht, als dass wir sie als Hilfsmittel, als Unterstützung für unser Handeln betrachten. Wir empfinden sie als Belastung. Wir müssen uns mit ihnen beschäftigen, weil die Kontrollinstanzen allgegenwärtig sind. Und wir werden die Zahlen manipulieren, wenn sich die Gelegenheit ergibt. Denn wer rechtfertigt sich schon gerne?

- Wir können die Kennzahlen nutzen, um Macht zu demonstrieren oder Machtpositionen zu befestigen. Wir können Noten vergeben, können (als bürokratischer Erbsenzähler) den anderen zeigen, dass wir der Oberlehrer sind und im Ernstfall am längeren Hebel sitzen – bis die anderen die Chance bekommen, uns auszuzählen. Die Zahlen werden zur Munition. Zur Munition in Ränkespielen, für Intrigen, für tatsächliche oder Scheingefechte. Sie dienen dann eher der Verdrehung als der Vermittlung von Informationen. Die Informationen verkommen zum Monopol für diejenigen, die über sie verfügen. Das ist auch eine Art von Menschenführung. Allerdings eine sehr fragwürdige.
- Aber wir können Kennzahlen auch dazu nutzen, unsere konkreten Aktionen auf konkrete Ziele zu orientieren. Wir können sie dazu nutzen, entstehende Probleme frühzeitig zu signalisieren, um sie rechtzeitig lösen zu können. Dann wird es uns weniger auf die Zahl selbst ankommen, weniger auf ihre „Genauigkeit" als auf ihre Signalwirkung. Und wir werden sie nicht dazu missbrauchen, anderen eine „Schuld" zuzuweisen. Wir werden sie als Indikator nutzen, zur Identifikation von bisher ungenü-

34 Das ist übrigens auch ein Grund, warum viele Menschen Kennzahlen eher skeptisch gegenüberstehen, sie eher als lästiges (aber leider notwendiges) Übel denn als geeignetes Hilfsinstrument zur zielgerichteten Führung betrachten.

gend ausgeschöpften Innovations- und Entwicklungspotenzialen. Oder zur Identifikation von Konfliktpotenzialen zu einem Zeitpunkt, an dem sie noch in steuerbare Bahnen gelenkt werden können. Wir werden sie als Katalysator nutzen, um gemeinsam nach Lösungswegen zu suchen. Aber wir werden kein mathematisch durchgängig berechenbares Zahlensystem mehr benötigen. Weil wir die (ohnehin fragwürdige) durchgängige Kontrolle nicht mehr benötigen. Wir werden sie als Hilfsinstrument nutzen, um das soziale Gefüge unseres Unternehmens auf unsere gemeinsam erarbeiteten strategischen Ziele auszurichten. Um unseren Erfolg nicht im Gegeneinander, sondern im Miteinander zu finden.

Die Balanced Scorecard kann die Art und Weise unseres Umgangs mit Kennzahlen nicht ändern. Wir müssen uns vorher entscheiden, was wir wollen. Allerdings wird die Wirksamkeit unserer Balanced Scorecard von dieser Entscheidung stark beeinflusst.

Wenn wir für die praktische Verankerung unserer strategischen Zielstellungen im unternehmerischen Alltag das kreative Engagement unserer Mitarbeiter benötigen (und das tun wir!), dann sollten wir sie zum Mittun ermuntern, sie zu Aktivität und Eigeninitiative motivieren. Das aber wird mit Kontrolle und Machtdemonstrationen nicht funktionieren.

Und wenn wir mehr Miteinander, mehr soziale Kommunikation, mehr Vertrauen im gegenseitigen Umgang anstreben, dann kann die Balanced Scorecard ein geeignetes Hilfsinstrument sein, dieses Ziel zu erreichen. Aber nur, wenn wir es wollen. Und das schließt die Leitung, die entscheidenden Führungskräfte unseres Unternehmens ein.

6.2 Die Wirkung von Misstrauen

Über die Wirkung von Misstrauen ist diesem Buch schon viel geschrieben und gesagt worden. Deshalb hier eine stichpunktartige Zusammenstellung der Folge von Misstrauen:

1. Informationen werden zurückgehalten, wenn der Informationsgeber negative Auswirkungen für sich befürchtet.

   Sobald ein Unternehmen eine gewisse Größe überschreitet, sind die Informationen nicht mehr überschaubar. Der Kontrolleur, der Revisor oder das EDV-basierte Managementinformationssystem sind darauf angewiesen, sich die benötigten Daten von Mitarbeitern zu beschaffen. Dabei sind sie auf deren Mitarbeit angewiesen. Und was nicht erfragt wird, muss nicht gesagt werden. Warum auch? Wer gibt sich schon freiwillig eine Blöße?

Das Gefährliche daran liegt allerdings in dem Umstand, dass Gefahrenherde oftmals an Stellen entstehen, die wir nicht vermuten, nach denen niemand fragt. Unsere Mitarbeiter ahnen oftmals viel früher als ihre Führungskräfte, was sich an Problemfeldern im Unternehmen zusammenbraut. Aber sie werden nicht von sich aus darauf hinweisen, wenn sie sich dann auch noch rechtfertigen müssen.

2. Positive Informationen werden überbetont, negative unterdrückt.

   Es ist der gleiche Mechanismus mit den gleichen gefährlichen Auswirkungen. Misstrauen erzeugt Schönfärberei. Wenn der Überbringer schlechter Nachrichten „geköpft“ wird, will keiner den Märtyrer spielen. Also soll die Kontrollinstanz die schlechten Informationen ausgraben. Freiwillig wird nur das offenbart, was schon längst offenbar ist. Ansonsten ist „schönreden“ angesagt. Selbst wenn die Titanic den Eisberg schon getroffen hat.

3. Kontrollsysteme werden manipuliert.

   Wer sich allzu oft rechtfertigen muss, wird erfinderisch. Und Manipulationspotenzial findet sich überall. Seien es die Kosten, die mehreren Projekten oder Kostenträgern zugerechnet werden können. Seien es die unfertigen Leistungen, die meistens nur Schätzwerte sind. Seien es die Rechnungsabgrenzungen zum Monatsende. Der Phantasie sind keine Grenzen gesetzt. Der besten Kontrollinstanz wird es nicht gelingen, dieser Manipulation Herr zu werden.

4. Das Leistungsverhalten wird an vorgegebene Standards angepasst.

   Eigeninitiative ist nicht gefragt. Nur das positiv abrechenbare Verhalten zählt. Aber auch nicht zu viel. Denn die Kollegen könnten eine Anbiederung an den Chef vermuten und mit Ausgrenzung reagieren, im Extremfall mit gezieltem Mobbing. Also sichtbar bleiben, damit man nicht angezählt wird. Aber auch nicht zu weit aus dem Fenster lehnen. Man könnte abstürzen. „Im zweiten Drittel der Erste sein!“ – das ist die Devise.

5. Die zwischenmenschlichen Beziehungen werden reduziert.

   „Misstrauen macht einsam", sagt der Volksmund. Und er hat Recht. Wir reden nicht viel miteinander, wenn wir uns nicht trauen. Worüber sollen wir auch reden? Die unverfänglichen Themen wie Wetter und Fußball sind schnell abgegrast. Und über unsere Probleme werden wir nicht mit anderen sprechen. Es könnte gefährlich sein. Das gilt genauso für zu enge private Kontakte.

6. Es werden mit hohem Zeiteinsatz Verteidigungsstrategien ausgearbeitet.

   Dieser Punkt hat wahrscheinlich die gravierendsten Auswirkungen in misstrauensbasierten Unternehmen: Wieviel personelle Kapazitäten werden hier vergeudet! Jedes Meeting, jede Leitungs- oder Direktionssitzung, jede Vorstandsberatung kann die Plattform für unvermutete Angriffe und Vorwürfe sein. Wehe dem, der darauf nicht gründlich vorbereitet ist. Es könnte seinen Stuhl kosten. Oder seine Reputation. Im schlimmsten Fall seinen Arbeitsplatz. Anstatt die Kräfte nach vorn zu richten, wird langwierig die Vergangenheit aufgearbeitet, nach Angriffsflächen durchforstet und gegebenenfalls uminterpretiert.

6.3 Regeln zur Vertrauensbildung

Dass demgegenüber Vertrauen bessere Möglichkeiten der Zusammenarbeit erschließt, braucht nicht lange erläutert werden. Es liegt auf der Hand. Alles, was wir im vorigen Abschnitt als Mangel beschrieben haben, kehrt sich in einer vertrauensbasierten Organisation ins Gegenteil um. Informationen werden nicht mehr zurückgehalten oder manipuliert. Und Eigeninitiative wird gefördert, auch wenn sie mitunter zu Fehlern führt. Man ist bereit, aus Fehlern zu lernen und ihre Kosten als Lehrgeld zu akzeptieren – sofern sich der Fehler nicht wiederholt. Probleme werden frühzeitig offenbart, um sie gemeinsam lösen zu können. Und die viele Zeit, die früher für Verteidigungsstrategien vergeudet wurde, steht nun der Zukunftsgestaltung zur Verfügung.

Leider ein Idealbild. Die Wirklichkeit in den meisten Unternehmen dürfte davon noch ein weites Stück entfernt sein. Allerdings ist ein Wandel in der öffentlichen Darstellung zu beobachten. Vertrauensvolles Einbinden der Mitarbeiter, ein offenes Unternehmensklima, eine Kultur des aufeinander Zugehens werden als die Managementtugenden der Zukunft gepriesen.

Nur, wie schaffen wir den Wandel von einer eher misstrauensgeprägten Vergangenheit zur hehren Zukunft der vertrauensbasierten Organisation?

Wir müssen es zunächst einmal wollen. Wirklich wollen, ausgehend von der Spitze des Unternehmens. Dabei kann uns die Erarbeitung und Umsetzung einer Balanced Scorecard behilflich sein. Weil sie die Kommunikation fördert. Weil sie uns Gelegenheit gibt, Vertrauen vorzuleben. Und nichts fördert Vertrauen mehr, als das eigene Vorbild.

Allerdings brauchen wir Geduld. Und die Kraft, nicht zu oft in die Sünden der Vergangenheit zurückzufallen.

Es gibt dabei ein paar Regeln, die wir uns zu eigen machen können, um Vertrauen vorzuleben. Die folgende Darstellung erhebt dabei weder einen Anspruch auf die letzte Wahrheit noch auf Vollständigkeit. Sie soll Anregungen geben für das eigene Nachdenken und eventuell Anstöße für das eigene Verhalten[35].

Wir wollen 12 Punkte für die Zusammenarbeit von Führungskräften mit ihren Mitarbeitern vorstellen:

1. Berechenbarkeit (Es geht nicht um die Verbiegung des eigenen Charakters; aber wir sollten uns zu unserem Charakter bekennen und in unserem Verhalten verlässlich bleiben.)
2. Ehrlichkeit und Aufrichtigkeit (Nicht alles muss gesagt werden, aber wenn etwas gesagt wird, sollte es ehrlich sein.)
3. Einhaltung von Versprechen und Zusagen (Lieber wenige aber dafür immer eingehaltene Zusagen)
4. Zielklarheit und Deutlichkeit von Aussagen (Dabei sollten wir je nach Eigenheit unserer Mitarbeiter differenzieren.)
5. Bereitschaft zur vollständigen Information (Das bedeutet nicht Information zur Unzeit; unausgegorene Konzeptionen müssen nicht vor allen ausgebreitet werden; wenn aber ein Auftrag gegeben wird, muss der Ausführende diesbezüglich vollständig informiert sein.)
6. Bereitschaft zur Teilung von Verantwortung und Kontrollverzicht (Wenn wir Verantwortung übertragen, schließt das den Verzicht auf Kontrolle

35 Wir greifen dabei auf einen Vortrag von Prof. Ulrich Krystek zurück, gehalten auf dem 7. Controlling Orientierungstag des Controller Verein eV im Oktober 1999 in Berlin.

ein – nicht bezüglich des Gesamtergebnisses, aber bezüglich der Details der Auftragsdurchführung. Hineinregieren führt defacto zu einer Aufhebung der übertragenen Verantwortung.)

7. Bekämpfung von Gerüchten durch Information (Der Informationsbedarf unserer Mitarbeiter wird entweder durch uns befriedigt oder durch Gerüchte. Wir sollten daher immer bestrebt sein, aktiv zu informieren.)
8. Fehlertoleranz und Verzicht auf (voreilige) Schuldzuweisungen (Dieser Punkt fördert in starkem Maße Eigeninitiative. Das darf nicht der Nachlässigkeit Tür und Tor öffnen; ein Fehler sollte sich nicht wiederholen. Es kommt aber darauf an, wie wir mit der Offenlegung von Fehlern und Problemen umgehen; dass wir sie möglichst frühzeitig erfahren, um sie noch heilen zu können.)
9. Wahrung von Erfolgs- und Urheberrechten der Mitarbeiter (Das sollten wir zu einem Maßstab für die Qualität einer Führungskraft erheben!)
10. Wahrnehmung und Abbau von Ängsten und Widerständen (Jede Veränderung führt zu Ängsten. Wenn wir sie ignorieren oder lautstark verdrängen, werden wir die latenten Widerstände verstärken. Ängste können wir nur durch Akzeptanz und sensible Zuwendung abbauen und allmählich überwinden.)
11. Strikte Wahrung von Vertraulichkeit (Wenn wir ins Vertrauen gezogen werden, sollten wir das mit Vertraulichkeit honorieren. Vertrauen und Vertraulichkeit haben nicht zufällig denselben Wortstamm, sie sind wie zwei Seiten einer Medaille.)
12. Ruhe und Gelassenheit bewahren (Geduld ist eine wichtige Tugend für jede Führungskraft: „In der Ruhe liegt die Kraft“, sagt der Berliner – darin kommt durchaus eine gewisse Lebensweisheit zum Ausdruck).

Je mehr es uns gelingt, diese Regeln zu beherzigen, umso eher werden wir in der Lage sein, die in der Balanced Scorecard liegenden Möglichkeiten gemeinsam mit unseren Mitarbeitern auszuschöpfen, damit jeder Mitarbeiter sagen kann:

It’s *My* Balanced Scorecard!

7 Kennzahlen aus der Praxis

Auf einen Blick:

⇨ Kaplan und Norton fordern als oberste Handlungsmaxime für eine Balanced Scorecard: „Putting Strategy into action" und betonen immer wieder , dass Balanced Scorecard ein Managementprozess und kein Kennzahlensystem ist.

⇨ Es müssen für jedes Unternehmen spezifische strategische Prozesse zur Erreichung der Vision, des Leitzieles erarbeitet werden. Daher verfügt jedes Unternehmen, jeder Bereich, jede Abteilung auch über spezifische, zielorientierte Kennzahlen.

⇨ Die hier vorgestellten Kennzahlen, nicht nur aus den vier von Kaplan und Norton bekannten Perspektiven, sollen Anregung und Hilfe geben, für die eigene Balanced Scorecard strategische Prozesse durch Kennzahlen erfassen und die beteiligten Mitarbeiter führen zu können.

Wie wir weiter oben schon ausgeführt haben, sollte für jedes Unternehmen, für jeden Unternehmensbereich, für jede Abteilung eine individuelle Scorecard erarbeitet werden. Eine Balanced Scorecard, die geeignete Aktionen zu strategischen Projekten bündelt und Kennzahlen für die zielorientierte Führung der beteiligten Akteure enthält. Damit die Mitarbeiter dieses Bereiches, damit der verantwortliche Projektleiter, damit die jeweiligen direkten Vorgesetzten ihren Beitrag zur strategischen Zielerreichung jederzeit erkennen können. Damit die Akteure sehen können, ob sie die vereinbarten strategischen Projekte richtig „handeln", ob sie „die richtigen Dinge richtig tun".

Im Sinne des Managementprozesses Balanced Scorecard bedeutet dies, dass jeder Bereich sich selbst seine strategieorientierten Projekte erarbeitet, selbst die Maßgrößen mit Ist- und Sollwerten bestimmt. In der Konsequenz wird diese individuell erarbeitete Balanced Scorecard in ihrer Gesamtheit weder sinnvoll nach oben aggregiert noch über mehrere Unternehmenshierarchieebenen kommuniziert werden können. Verstehen wird die Balanced Scorecard nur derjenige richtig, der sie auch mit erarbeitet hat.

Allerdings kann es aus Zwecken der externen Berichterstattung, des Leistungsvergleichs (Benchmarking) vorteilhaft erscheinen, einige wenige strategische Projekte und die dazugehörigen Kennzahlen über alle Bereiche und Ebenen eines Unternehmens oder Konzerns einheitlich zu formulieren. Wir sollten uns dabei der Grenzen derartiger Gleichschaltung bewusst sein. In den seltensten Fällen sind die Bedingungen für strategische Projekte in allen Bereichen und Ebenen gleich. Sie werden auch nicht gleicher durch die Vergabe eines einheitlichen Oberbegriffs.

In der Aggregation gleichartig formulierter Kennzahlen „verschwinden" alle Unterschiede der ihnen zugrunde liegenden Aktionen. Nicht wirklich, nur auf dem Papier. Es besteht dabei die Gefahr, dass wir über der vermeintlichen Vergleichbarkeit die unterschiedlichen Bedingungen vergessen, übersehen oder erst gar nicht mehr wahrnehmen. Wenn wir dann auf solchen Kennzahlen wesentliche Entscheidungen gründen, kann deren Effekt schnell das Gegenteil von dem bewirken, was wir eigentlich wollen.

Daher ist die Idee, quasi als Vorlage Kennzahlen aus der Praxis aufzuführen, wenig hilfreich für den Prozess. Jedoch, und dies erscheint uns wichtig, wollen wir Mut machen, auch ohne intensive externe Beratung mit der Arbeit an der Balanced Scorecard zu beginnen. Mut machen, sich nicht mit althergebrachten Kennzahlen abzufinden, die primär aus dem Rechnungswesen stammen. Mut machen, kreativ das versuchen zu messen, was den Beteiligten strategieorientiert als wichtig erscheint. Gemäß der Devise von Kaplan/Norton „you can only manage, what you can measure" gilt es, auch bisher nicht Gemessenes zu messen. Wenn es denn dem eigentlichen Zweck dient: strategische Ziele so in konkretes Handeln, in strategische Projekte zu fassen, dass sie im unternehmerischen Alltag gelebt werden können, eingebunden in Budget und Berichterstattung. Und dass die beteiligten Akteure mit Hilfe geeigneter Kennzahlen strategisch geführt werden können. Allein darum geht es!

Machen Sie sich frei von klassischen Kennzahlensystemen, messen Sie, was Ihren Weg zur Umsetzung strategischer Prozesse am besten beschreibt, auf eine geeignete Weise abbildet!

Die nun folgenden Beispiele sind nur im Kontext zu verstehen. Daher werden wir versuchen, für einen ausgewählten Teil der in diesem Buch bzw. auf der CD-ROM dargestellten Kennzahlen den Kontext zu beschreiben. Bei den Beispielen handelt es sich um Kennzahlen aus den verschiedensten Unternehmensebenen: Konzern bzw. Unternehmen gesamt, Unternehmensbereich, Hauptabteilung, Abteilung. Diese Kennzahlen beschreiben aktuellen Stand und Erfolg von strategischen Aktionen bzw. strategischen Projekten. Sie helfen, diese Aktionen und Projekte zu steuern.

Sie sind im Allgemeinen Spätindikatoren, häufig werden sie aber auch als Frühindikatoren genutzt. Als Indikatoren, die uns frühzeitig auf Entwicklungen aufmerksam machen können.

Aber für diese Anwendung als Frühindikatoren haben die „Macher" der Kennzahlen eine Geschichte, eine Annahme von Abhängigkeiten im Kopf. Eine Geschichte, die man sich erst einmal klar machen muss. Und die zumeist nur für diesen spezifischen Fall, nur im Kontext mit den gewonnenen Erfahrungen der Mitarbeiter dieses Bereiches, dieses Unternehmens gilt.

Oder erkennen Sie sofort die Zusammenhänge zwischen

- dem Unternehmensziel eines Verlages für Anzeigenblätter „Werbeeinnahmen um 50 % steigern" und
- dem strategischen Projekt „ Leserschaft binden" mit
- der Aktion „kostenlose Geburtsanzeigen akquirieren"?

Auf den zweiten Blick ist das einleuchtend, zumindest für diesen Verlag: Gesellschaftliche Informationen wie eben auch Geburtsanzeigen verstärken die Leserbindung, führen zum intensiven Lesen des Anzeigenblattes und damit auch zu messbaren Ergebnissen für die eigentliche Zielgruppe des Verlages, den Inserenten. Und wenn die Annahmenkette richtig ist, dann kann die Anzahl der Geburtsanzeigen ein Frühindikator sein für das Ziel „Werbeeinnahmen steigern". Und deshalb benötigen Sie für den Prozess der Balanced Scorecard erfahrene Mitarbeiter und können den Prozess nicht allein durch externe Consultants, so erfahren diese auch sein mögen, gestalten lassen.

Die Gliederung der nachfolgend erläuterten bzw. genannten Kennzahlen erfolgt entsprechend den Kaplan'schen Perspektiven. In diesem Zusammenhang wollen wir noch einmal darauf hinweisen, dass diese Perspektiven mehr der Öffnung des Kopfes als zur Strukturierung der Aktionen einzelner strategischer Projekte dienen.

Innerhalb der Perspektiven erfolgt eine Sortierung entsprechend dem Potenzial der Kennzahlen, eher als Früh- oder Spätindikatoren genutzt zu werden: Zuerst jene, die eher frühe Signale aussenden. Dann die eher späten, das Resultat einer Kette von Entwicklungen anzeigenden Kennzahlen. Aber, wie alle „Kästchen" sind die Grenzen fließend, entstehen die Eingruppierungen eher nach Gefühl und sind allemal zu diskutieren. Eine Sammlung möglicher Kennzahlen eben, so unvollständig wie jede Beschreibung der Wirklichkeit!

Auf der beiliegenden CD-ROM finden Sie unter der Rubrik „Kennzahlen aus der Praxis" außer den hier vorliegenden, ausführlich erläuterten Kennzahlen zahlreiche weitere Beispiele aus der Praxis mit den jeweiligen Basiswerten.

7.1 Kennzahlen der Kundenperspektive

Was können wir im Unternehmen tun, damit der Kunde zu uns kommt, um eine Lösung seiner Probleme, die Erfüllung seiner Wünsche zu erhalten?

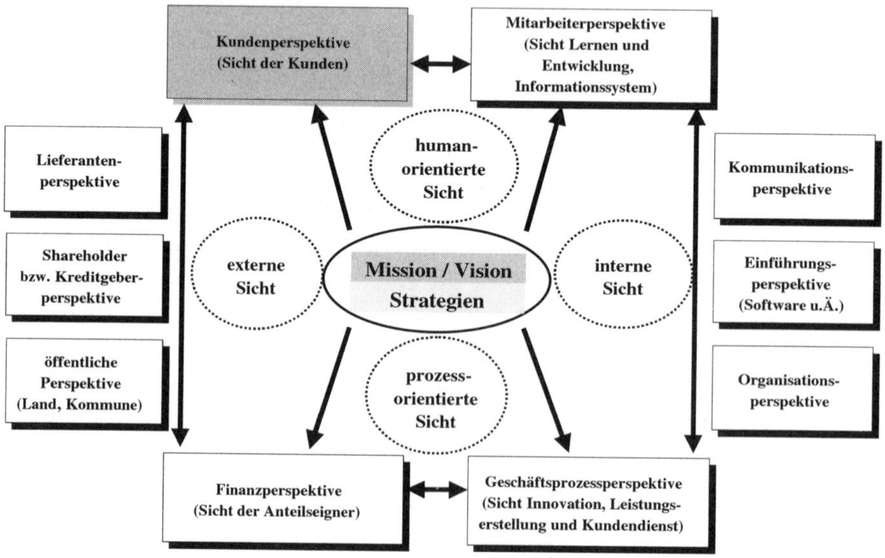

Abb. 37: Kundenperspektive

7.1.1 Service- und Produkteigenschaften

Man kann noch so viel daran drehen, aber letztendlich geht es für den Kunden doch um diesen Aspekt – aber eben nicht allein darum: Hat das Produkt, hat der Service für mich, den Kunden die erwarteten Eigenschaften? Stimmt das (angenommene) Preis-Leistungsverhältnis, bin ich zufrieden?

Erläuterte Kennzahlen:

1. Platzierungsbeurteilung, basierend auf den Einschätzungen des Vertriebs[36]

Hintergrund: Ein Markenartikler möchte seinen Auftritt verbessern; die Kunden sollen seine Produkte leichter, besser im Regal des Supermarktes finden. Dazu wurden die Mitarbeiter des Vertriebs gebeten, die Artikelplatzierung beim Kunden nach A (sehr gute Platzierung), B (gute Platzierung), C (nicht ausreichende Platzierung) und D (keine Platzierung des Artikels) aufzunehmen.

Strategischer Weg: Verbesserung des Marktanteils

Aktionsziel: Zielgerichtete Verbesserung des Marktauftritts durch einen standardisierten Überblick über die Darbietung der eigenen Produkte

Aktion: Platzierungsbeurteilung durch den Vertrieb

Kennzahl: Beurteilung pro Artikel und Kunden

Messverfahren: Für die wichtigsten 10 Artikel und jeden Kunden eines Vertriebsgebietes wurde eine gewichtete Kennzahl errechnet (A = 3 Punkte, B = 2 Punkte, C = 1 Punkt). Einfach (es gibt maximal 300 Punkte), leicht zu verstehen und zu interpretieren.

2. Lohn- und Gehaltssumme von angesiedelten Unternehmen

Hintergrund: Eine Kommune arbeitet mit einem eigenen Projektentwickler zusammen, der die Aufgabe hat, Gewerbe

36 Unter den folgenden Kennzahlen finden Sie als zusätzliche Information jeweils die zu erfassenden betrieblichen Daten, die als Grundlage für die Bestimmung der Kennzahl dienen.

	anzusiedeln. Diese Entwicklungsgesellschaft muss diverse Rahmenbedingungen mit ins Kalkül ziehen, damit die Attraktivität des Ortes als Wohn- und Arbeitsplatz nicht leidet.
Strategischer Weg:	Wohnen und Arbeiten in den Gemeindegrenzen
Aktionsziel:	Schaffung umweltverträglicher Arbeitsplätze
Aktion:	Kommunikation mit potenziellen Investoren aufbauen, diese in allen Bereichen der Gewerbeansiedlung zu unterstützen
Kennzahl:	Lohn- und Gehaltssumme der angesiedelten Unternehmen
Messverfahren:	Im Rahmen des Projektentwicklungsvertrages mit den ansiedlungswilligen Unternehmen werden in den ersten fünf Jahren die Lohn- und Gehaltssummen an die kommunale Projektentwicklungsgesellschaft gemeldet. Dadurch erhält die Kommune quartalsweise einen Überblick über den Erfolg der eigenen Projektentwickler.

Noch ein Hinweis für die folgende Sammlung von weiteren Kennzahlen: Die Eingruppierung der Kennzahlen für Aktionen/strategische Projekte in die Kundenperspektive oder auch in dieses „Unterkästchen“ Service und Produkteigenschaften ist nicht zwingend. Es ist sehr wohl möglich, diese in anderen Kästchen zu platzieren. Die Perspektiven haben vielmehr die Aufgabe, unseren Kopf anzuregen, nichts zu vergessen, das Unternehmen aus allen relevanten „Sichten“ zu betrachten.

7.1.2 Image und Reputation

„Bis zu 80 % der Kaufentscheidungen werden mit dem Bauch gefällt“ führen Marketingexperten aus. Und hierbei ist das Image, ist die Reputation eines Unternehmens, einer Marke, eines Produkts kaufentscheidend. Die Kennzahlen dieses Bereiches sind tendenziell eher Frühindikatoren, zeigen sie doch heute, was wir in einigen Jahren durch verbessertes Image erwarten können: bessere, höhere Umsätze! Wenn nicht das Image kurzfristig durch andere Faktoren leidet, Beispiel Brent Spar für die Shell AG!

Erläuterte Kennzahlen:

3. Image verbessern durch Berichte in Medien

Hintergrund: Jedes Unternehmen sollte versuchen, sein Image – lokal, national oder international – zu verbessern. Hierbei spielen die Printmedien eine bedeutende Rolle. Presseberichte sind wichtiger als jede bezahlte Werbekampagne. Denn sie gelangen in den „Hinterkopf“, werden meistens nicht als Werbung wahrgenommen. Und sie sind erheblich preiswerter. Und es ist so einfach! Man muss sich „nur“ darum kümmern: Kontakte zur Presse aufbauen, Kontakte pflegen, Journalisten „briefen“, mit Informationen oder sogar fertigen Stories versorgen. Hierzu kann man einen Journalisten, einen Pressereferenten, einen ganzen Stab einstellen, man kann es aber auch als Geschäftsführer machen. Nur getan werden sollte es!

Strategischer Weg: Unternehmensimage verbessern

Aktionsziel: Presseveröffentlichungen in der lokalen Zeitungslandschaft lancieren

Aktion: Regelmäßig Pressegespräche für die Wirtschaftsredaktionen veranstalten. Hierzu wird für jedes Gespräch bereits in den Einladungsschreiben auf den „Aufhänger“ hingewiesen.

Kennzahl: Anzahl Veröffentlichungen in der Lokalpresse

Messverfahren: Hier gehören auch die „negativen“ Meldungen hinein! Mehr noch als positive müssen negative Meldungen (good news are no news) besonders gut verkauft werden. Es gilt hierbei, dies offensiv und ehrlich zu bewerkstelligen. Mit vorab aufgebautem Vertrauen zu den Journalisten ist dies erheblich leichter zu erreichen! Also: Alle Meldungen in der Lokalpresse werden gezählt.

4. Lobbyarbeit

Hintergrund: Ein weltweit tätiger Konzern hat vor, in einem Bundesland eine größere Investition zu tätigen. Die geplanten Investitionen rechnen sich besonders dann, wenn Land und Bund Investitionszuschüsse zur Verfügung stellen. Zudem müssen die Brüsseler EU-Behörden diesem Verfahren zustimmen. Hierfür soll aktive Lobbyarbeit in Brüssel betrieben werden. Wie häufig, ist auch das „Kästchen" Kundenperspektive nicht eindeutig; der hier geschilderte Sachverhalt ließe sich auch unter der Geschäftsprozessperspektive eingruppieren.

Strategischer Weg: Flexibel einsetzbare Fertigungskapazitäten ausbauen

Aktionsziel: Einholen der EU-Zustimmung für Investitionszuschüsse des Bundes und des Bundeslandes

Aktion: Einstellen eines Lobbyisten zur Unterstützung meinungsbildender Prozesse innerhalb der EU, Durchführen von Fachgesprächen

Kennzahl: Anzahl „Lobbygespräche"

Messverfahren: So lange kein Lobbyist eingestellt/gefunden wurde, ist die Zahl der Gespräche – sofern sich nicht die Geschäftsführung dieser Aufgabe annimmt – gleich Null. Sicher wird das Führen entsprechender Gespräche in irgendeiner quantifizierten Form in den Beratungsvertrag mit dem Lobbyisten aufgenommen werden – und damit auch als messbarer Wert in die Balanced Scorecard Eingang finden. Aber Achtung: Wichtiger als die Anzahl von Gesprächen sind natürlich „erfolgreiche Gespräche". Dies ist aber ein klassischer Spätindikator, der das Erreichen des Zieles misst. Wir benötigen allerdings möglichst frühzeitig Signale, ob mit einer gewissen Wahrscheinlichkeit von erfolgreicher Lobbyistenarbeit ausgegangen werden kann. Also doch: Anzahl Gespräche, oder hätten Sie eine bessere Idee?

5. Anzahl der Einladungen zu Fachkongressen

Hintergrund: Ein Beratungsunternehmen beschäftigt sich vorwiegend mit Strategieberatung. Natürlich versucht man, sich auf diesem Markt einen guten Namen zu schaffen. Dies geschieht über Fachveröffentlichungen in der Presse, über Mailings an potenzielle Kunden, aber auch durch gezielte Ansprache von Organisationen, die Kongresse, Seminare etc. zu diesem Thema veranstalten.

Strategischer Weg: Marktführerschaft im Bereich Strategieberatung übernehmen

Aktionsziel: Verbreitung des Kompetenzanspruches in der (Fach-) Öffentlichkeit

Aktion: Durch hervorragende Darstellung des Problemfeldes „Strategieentwicklung" auf Kongressen sollen Einladungen für weitere Kongresse/Seminare initiiert werden.

Kennzahl: Anzahl Einladungen

Messverfahren: Die Anzahl ist ein spätes Maß für die Aktion, aber ein früher Indikator für das Aktionsziel und eine noch frühere Kennzahl für das angestrebte Ziel „Marktführerschaft".

6. Anzahl der teilnehmenden Firmen an Hausmessen

Hintergrund: Ein Softwareunternehmen mit einem recht zielgerichteten Produktspektrum, eher einem Nischenprodukt, sieht wenig Möglichkeiten, mit klassischen Vertriebswegen wie Anzeigen, Fernsehspots etc., aber auch mit Messeauftritten z. B. auf der CeBIT für seine Produkte zu werben. Es bleiben zielgerichtete Mailings, Fachveröffentlichungen in Fachzeitschriften und so genannte Hausmessen, um die potenziellen Kunden für die erarbeiteten Lösungen zu begeistern.

Strategischer Weg: Bekanntheitsgrad bei Kunden und potenziellen Kunden verbessern

Aktionsziel: Die Reputation des Unternehmens in Fachkreisen soll zielgerichtet durch Hausmessen verbessert werden.

Aktion: Veranstaltung von Hausmessen, für die per Mailing und in der Fach- und Regionalpresse eingeladen wird.

Kennzahl: Anzahl der teilnehmenden Unternehmen

Messverfahren: Die einfach zu ermittelnde Zahl der teilnehmenden Unternehmen könnte in einem zweiten Schritt noch durch eine Qualifizierung des Besuches der Teilnehmer verbessert werden (Umfrage bei den Besuchern über Nutzeneinschätzung der gezeigten Softwarelösungen).

7.1.3 Kundenbeziehungen

Haben wir erst einmal ein Unternehmen gefunden, mit dem wir vertrauensvoll zusammenarbeiten, so ist die Wahrscheinlichkeit groß, dass wir auch in Zukunft enge Beziehungen zu diesem Unternehmen pflegen können. Gute Kundenbeziehungen, Partnerschaften, also Stammkunden wie Stammlieferanten sind die Basis der meisten Geschäfte.

Erläuterte Kennzahlen:

7. Anzahl der nachgefragten Einladungen zum Kundenworkshop

Hintergrund: Die Entwicklungsabteilung eines Herstellers von hochspezialisierten Messgeräten für die Nuklearmedizin hat die Zielstellung, sich intensiver als bisher um kundenorientierte Gerätelösungen zu kümmern.

Strategischer Weg: Für die F+E-Abteilung: schnelle Umsetzung von Produktideen, die sich durch Kundenorientierung gut verkaufen lassen

Aktionsziel: In Zusammenarbeit mit Schlüsselkunden Entwicklung von neuen Messgerätefamilien, die entsprechend dem Target-Costing-Ansatz Kundenbedürfnisse befriedigen

Aktion: Einladen von Anwendern aus Kundenkreisen, um gemeinsam mit diesen die neuen Gerätefamilien zu konzipieren

Kennzahl: Teilnehmerzahl

Messverfahren: Anzahl der Teilnehmer; später kann das wachsende Interesse an diesen Workshops zum Maßstab genommen werden. Denn die Kunden haben natürlich Interesse, genau auf ihre Bedürfnisse zugeschnittene Messgeräte zu erhalten. Dadurch wird auch der Workshop zielgerichtet auf das Kundeninteresse ausgerichtet.

8. Anzahl Teilnehmer an einem Kundenwettbewerb/Preisausschreiben

Hintergrund: Das Unternehmen stellt weiße Ware her. Um langfristig die Identifikation der Kunden mit den Produkten des Unternehmens zu verbessern, aber auch um Anregungen für die weitere Produktgestaltung zu bekommen, sollen Preisausschreiben initiiert werden. Thema: Unsere Kunden geben die besten Tipps. Der Preis ist ein Gerät der Modellpalette mit feierlicher Übergabe am Firmensitz. Darüber hinaus erhält das Unternehmen eine Adressliste interessierter Kunden, die halbjährlich die Kunden-/Mitarbeiterzeitung erhalten können. Auch Berichte in der Presse über die Preisverleihung (die beste Idee und Zufallstreffer) wirken als Imageverstärker.

Strategischer Weg: Kundenorientierte Produkte preisgünstig herstellen

Aktionsziel: Die Kunden sollen möglichst viele Anregungen und Tipps für die Produktgestaltung im Rahmen eines kontinuierlichen Verbesserungsprozesses geben.

Aktion: Preisausschreiben veranstalten

Kennzahl: Anzahl der Teilnehmer am halbjährlich veranstalteten Preisausschreiben

Messverfahren: Die eingereichten Vorschläge dienen zwar mehr dem Thema Produktverbesserung, der Kundenbindungs- und Marketingeffekt wird jedoch über die Anzahl der Teilnehmer am besten abgedeckt.

7.1.4 Kundenzufriedenheit

„Zufriedene Kunden danken es Ihnen" – die beste Basis für das lang anhaltende Bestehen eines Unternehmens ist die Kundenzufriedenheit. Zumindest sofern sie zu engerer Kundenbindung, Weiterempfehlung und Wiederkauf führt.

Erläuterte Kennzahlen:

9. Reklamationsquote
   - Anzahl der Reklamationen
   - Anzahl ausgelieferte Produkte

Hintergrund: Wo viel gearbeitet wird, da werden Fehler gemacht. Das ist menschlich, allzu normal. Aber dies ärgert den Kunden: Gerade bei ihm passiert das! Daher sollte versucht werden, die Fehlerquote gegen Null zu senken. „Besser der Kunde kommt zurück als die Ware", so stand es in den Produktionshallen eines Unternehmens. Dafür sollten sich alle anstrengen, dies muss allen Mitarbeitern bewusst gemacht werden. Es sollte eigentlich banal sein, aber das tägliche Leben zeigt uns, dass dies nicht so ist!

Strategischer Weg: Verbesserung der Kundenzufriedenheit

Aktionsziel: Senken der Reklamationsquote auf weniger als 1 %

Aktion: Einführen von Qualitätsprüfungen nach allen Arbeitsgängen durch die Bearbeiter selbst

Kennzahl: Anzahl Reklamationen innerhalb eines Jahres nach Auslieferung bzw. Inbetriebnahme

Messverfahren: Anzahl der Reklamationen, bezogen auf die Gesamtzahl ausgelieferter Produkte

10. Aktualitätsgrad (Zeit zwischen Event und Sendung)
    - Durchschnittliche Zeit in Minuten zwischen Anlass und erster Sendung

Hintergrund: Eine Fernsehanstalt strahlt am frühen Abend aktuelle regionale Sendungen aus. Der Aktualitätsgrad ist bestimmend für die Akzeptanz bei den Zuschauern und damit den Marktanteil dieser Sendung – und da es sich hierbei um den Einstieg in die „Prime-time", in das Abendprogramm handelt, ist dies ausschlaggebend für die Werbeeinnahmen des ganzen Abendprogramms.

Strategischer Weg: Zuschaueranteil durch aktuelle Sendeformen erhöhen

Aktionsziel: Verbesserung des Aktualitätsgrades durch regional operierende Reporterteams, die innerhalb von 30 Minuten aus allen Teilen des Sendegebietes berichten können

Aktion: Aufbau regionaler Reporterteams

Kennzahl: Aktualitätsgrad

Messverfahren: Durchschnittliche Zeit zwischen Anlass und erster Sendung für nicht geplante aktuelle Berichterstattungen

7.1.5 Kundentreue

Ein treuer Kunde ist wie eine Bank – es muss schon recht schlecht laufen, ehe ein treuer Kunde zu einem Wettbewerber wechselt. Aber dies darf nicht ausgereizt werden, auch treue Kunden wollen gepflegt und gut beraten, gut betreut werden.

Erläuterte Kennzahlen:

11. Nachfolgeaufträge
    - Anzahl Aufträge, bei denen kein neuer Kundenstammsatz angelegt werden muss

Hintergrund: Ein bereits einen Großteil seiner Aufträge über das Internet erhaltendes Unternehmen fand heraus, dass die Kundenbindung erheblich zu verbessern sei. Bei Neukunden müssen Stammsätze angelegt werden, die Zahlungsmoral ist schlechter, die Rücksendequote ist viel höher. Kurz: Die Handlingkosten sind erheblich höher als bei Kunden, die bereits Kunden waren. Zudem decken die Erstumsätze kaum die hohen Werbeaufwendungen für Neukunden.

Strategischer Weg: Marktanteil ausbauen

Aktionsziel: Umsatzanteil der „Altkunden" innerhalb drei Jahren verzehnfachen

Aktion: Intensive, auf Bestandskunden ausgerichtete Produktwerbung via eMails und Mailings

Kennzahl: Anzahl Folgeaufträge

Messverfahren: Alle Aufträge, bei denen kein neuer Kundenstammsatz angelegt wurde, werden gezählt.

12. Leserreisenindex
    - Anteil zufriedener Teilnehmer an Leserreisen (Umfrage)
    - Anteil verkaufter Leserreisen

Hintergrund: Ein Unternehmen für Kundenzeitschriften möchte die Leserbindung weiter erhöhen, um so mehr Inserenten gewinnen zu können.

Strategischer Weg: Höhere Werbeeinnahmen durch Zusatznutzen für unsere Leser

Aktionsziel: Den Lesern sollen in der Kundenzeitschrift weitere Informationen und Angebote zur Verfügung gestellt werden, damit der Lesernutzen signifikant steigt.

Aktion: In Zusammenarbeit mit einem örtlichen Reisebüro (Inserent) werden Leserreisen konzipiert. Über diese Reisen kann redaktionell berichtet werden, es schweißt die Leser dank gemeinsamer (guten) Erfahrungen zusammen und verbessert neben Image und Reputation die Treue der Leserschaft zur Kundenzeitschrift.

Kennzahl: Reiseindex

Messverfahren: Aus dem Anteil verkaufter Leserreisen (Belegungsquote) und der Zufriedenheitsquote der Teilnehmer wird ein Index gebildet, der beide Faktoren gleichgewichtig abbildet.

7.1.6 Neukundengewinnung

Wenn Umsätze überproportional steigen sollen, ist die Gewinnung von Neukunden äußerst wichtig. Wir haben zwar einen überdurchschnittlichen Werbeaufwand für neue Kunden, aber verfügen dann über erhebliche Potenziale – allerdings sind Potenziale nur Möglichkeiten, die erst genutzt werden müssen!

Erläuterte Kennzahlen:

13. Neukundenterminquote je Mitarbeiter (bezogen auf Nichtkunden)
    - Anzahl Neukundentermine
    - Anzahl Kundentermine insgesamt

Hintergrund: Jeder Vertriebsmitarbeiter weiß es, keiner will es. Denn die Gewinnung von Neukunden ist erheblich aufwendiger, macht erheblich weniger Spaß als die Beschäftigung mit Bestandskunden. Aber strategisch sind Neukunden das Salz in der Suppe.

Strategischer Weg: Marktanteil ausbauen

Aktionsziel: Für den Vertriebsbereich: Steigerung der Neukundengewinnung innerhalb von 2 Jahren um 200 %

Aktion: Pro Tag werden mindestens 40 % Interessenten (= potenzielle Neukunden) besucht.

Kennzahl: Anteil der Interessententermine

Messverfahren: Grundlage ist die Anzahl von Interessenten-/Kundenbesuchen, besucht werden sollen mindestens 40 % Interessenten.

14. Wachstum Kontakte in der EU
    - Anzahl Kontakte zu Entscheidungsträgern in der EU in Periode 1
    - Anzahl Kontakte in der EU in Periode 0

Hintergrund: Ein Unternehmen der feinmechanischen Industrie möchte den europäischen Markt angehen, um auch europaweit die Marktführerschaft zu erreichen.

Strategischer Weg: Fit für Europa

Aktionsziel: Aufbau von Vertriebseinheiten in allen Ländern der EU.

Aktion: Grundlage des Wachstums ist Kenntnis der Märkte, Bekanntheit bei den Kunden. Dafür sind persönliche Kontakte unumgänglich.

Kennzahl: Jährlich 150 % mehr persönliche Kontakte zu Entscheidungsträgern in Europa

Messverfahren: Alle Kontakte werden elektronisch erfasst, „Entscheidungsträger“ werden gemeinsam von Vertrieb und Vertriebsgeschäftsführung definiert und in der Geschäftspartnerdatenbank gekennzeichnet.

7.1.7 Kundenrentabilität

Die Rentabilität eines Unternehmens ist zumeist das oberste Ziel allen Wirkens. Sie sollte differenziert nach Kunden, Kundengruppen und weiteren – je nach Unternehmen anderen sinnvollen – Kriterien gemessen und den Mitarbeitern inhaltlich vermittelt werden. Dies ist insbesondere dann eine strategische Aufgabe, wenn die Rentabilität für ein weitergehendes Wachstum benötigt wird.

Erläuterte Kennzahlen:

15. Erfassen/Auswerten von Bestelldaten je Kunden
    - Anzahl in die Datenbank aufgenommener Bestellungen
    - Anzahl Bestellungen insgesamt

Hintergrund: Grundlage jeder Tätigkeit zur Verbesserung der Kundenrentabilität ist das Know-how über die verschiedenen Kundenstrukturen und deren Rentabilität.

Strategischer Weg: ROI (Return on Investment) auf 20 % vor Steuern verbessern, um das Wachstum in neuen Märkten selbst finanzieren zu können

Aktionsziel: Aufbau einer differenzierten Kundendatenbank, um daraus effektivere Vertriebsstrategien aufzubauen

Aktion: Erfassen und Auswerten aller Bestelldaten in der Gruppe, Vorhandensein einer differenzierten, über alle Unternehmen der Gruppe reichenden Kundendatenbank (ja-nein-Kriterium)

Kennzahl: Aufgenommene Bestellungen

Messverfahren: Prozentsatz aller in die Datenbank aufgenommenen Bestellungen

16. Kundenkarte „TOP 25“
    - Summe Umsätze von „TOP 25-Kunden“
    - Anzahl „TOP 25-Kunden“ insgesamt

Hintergrund: Die Deutsche Bahn hat es vorgemacht: Mit einer Kundenkarte, die dem Kunden klar darstellbare Vorteile bringt, lassen sich Kundenbindungen herstellen und direkte Umsatzsteigerungen erzielen. Dies ist besonders für Unternehmen interessant, deren Anlagen besser ausgelastet werden könnten. Hier handelt es sich um ein Tenniscenter, das lediglich in den Spitzenzeiten am Abend gut ausgelastet ist. Zudem ist durch die Kundenkarte auch zu spielschwachen Zeiten immer Betrieb im Tenniscenter, in der Sportbar wie im Sportshop.

Strategischer Weg: Umsatzverbesserung

Aktionsziel: Durch eine Kundenkarte „TOP 25" soll die Auslastung in betriebsschwachen Zeiten verbessert werden. Die Karte kostet 100 DM und ermöglicht dem Kunden folgende Vorteile:

- 25 kostenlose Getränke an der Sportbar (eines pro Besuch)
- 25 % Rabatt auf alle Artikel im Sportshop
- 25 DM statt 30 DM pro Spielerstunde in der Spitzenzeit 18 bis 23 Uhr
- 25 DM statt 40 DM pro Platz von 14 bis 18 Uhr
- 25 DM für zwei Stunden pro Platz von 7 bis 14 Uhr
- Automatische monatliche Abbuchung vom Konto jeweils am 25. des Folgemonats

Aktion: TOP 25 bekannt machen und vermarkten

Kennzahl: Durchschnittlicher Umsatz der Kundenkarte in DM

Messverfahren: Durch das elektronische Kassensystem werden alle Umsätze kundenbezogen erfasst und monatlich ausgewertet.

Die verbesserte Auslastung der Anlagen errechnet sich aber auch und für die Mitarbeiter schnell nachvollziehbar über den erhöhten Gesamtumsatz. Neben den hohen Strukturkosten werden weitere Kostensteigerungen nicht erwartet.

7.1.8 Marktanteil

Über das Thema Marktanteil sind viele Bücher geschrieben worden, auch über Kennzahlen zum Marktanteil. Dazu nur Folgendes: Für Steuerungszwecke eignet sich der Marktanteil recht schlecht, insbesondere wenn er über alle Produkte gemessen wird. Als Frühindikator ist ggf. der Marktanteil neuer Produkte, z. B. in einem stark wachsenden Markt geeignet. Aber auch hier gilt: Die Messung gibt das Ergebnis des Wirkens wieder und kommt daher wahrscheinlich zu spät, um mit diesen Informationen noch strategisch steuern zu können.

Erläuterte Kennzahlen:

17. Besuchsverhalten im Jugendzentrum
    - Anzahl befragter Jugendlicher, die das Jugendzentrum mehr als einmal die Woche aufsuchen
    - Anzahl befragter Jugendlicher insgesamt

Hintergrund: Eine Kommune möchte ihre Attraktivität für die Bürger erhöhen. Dies führt zu mehr Einwohnern und steigendem Steueraufkommen. Für die Attraktivität dieser Kommune ist es besonders wichtig, den Jugendlichen (Kindern von steuerlich interessanten 40- bis 50-jährigen) Alternativen zur nahen Großstadt zu bieten.

Strategischer Weg: Einwohnerzufriedenheit erhöhen

Aktionsziel: Das von der Kommune getragene Jugendzentrum soll attraktivere Angebote für die örtliche Jugend zur Verfügung stellen.

Aktion: Veranstaltung für Jugendliche ausrichten

Kennzahl: Marktanteil Jugendzentrum

Messverfahren: Samstagabend die Jugendfrequenz im Autobus zur nächsten Großstadt oder die Anzahl der mit Jugendlichen besetzten Autos zählen – recht aufwendig. Aber eine Projektgruppe aus dem Jugendzentrum kann einmal im Quartal in den beiden örtlichen Schulen (Realschule und Gymnasium) die Zielgruppe mittels Fragebögen über Vorstellungen und tatsächliche Nutzung des Jugendzentrums befragen.

Der Marktanteil, aber auch die Interessen der Zielgruppe sind so recht gut zu erfassen.

18. Regionale Nudelquote
    - Eigenumsatz in der Region
    - Geschätzter Gesamtumsatz in der Region

Hintergrund: Der Marktanteil ist für mittelständische Unternehmen eine nur schwer bzw. aufwendig zu ermittelnde Größe. Aber es geht auch etwas kleiner und zielgerichteter:

	Befragen Sie Ihre Kunden nach dem Anteil, den ihre Produkte in seinem Warenkorb haben! Ein mittelständischer Nudelhersteller will in seiner Region seinen Marktanteil durch derartige Kundenumfragen ermitteln.
Strategischer Weg:	Umsatzverbesserung in unseren angestammten Märkten
Aktionsziel:	Umfrage, wo haben wir in unserer Region einen besonders hohen Anteil am Nudelumsatz unserer Kunden – und natürlich: Welche Kunden haben die höchsten Nudelumsätze!
Aktion:	Vierteljährliche Umfrage durch den Vertrieb
Kennzahl:	Gewichteter Anteil am Nudelumsatz
Messverfahren:	Pro Kunde: geschätzter Umsatz mit Nudelprodukten und davon der Anteil des Nudelherstellers

7.2 Kennzahlen der Geschäftsprozessperspektive

Die Prozesse in unseren Unternehmen müssen schneller, ausgereifter, sicherer werden. Nicht die Großen fressen die Kleinen, sondern die Schnellen fressen die Langsamen. Dabei sind Produktqualität und -sicherheit „Conditio sine qua non“, also Voraussetzung für ein Bestehen am Markt.

Es ist Zukunftsaufgabe, unser Unternehmen in allen strategisch relevanten Geschäftsprozessen sicher am Markt zu platzieren. Dabei gilt es, sich zu beschränken, sich auf das Wesentliche zu konzentrieren. Es geht um jene Geschäftsprozesse, die wir noch nicht ausreichend beherrschen, die aber strategisches Gewicht haben.

7.2.1 Innovation

An der Innovationsfähigkeit krankt es bei vielen Unternehmen. Entweder man bleibt bei den alten, wohlbekannten Produkten, den Cash-Cows. Oder man lässt in einem Entwicklungsbereich, vielleicht sogar extern angesiedelt –

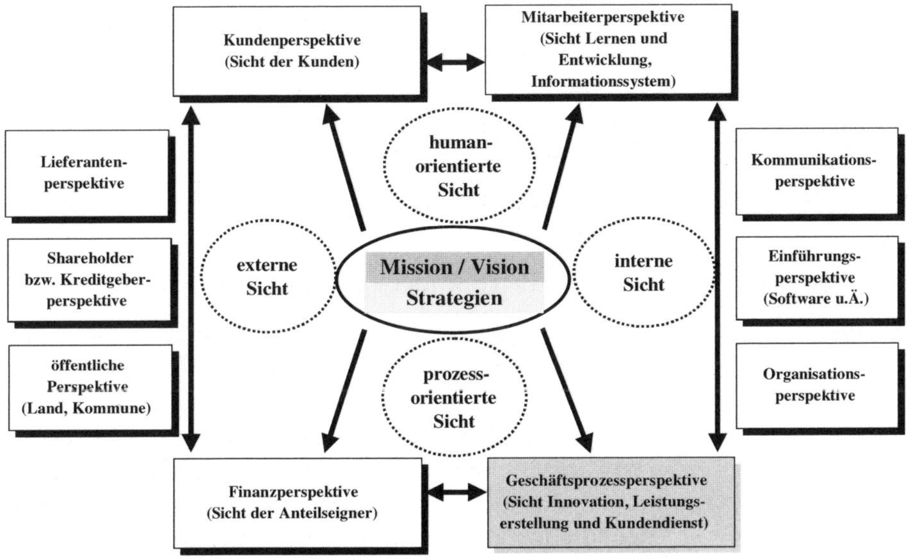

Abb. 38: Perspektive der Geschäftsprozesse

die Firmenmitarbeiter haben anderes zu tun – neue Produkte entwickeln. Dabei geht es nicht nur um neue Produkte oder Technologien. Die Kunden hegen weit darüber hinausgehende Wünsche. Sie zu identifizieren und in Leistungsangebote umzusetzen, ist ebenso innovativ, wie die Entwicklung neuer Patente. Das kann bei der Betreuung im Unternehmen beginnen und muss bei Kontakten zwischen den Mitarbeitern im Finanzbereich nicht enden. Und wenn wir das richtig bedenken, haben wir so viel Know-how im Unternehmen, es muss nur aufgedeckt und genutzt werden!

Erläuterte Kennzahlen:

19. Anzahl der von Mitarbeitern angeregten neuen Produktideen

Hintergrund: Kein Unternehmen kann es sich leisten, auf Produktinnovationen zu verzichten. Häufig wird diese in die Abteilung Forschung und Entwicklung ausgelagert, im wahrsten Sinne des Wortes. Wäre es nicht viel sinnvoller, alle Mitarbeiter an diesem Prozess zu beteiligen? Gerade die Mitarbeiter, die Kontakt zum Kunden haben? Hierzu ist es jedoch notwendig, dass alle Mitarbeiter, auch die im Rechnungswesen, über das Können des eigenen Hauses Bescheid wissen. Und motiviert sind, dem Kunden die Fähigkeiten des eigenen Unternehmens nahe zu bringen.

Strategischer Weg: Durch Produktinnovation Umsatzsteigerung um jährlich 35 %

Aktionsziel: 500 neue Produktideen pro Jahr generieren

Aktion: Jeder Mitarbeiter soll je nach Intensität der Kundenkontakte zwischen 2 und 12 Produktideen im Jahr liefern. Diese werden über das innerbetriebliche Verbesserungs- und Vorschlagswesen an eine „Ideenwerkstatt“ eingereicht und dort analysiert. Der Unternehmensbereich mit den (relativ) meisten Ideen bekommt neben einer Prämie für alle Ideenbringer einen Kegelabend spendiert.

Kennzahl: Anzahl der Produktideen im Jahr

Messverfahren: Die in der Ideenwerkstatt eingegangenen Vorschläge werden gezählt.

20. Anzahl von Projektteilnehmern an Schulen/Universitäten

Hintergrund: Das Unternehmen, in einer norddeutschen Kleinstadt beheimatet, möchte neue Produkte für den Telefonzubehörmarkt herausbringen. Nur welche? Praktikable Ideen fehlen, ebenso Testpersonen, die Prototypen vor Ablauf der Serienfertigung einschätzen können. Junge Leute haben wenig Ängste bei der Nutzung von Telefonen, sind auch eine interessante Zielgruppe, sind zudem die besten Testpersonen und innovativ im Andenken neuer Produktfelder.

Strategischer Weg: Neue Produkte machen uns zum Marktführer in der Nische Telefonzubehör.

Aktionsziel: Zusammenarbeit mit Fachhochschule und Gymnasien im Raum XYZ, um neue Produkte marktfähig zu machen.

Aktion: Für die drei benachbarten Gymnasien werden zusammen mit einigen Lehrern Projektwochen konzipiert, in denen die Zukunft des Telefons spielerisch bearbeitet wird. Jeder Schüler soll Ideen zur Produktgestaltung oder -verbesserung benennen, die dann in einem innerschulischen Auswahlwettbewerb prämiert werden. In Zusammenarbeit mit der nahen Fachhochschule für Design werden diese Ideen dann umgesetzt. Nach Produktion der Nullserien erhalten die Schüler die neuen Produkte, um sie zu testen. Das ganze Projekt wird von der lokalen Presse unter dem Motto begleitet: Wir schaffen uns unsere Arbeitsplätze von morgen.

Kennzahl: Anzahl der Schüler/Studenten, die an derartigen Entwicklungs- und Testprojekten teilnehmen.

Messverfahren: Anzahl registrierter Schüler

7.2.2 Betriebliche Leistungserstellung

Irgendwo hapert es immer an der betrieblichen Leistungserstellung. Und dies kommt in jedem Balanced Scorecard-Workshop zur Sprache. Aber nicht alles hat strategischen Wert: Beschränken wir uns im Rahmen der Balanced Scorecard auf strategische Leistungsprozesse!

Und hier ist insbesondere die Umsetzung, das heißt die Geschwindigkeit und die Qualität der Umsetzungsprozesse von neuen Produkten relevant. Wie häufig sind im Unternehmen interessante Ideen entstanden, sogar aufgegriffen worden, und dann hingen diese in der Entwicklung, im Konstruktionsbüro? Oder wie lange mussten Kunden auf Produktvarianten warten? Kein Zeichen guter Kundenorientierung! Aber interne Geschäftsprozesse sollten nicht nur schnell sein, sie müssen auch mit der notwendigen Qualität erfolgen. Es gilt aber abzuwägen, ob immer beides notwendig ist. Dies muss vorab als strategische Leitlinie des Unternehmens festgelegt werden.

Viele Unternehmen produzieren Qualitäten, die der Kunde entweder gar nicht bemerkt oder überhaupt nicht benötigt. Target-Costing nennt sich der Prozess, der versucht, Kundenerwartungen an ein Produkt zu erfassen und die Zielkosten zu ermitteln, die die Erfüllung dieser Erwartung kosten darf.[37].

Erläuterte Kennzahlen:

21. Bearbeitungszeit zwischen Zulassung und Einführung eines Präparates
    - Dauer der Bearbeitungszeit für die Zulassung eines Präparates
    - Dauer der Bearbeitungszeit bis zur Einführung eines Präparates

Hintergrund: Ein pharmazeutisches Unternehmen sieht eine strategische Aufgabe in der Vermarktung neuer, selbst entwickelter Produkte, die 20 Jahre lang auskömmliche Erträge garantieren. Die Entwicklung pharmazeutischer Präparate dauert sehr lang und ist von vielen Zufällen abhängig. Dazu kommen langwierige Tests und die Zulassung durch Aufsichtsbehörden. Aber beeinflussbar ist die Zeitspanne zwischen der Zulassung des Präparates und der tatsächlichen Einführung am Markt. Hier kann man ansetzen!

Strategischer Weg: Neue Präparate sichern das Wachstum des Unternehmens.

Aktionsziel: Verkürzung des vertriebsseitigen zeitlichen Aufwands zur Einführung neuer Präparate am Markt.

Aktion: Aufbau eines standardisierten Ablaufplanes für die Schulung der pharmazeutischen Referenten

Kennzahl: Einführungsdauer

Messverfahren: Dauer zwischen Entscheidung und tatsächlicher Markteinführung

37 Vgl. hierzu das kompakte Statement des Controller Vereins eV „Target Costing“, Gauting 1997, leider nur für Mitglieder erhältlich (Im Internet: www.controllerverein.com). Aber es gibt eine Vielzahl von weiteren Veröffentlichungen zu diesem Thema.

22. Fehlerfreiheit in der Null-Serie erreicht: ja/nein

Hintergrund:	Die Entwicklung eines neuen Produkts ist abgeschlossen, nun soll es in Serie gehen. Neue Produktionsmaschinen, neue Abläufe, neue Materialien. Wie schnell schleicht sich hier ein Fehler ein. Aber dies muss nicht sein!
Strategischer Weg:	Rasche Umsetzung von Produktideen
Aktionsziel:	Bereits in der Null-Serie Fehler vermeiden
Aktion:	Fehlerfreiheit in der Null-Serie
Kennzahl:	Fehler in der Null-Serie
Messverfahren:	Erfasst wird die Anzahl neuer Produkte, die bereits in der Null-Serie ohne Fehler produziert worden sind.

7.2.3 Kundendienst

Viele Unternehmen verstehen unter „Kundendienst" die Leistungen während der Garantiezeit, vielleicht auch noch Servicedienste für die Kunden, die einen positiven Deckungsbeitrag erwirtschaften müssen. Aber ist „Kundendienst" nicht mehr?

Wie häufig haben Sie sich geärgert, wenn die Rückabwicklung eines Kaufes nicht oder nur eingeschränkt möglich ist? Wie häufig war dann Ihre Reaktion „Hier kaufe ich nie mehr ein!"?

Hierzu noch eine kleine, selbst erlebte Geschichte, es war ein amerikanisches Unternehmen ...:

Nach vier Jahren brachen bei meinen Bootsschuhen beide Sohlen in der Mitte durch. Schuhe in Spanien gekauft, keine Quittung vorhanden – ein Fall für den Mülleimer? Aber es waren inzwischen meine Lieblingsschuhe geworden. Also ein eMail an das amerikanische Unternehmen und den Fall geschildert. Bereits innerhalb einer Stunde (!) kam die Rückantwort aus Kalifornien: „Send it to our branch in Germany".

Gesagt getan, vier Tage später bekam ich die Schuhe zurück, neu besohlt, mit einem netten Anschreiben, man würde natürlich auch die Versandkosten übernehmen. Ich werde nur noch Bootsschuhe dieser Firma kaufen ...

Versuchen auch Sie, Ihre Kunden zu überraschen, natürlich positiv. Man merkt es sich, erzählt es weiter. Keine billige, sondern lang anhaltende Werbung! Und Kundenbindung!

Erläuterte Kennzahlen:

23. „Kundenüberraschungen"
    - Anzahl der kostenlosen Kundendienstarbeiten (nicht Garantie etc.)

Hintergrund: Ein Unternehmen aus dem Dienstleistungsbereich für Heizungsanlagen hatte für seine Kundendienstmitarbeiter, die für sich genommen bei 50 % Umsatzanteil die Stütze des Geschäfts (ca. 80 % DB!) waren, die alte Pfadfinderdevise „jeden Tag eine gute Tat" ausgegeben. Jeder Kundendienstmonteur bekam die Freiheit, pro Woche insgesamt eine Arbeitsstunde den Kunden nicht zu berechnen – diese aber als „kostenlosen Kundendienst" an die Kunden zu verkaufen. Es wurde also den Monteuren die Entscheidung überlassen, für welchen Kunden und bei welchen Situationen er kostenlos arbeitet. Die gewährten Leistungen wurden trotzdem im DV-System erfasst, der Kunde bekam auch eine Mitteilung „... auf Anregung unseres Kundendienstmonteurs NN berechnen wir die Leistung nicht ...". Dadurch wurde die Entscheidung des Monteurs auch noch aufgewertet. Ergebnis: Die Kundenverlustquote sank signifikant.

Strategischer Weg: Kundenzufriedenheit als Wachstumsmotor

Aktionsziel: Kunden durch nicht berechnete Leistungen positiv überraschen

Aktion: Eine Stunde pro Woche für Kundenüberraschungen

Kennzahl: Anzahl Kundenüberraschungen

Messverfahren: Anzahl der Kundenüberraschungen

24. Vom Außendienst ermittelte und dokumentierte Kundenwünsche
    - Anzahl der vom Außendienst ermittelten und dokumentierten Kundenwünsche.

Hintergrund:	Was sind eigentlich die Wünsche des Kunden? Viele Unternehmen geben sich keine Mühe, hierüber nachzudenken. Dabei bietet gerade ein Außendienst beste Möglichkeiten, Stimmungen, Ideen und Anregungen aus dem Kundenkreis aufzunehmen und umzusetzen. Aber diese Anregungen müssen aufgeschrieben, eben dokumentiert werden.
Strategischer Weg:	Kundenservice erhöhen
Aktionsziel:	Jeder Außendienstmitarbeiter soll pro Monat wenigstens fünf Ideen, fünf Anregungen von Kunden aufnehmen und in den zentralen Ideenspeicher stellen.
Aktion:	Kundenideen aufnehmen
Kennzahl:	Anzahl der vom Außendienst ermittelten und dokumentierten Kundenwünsche
Messverfahren:	Jede von einem Kunden geäußerte Idee wird gezählt, unabhängig von den Realisierungschancen.

7.2.4 Kommunikation

Dieser Bereich der Perspektive der Geschäftsprozesse ist derart wichtig, dass viele Unternehmen hierfür eine spezielle Perspektive vorsehen. Wie können wir in unserem Unternehmen Motivation der Mitarbeiter erreichen, wenn die interne Kommunikation nicht oder nur eingeschränkt funktioniert? Wie viele Ideen, Lösungsansätze wurden auf dem Flur, beim Essen in der Kantine oder beim Kaffee holen in der Küche geboren? (Dazu auch unser erstes Beispiel.) Was können wir tun, um die Kommunikation im Unternehmen zu verbessern? Damit alle wissen, wofür wir arbeiten, was jeder Einzelne für die Erreichung des Zieles, der Vision tun kann. Was ist ein innovatives Unternehmen ohne eine ausgeprägte Kommunikationskultur? Und wie kann der Kunde in Geschäftsprozesse einbezogen werden, wenn es keine Kommunikation mit dem König Kunde gibt?

Kommunikation mit dem Kunden, ist das allein eine Aufgabe des Vertriebs? Nein! Wie viele Ihrer Mitarbeiter kommunizieren mit dem Kunden? Der Pförtner, die Telefonistin, Ihre Buchhaltung. Wissen alle diese Mitarbeiter, was Sie produzieren, was Sie können? Ist jeder Ihrer Mitarbeiter nur ein Rädchen im Taylor'schen Sinn oder ein „Mit"arbeiter am ganzen Prozess?

Erläuterte Kennzahlen:

25. Offene Türen

Hintergrund: Es handelt sich um ein Unternehmen, das sich von einem staatlichen Betrieb zu einem dem Wettbewert ausgesetzten Anbieter von Dienstleistungen entwickeln will. Es gibt den Bereich „Kundendienst", 80 Mitarbeiter, die alle ihre Büros links und rechts eines unendlich langen Flures haben. Es war für uns nicht erstaunlich, dass die interne Kommunikation als „schlecht" beschrieben wurde. Im Rahmen eines Workshops für diesen Unternehmensteil wurden gemeinsam Ansätze zur Verbesserung der Kommunikation überlegt. Es stellte sich heraus, dass die Flucht geschlossener Türen nicht gerade kommunikationsfördernd war. Die Überlegung, als Maßgröße für Kommunikation die Zeit in der Kaffeeküche zu nutzen, wurde vom Personalrat abgelehnt – dann wäre es möglich, Frau Meier als „Schwatzliesel" zu identifizieren. So kam man auf die „offenen Türen". Sie erleichtern die Kommunikation, ermöglichen eine schnelle Kontaktaufnahme. Es wurde bewusst nicht angeordnet, die Türen offen zu halten. Denn bei vertraulichen Gesprächen, für schwierige Denk- und Entscheidungsprozesse ist es manchmal nötig, Ruhe zu haben. Aber eben nicht immer. Einmal am Tag, zu einer beliebigen Zeit, bekam die Sekretärin den Auftrag, die Anzahl offen stehender Türen zu zählen. Dies führte zu einem Bewusstseinswandel, seitdem haben sich nicht nur die Türen, sondern auch die Verbindungen innerhalb der Abteilung weit geöffnet!

Strategischer Weg: Mitarbeitermotivation

Aktionsziel: Verbesserung der internen Kommunikation

Aktion:	Türen im Bürogebäude offen halten
Kennzahl:	Anzahl der offenen Türen
Messverfahren:	Täglich, zu einem beliebigen Zeitpunkt, wird die Anzahl der offenen Türen gemessen

7.3 Kennzahlen der Mitarbeiterperspektive

„Wir können einen Kunden nur über zufriedene Mitarbeiter zufrieden stellen, daher ist die Mitarbeiterperspektive für uns die wichtigste.“, so führte ein mittelständischer Unternehmer letztens aus. Fürwahr, unzufriedene Mitarbeiter sind kaum geeignet, zur vollen Kundenzufriedenheit zu führen.

Der Streit um die wichtigste Perspektive ist müßig. Für die einen ist die Finanzperspektive das A und O, für andere die Kundenperspektive („Für die Kunden, von den Kunden leben wir!“), für Dritte eben die Mitarbeiterperspektive.

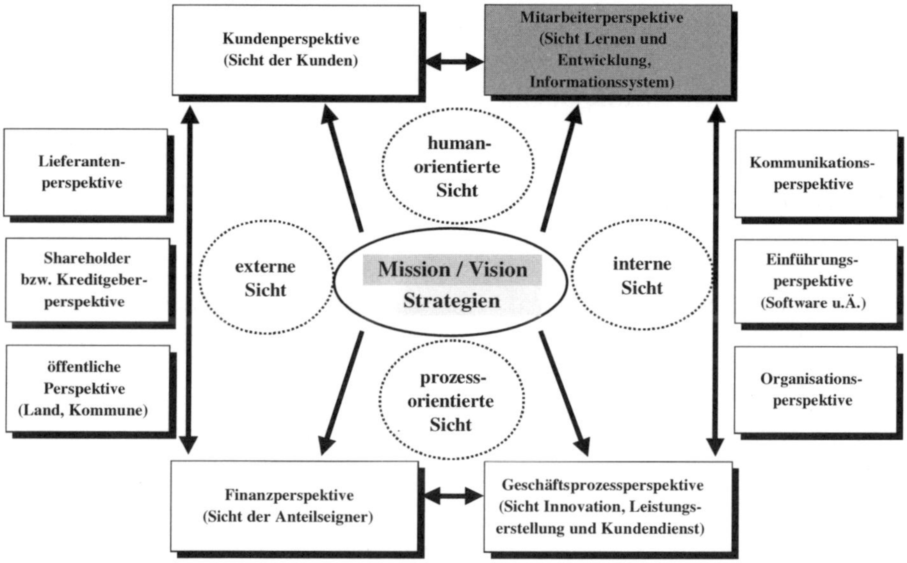

Abb. 39: Mitarbeiterperspektive

Aber so ganz unrecht haben die Verfechter der Mitarbeiterperspektive nicht: Zufriedene Mitarbeiter sind das primäre Potenzial der Unternehmen. Dabei geht es vor allem um zielgerichtete Aktionen für ein effektives Mitarbeitermanagement:

Abb. 40: Mitarbeitermanagement

7.3.1 Mitarbeitermotivation

Wir wollen die Einstellung, die Motivation der Mitarbeiter zu unserem Unternehmen, zu ihrer Arbeit für das gemeinsame Unternehmen verbessern. Die Mitarbeiter haben wahrscheinlich alle ein großes Interesse, gern und engagiert mitzuarbeiten. Motivation führt zu Initiative, zu entsprechenden Ergebnissen, führt zu Unternehmenswachstum, zu Aufstiegschancen und zu sicheren Arbeitsplätzen.

Erläuterte Kennzahlen:

26. Teilnahmequote am Jahresarbeitszeitmodell
    - Anteil der Mitarbeiter, die am Jahresarbeitszeitmodell teilnehmen

Hintergrund: Unternehmen der Tourismusindustrie haben erhebliche Disparitäten in der Belastung der Mitarbeiter. In der Sommersaison ist die Arbeitsbelastung enorm, im Winter ist oft genug wenig zu tun. Die scheinbare Lösung, vorzugsweise mit Saisonkräften die Belastungen in der Hochsaison zu verringern, widerspricht dem Bestreben nach möglichst hoher Qualität. Mit dem Betriebsrat wurde daher ein Jahresarbeitszeitmodell vereinbart, das aber nicht zwangsweise eingeführt werden durfte. Es galt also, die Motivation der Mitarbeiter im Unternehmen zu verbessern, um auch das neue Arbeitszeitmodell nutzen zu können.

Strategischer Weg: Mit qualitativ hochwertigen Angeboten Marktführer im Segment XYZ werden

Aktionsziel: Verringerung des Anteils an Aushilfsmitarbeitern durch verstärkte Nutzung eines Jahresarbeitszeitmodells

Aktion: Erhöhung der Flexibilität bei der Ausgestaltung des Jahresarbeitszeitmodells

Kennzahl: Teilnahmequote am Jahresarbeitszeitmodell

Messverfahren: Anteil der Mitarbeiter, die am Jahresarbeitszeitmodell teilnehmen

27. Teilnahmequote am Betriebssport
    - Anzahl der Mitarbeiter, die das Sportangebot nutzen
    - Anzahl der Mitarbeiter insgesamt

Hintergrund: Motivation und Kommunikation haben eine hohe Korrelation. Und wo ist die Kommunikation am ungezwungensten? Beim Sport! Ein Unternehmen der Softwareindustrie bietet für seine Mitarbeiter, die häufig nachts arbeiten, in Zusammenarbeit mit einem Sportverein Sportangebote am Morgen und späten Vormittag an. Allen sportlichen Aktivitäten ist gemein, dass sie Gruppenaktivitäten sind, sei es Volleyball, Basketball, Badminton oder Squash. Die Betreuung erfolgte durch ausgebildete Kräfte des Vereins, die Kosten übernimmt das Softwareunternehmen.

Strategischer Weg: Durch Teamorientierung schnellere Auslieferung der Produkte an unsere Kunden

Aktionsziel: Verbesserung der Kommunikation unter den Mitarbeitern, Stärken der Teamfähigkeit, Verringerung des Stress durch Förderung sportlicher Aktivitäten.

Aktion: In Zusammenarbeit mit dem Sportverein XYZ Ausarbeitung eines Sportangebotes für die Mitarbeiter am Vormittag

Kennzahl: Teilnahmequote am Betriebssport

Messverfahren: Anteil der Mitarbeiter, die das Sportangebot nutzen

7.3.2 Mitarbeiterfortbildung

In vielen Unternehmen wird inzwischen mehr Geld in die Aus- und Weiterbildung der Mitarbeiter als in neue Maschinen investiert. Diese Investition sollte zielorientiert ausgerichtet werden. Es fällt bei den Beispielen auf, dass immer wieder speziell die Notwendigkeit von Schulungen für den Vertrieb, aber auch über die technischen Möglichkeiten des Internets gesehen wird.

Wichtig ist hierbei, dass auch alle Mitarbeiter den Sinn und die Notwendigkeit derartiger Investitionen in das human capital erkennen. Dies kommt in der folgenden Kennzahl besonders gut zum Ausdruck:

Erläuterte Kennzahlen:

28. Absagequote für Fortbildungsmaßnahmen
    - Anzahl abgesagter Fortbildungen
    - Anzahl Anmeldungen zu Fortbildungen

Hintergrund: In einem Unternehmen der Versicherungswirtschaft sind die Mitarbeiter angehalten, im Jahr durchschnittlich 10 Tage Fortbildungsmaßnahmen zu besuchen. Die jeweiligen Führungskräfte haben dafür Sorge zu tragen, dass diese Schulungen der zielorientierten Aus- und Weiterbildung der Mitarbeiter dienen. Aus der Erfahrung der letzten Jahre hat man einen Indikator für das Fortbildungsbewusstsein der Mitarbeiter wie der jeweiligen Führungskräfte erarbeitet: die Absagequote! Dort, wo Fort- und Weiterbildungsmaßnahmen eher als lästige Pflicht oder als Abwechslung vom Alltag gesehen wird, besteht eine hohe Korrelation mit Absagen derartiger Maßnahmen, aus welchen Gründen auch immer!

Strategischer Weg: Verbesserung der Mitarbeiterkompetenz

Aktionsziel: Erhöhung des Bewusstseins der Mitarbeiter für die Notwendigkeit von Fortbildungsmaßnahmen

Aktion: Senkung der Absagequote

Kennzahl: Absagequote für Fortbildungsmaßnahmen

Messverfahren: Anzahl abgesagter Fortbildungen, bezogen auf die angemeldeten Kursteilnehmer

29. Anteil Schulungen für Internetanwendungen
    - Anzahl Internetschulungskurse
    - Anzahl Schulungskurse insgesamt

Hintergrund: Ein Handelsunternehmen hat sich zum Ziel gesetzt, neben dem herkömmlichen Handelsgeschäft den Vertrieb von Waren und Dienstleistungen über das Internet zu forcieren. Hierzu sollte das Internetgeschäft in eine extra Firma ausgegliedert werden. Die Mitarbeiter in diesem neuen Unternehmen, größtenteils aus dem Mutterhaus stammend, benötigten eine intensive Ausbildung in der neuen Materie.

Strategischer Weg: Ausbau des Handels via Internet

Aktionsziel: Ausbildung von Internetspezialisten durch ein größeres Angebot an DV-orientierten Fortbildungsmaßnahmen

Aktion: Angebot von DV-Schulungskursen, speziell Richtung Internetanwendungen

Kennzahl: Anteil Schulungen für Internetanwendungen

Messverfahren: Anzahl Internetschulungskurse, bezogen auf das gesamte interne Schulungsangebot des Unternehmens

7.3.3 Informationstechnische Infrastruktur

Für die Nutzung des Kapitals, welches in den Mitarbeitern liegt, ist auch die Ausstattung mit DV-Infrastruktur ein maßgeblicher Faktor. Dies ist ein weiter Begriff – für manche Unternehmen kann es (noch) die Ausstattung aller Mitarbeiter mit PC sein, für andere Unternehmen ist die Nutzung von Softwareanwendungen zum Erkennen neuer Markttendenzen und bestehender Kundenwünsche (Databasemanagement) ein erfolgskritischer Faktor.

Erläuterte Kennzahlen:

30. Anteil Mitarbeiter(innen), die elektronisch vernetzt sind
    - Anzahl Mitarbeiter(innen), die elektronisch vernetzt sind
    - Anzahl Mitarbeiter insgesamt

Hintergrund: Für Behörden ist es nicht immer leicht, die schnelllebigen Entwicklungen der Datenverarbeitung mitzumachen. Trotz oder wegen (!) der Finanzknappheit ist effektives Arbeiten mittels Einsatz von Computern an jedem Arbeitsplatz notwendig. Und zur Effektivität gehört auch die DV-mäßige Vernetzung aller Mitarbeiter.

Strategischer Weg: Kundenorientierung als Maxime der Arbeit in der Behörde

Aktionsziel: DV-Vernetzung aller Mitarbeiter(innen) zur schnellen Bearbeitung aller Bürgerwünsche

Aktion: Anschluss aller Mitarbeiter an das behördeninterne Datenverarbeitungsnetz

Kennzahl: Anteil Mitarbeiter, die elektronisch vernetzt sind

Messverfahren: Anzahl der Mitarbeiter, die an einem vernetzten PC arbeiten, bezogen auf alle Mitarbeitern in der Behörde

31. Anteil der Kundentransaktionen, die im zentralen Databasesystem gespeichert werden
    - Anzahl Kundentransaktionen, die im zentralen Databasesystem gespeichert werden
    - Anzahl Kundentransaktionen insgesamt

Hintergrund:	Ein Kaufhauskonzern hat es sich zum Ziel gesetzt, das Kaufverhalten der Kunden noch besser zu untersuchen, um einerseits frühzeitig Rückschlüsse für Trends und Modenwechsel zu erkennen und andererseits Produkte kundengerecht zu platzieren. „Den Kundenwunsch am richtigen Ort und zur richtigen Zeit erfüllen". Hierzu wurde ein Datenpool erarbeitet, der alle Transaktionen der Kunden nach den verschiedensten Kriterien beinhalten soll. Nach und nach werden alle Filialen des Unternehmens angeschlossen, wird ein vollständiges Abbild des Kaufverhaltens der Kunden gespeichert.
Strategischer Weg:	Optimierung des Produktspektrums nach Angebotsformen
Aktionsziel:	Mittels Databasemanagement Kundenwünsche frühzeitig erkennen und befriedigen
Aktion:	Anschluss aller Filialen an das zentrale Datenerfassungssystem
Kennzahl:	Anteil der Kundentransaktionen, die im zentralen Databasesystem gespeichert werden
Messverfahren:	Anzahl aller gespeicherten Transaktionen einer Periode, bezogen auf alle Transaktionen des Unternehmens

7.3.4 Mitarbeiterzufriedenheit

Die Mitarbeiterzufriedenheit wird häufig mit dem Krankenstand oder der Kündigungsquote gemessen. Dies mag im Einzelfall gerechtfertigt sein und hat auch den Vorteil, dass diese Kennzahlen über Abteilungs- und Firmengrenzen hinweg zusammengefasst und verglichen werden können. Aber welche Aussage, welcher Vergleich ist damit möglich? Welche Aussagekraft besitzt die Kündigungsquote? Wenn überhaupt, sollte man die Kündigungsquote der Mitarbeiter aus der EDV oder noch besser der Leistungsträger im Unternehmen als Kennzahl nutzen. Aber auch hier vergleichen Sie diese Werte für ein Werk in Ostdeutschland mit denen im Münchener Raum!

Die Behörden in Berlin haben einen recht hohen Krankenstand. Dieser sinkt jedoch mit der Qualifikation, mit der Position der Mitarbeiter, abteilungsunabhängig. Also, vergleichbar sind die Kennzahlen für vergleichbare Abteilungen! Auch die Krankenstandentwicklung, insbesondere nach einem Wechsel in der Führung, hat einen hohen Informationswert. Gern genutzt werden unabhängige Mitarbeiterbefragungen über ihre Zufriedenheit, wobei auch hier der Vergleich über die Zeit eine recht gute Aussagekraft hat.

Erläuterte Kennzahlen:

32. Anteil Mitarbeiter, mit denen Mitarbeitergespräche geführt werden
    - Anzahl Mitarbeiter, mit denen Mitarbeitergespräche geführt werden
    - Anzahl Mitarbeiter insgesamt

Hintergrund: Fast alle Führungskräfte wissen über die Wichtigkeit von Mitarbeitergesprächen, die wenn möglich halbjährlich, zumindest jährlich geführt werden sollten. Aber gerade in mittelständisch geprägten Unternehmen besteht hierfür noch ein erheblicher Nachholbedarf.

Ein Unternehmen, welches elektronische Bauelemente deutschlandweit in acht Werken entwickelt und produziert, steht unter erheblichem Druck, weil qualifizierte Mitarbeiter fehlen. Es wurde festgelegt, dass mit mindestens 50 % der Mitarbeiter jeweils ein Zielgespräch und ein Jahresabschlussgespräch geführt werden soll. Die Kennzahl „Mitarbeitergespräche“ ist als Maß für die Führungsfähigkeit der leitenden Mitarbeiter gedacht.

Strategischer Weg: Verbesserung der Mitarbeiterkompetenz

Aktionsziel: Mitarbeitergespräche institutionalisieren

Aktion: Mindestens zwei Gespräche pro Jahr bei mehr als 50 % der Mitarbeiter einer Abteilung, eines Bereiches

Kennzahl: Anteil Mitarbeiter, mit denen Mitarbeitergespräche geführt werden

Messverfahren: Anzahl der Mitarbeiter, mit denen mindestens zwei Gespräche pro Jahr geführt worden sind, bezogen auf alle Mitarbeiter

33. Stellenbewerbungen, die durch Empfehlungen bzw. aus dem Umfeld der Mitarbeiter eingehen

Hintergrund: Mitarbeiterzufriedenheitsumfragen, auch wenn diese durch neutrale Institute durchgeführt werden, sind recht unscharf. Gerade in größeren Unternehmen gibt es eine aussagefähigere Kennzahl: Blind- oder zielgerichtete Bewerbungen, die auf Empfehlung eines Mitarbeiters erfolgen. Niemand wird einem Freund, einem guten Bekannten empfehlen, eine neue Stelle bei einem Unternehmen anzufangen, in dem er selbst unzufrieden ist.

Strategischer Weg: Intensivierung der Kundenbeziehungen (durch zufriedenere Mitarbeiter)

Aktionsziel: Einstellung von kompetenten Mitarbeitern aus dem Unternehmensumfeld

Aktion: Erhöhen der Mitarbeiterzufriedenheit

Kennzahl: Anzahl von Stellenbewerbungen, die durch Empfehlungen bzw. aus dem Umfeld der Mitarbeiter eingehen

Messverfahren: Allen Mitarbeitern wird in der Mitarbeiterzeitschrift der Bedarf an neuen Mitarbeitern bekannt gemacht. Eingehende Bewerbungen aus dem Umfeld des Unternehmens werden extra gezählt.

7.3.5 Mitarbeitertreue

Viele Unternehmen suchen ihr Heil in der Reduzierung des Mitarbeiterstammes, sie wären also froh, wenn die Mitarbeitertreue nicht ausgeprägt wäre. Nur allzu oft wird hierbei übersehen, dass viel Erfahrung und Wissen bei der Ausdünnung des Mitarbeiterstammes verloren geht. Und leider kündigen dann die zuerst, die man eigentlich halten wollte, mit denen der Neuanfang oder das Überleben gesichert werden sollte.

Ist die Treue der Mitarbeiter ein Indiz für die Qualität der Einstellung der Mitarbeiter zum Unternehmen, für die betriebliche Motivation? Eher nein. Es gibt sicher Branchen, es gibt Regionen, wo die Treue zum Unternehmen gefördert wird, wo sie im Gegenteil notwendig ist zur Bewältigung der Zukunftsaufgaben. So in der DV-Branche, zurzeit auch im Maschinenbau. Auch Unternehmen aus dem südwestdeutschen Raum oder aus der Region München vermelden erhebliche Schwierigkeiten, Arbeitsplätze zu besetzen.

Aber in den meisten Branchen, in vielen Regionen, gerade in Ostdeutschland, bezieht sich die Suche nach Arbeitskräften, die Anstrengungen zum Halten von Mitarbeitern hauptsächlich auf die betrieblichen Leistungsträger. Um die geht es, diese müssen unter allen Umständen gehalten werden! Sie sichern das Wachstum, das Bestehen der Unternehmen am Markt.

Erläuterte Kennzahlen:

34. Fluktuationsrate der betrieblichen Leistungsträger
    - Anzahl betrieblicher Leistungsträger, die das Unternehmen verlassen haben
    - Anzahl betrieblicher Leistungsträger

Hintergrund: Die betrieblichen Leistungsträger einer Brauerei wurden nicht nur in den Reihen der Führungskräfte, sondern auch unter den Vertriebsbeauftragten wie bei den Auslieferungsfahrern identifiziert, da diese besonders wichtig zur Ausweitung des Umsatzes sind. Insgesamt wurden 28 % der Mitarbeiter als „besonders wichtig“, eben als Leistungsträger klassifiziert. Da insbesondere die Leistungsträger in den umsatzstarken Sommermonaten erhebliche, eigentlich nicht mehr vertretbare Überstunden für das Unternehmen leisten, sollten diese durch den verstärkten Einsatz von Aushilfsfahrern und Ladehelfern abgebaut werden.

Strategischer Weg: Ausbau des Stammkundengeschäfts

Aktionsziel: Anteil des Brunnengeschäfts am Umsatz auf 50 % bei gestiegenen Umsätzen erhöhen

Aktion: Verringerung der Überstundenzahl in den vier Sommermonaten

Kennzahl: Fluktuationsrate der betrieblichen Leistungsträger

Messverfahren: Es wurden lediglich die Kündigungen der Leistungsträger berücksichtigt.

35. Anteil der Leistungsträger, die einen Firmenkredit zum Bau/Kauf eines Hauses in der Umgebung erhalten haben
    - Anzahl gegebener Baukredite an betriebliche Leistungsträger
    - Anzahl betrieblicher Leistungsträger

Hintergrund: Ein schnell wachsendes Unternehmen im nordbayerischen Raum möchte seine Leistungsträger, die häufig nicht aus der Gegend kommen, halten. Hierzu werden zinsgünstige Baukredite an diese Mitarbeiter gegeben. Auch werden in Zusammenarbeit mit den umliegenden Gemeinden Bauplätze vermittelt.

Strategischer Weg: Ausbau Mitarbeiterkompetenz

Aktionsziel: Verringerung der Abwanderung qualifizierter Mitarbeiter

Aktion: Vergabe von Hauskrediten

Kennzahl: Anteil der Leistungsträger, die einen Firmenkredit zum Bau/Kauf eines Hauses in der Umgebung erhalten haben

Messverfahren: Jeder Unternehmensbereich sollte zwischen 10 % und 20 % „Leistungsträgerpositionen“ definieren, deren Stelleninhaber dann in den Genuss der zinsvergünstigten Kreditvergabe kommen.

7.3.6 Mitarbeiterproduktivität

Als Ergebnis der Bemühungen um motivierte und zufriedene, um kreative, aus- und weitergebildete, um langjährig erfahrene Mitarbeiter, um Mitarbeiter, die die Segnungen moderner DV-Systeme kennen und nutzen, sollte die Mitarbeiterproduktivität merklich, auf ungeahnte Höhe wachsen! Und dies sollte sich auch in den Unternehmensergebnissen widerspiegeln.

Die Mitarbeiterproduktivität als Ergebnis der Anstrengungen um die Mitarbeiter, um das wichtigste Potenzial im Unternehmen, gibt meist spät Auskunft über den Erfolg von Maßnahmen, ist auch eher im operativen als im strategischen Umfeld zu sehen. Hinzu kommt, dass Kennzahlen für die Produktivität auch eher Kontrollzwecken dienen – oder zumindest von den Mitarbeitern so aufgefasst werden, also gerade kontraproduktiv wirken.

Erläuterte Kennzahlen:

36. Veröffentlichungen der Pressestelle
    - Anzahl Veröffentlichungen in der Fachpresse

Hintergrund: Ein Softwareunternehmen hat vor, die Presse- und Öffentlichkeitsarbeit zu verstärken. Hierzu wurde eine Mitarbeiterin eingestellt, deren Aufgabe es ist, Presseveröffentlichungen zu lancieren, Kontakte zu Journalisten zu pflegen, Anwenderberichte zu schreiben etc.

Maß für das Ergebnis dieser Arbeit ist die Anzahl der Veröffentlichungen in der Fachpresse.

Strategischer Weg: Kundengerechte Softwarelösungen produzieren und verkaufen

Aktionsziel: Bekanntheit der Softwarelösungen in der Fachöffentlichkeit verbessern.

Aktion: Einstellung eines Pressereferenten

Kennzahl: Anzahl Veröffentlichungen

Messverfahren: Es werden nicht Artikel in der Kundenzeitschrift gezählt, sondern lediglich Artikel in Fachzeitschriften, die von der Zielgruppe gelesen werden.

7.4 Kennzahlen der Finanzperspektive

Die Finanzperspektive wird im allgemeinen Verständnis der Balanced Scorecard mit den finanziellen Kennzahlen, mit finanziellen Zielen, mit Finanzen schlechthin gleichgesetzt. Sie wird auch oft als die „oberste" Perspektive angesehen, als der Zielbereich aller Bestrebungen.

Aus unseren Erfahrungen heraus können wir dem nicht ganz folgen. In der Finanzperspektive geht es um folgende wesentliche Fragen:

1. Wie kann eine ausreichende Vorfinanzierung der strategischen Projekte gewährleistet werden?
2. Wie können wir sicherstellen, dass alle strategisch relevanten Prozesse des Unternehmens adäquat finanziell widergespiegelt werden?
3. Welche strategischen Projekte, welche strategischen Aktionen sind aus Sicht der Shareholder, der Kapitalgeber, aus Sicht der Rendite erwartenden Eigentümer nötig?
4. Wie kann das Vertrauen der Kapitalgeber auf- und ausgebaut, wie können die kapitalorientierten Ziele des Unternehmens erreicht werden?

Die Finanzperspektive ist eher eine Sicht auf die existenziellen Voraussetzungen für unser strategisches Handeln. Das oberste Ziel haben wir mit unserer Vision definiert. Denn nicht von ungefähr bezeichnen wir die Vision als das Leitziel unseres Unternehmens.

Und es geht auch hier vor allem um Aktionen; die Kennzahlen sind davon abgeleitete Größen und müssen nicht unbedingt Finanzkennzahlen sein.

Es ist eine Binsenweisheit, dass jedes Unternehmen (langfristig) Gewinn machen muss. Wir möchten hier auch nicht die Diskussion führen, ob Zahlungsfähigkeit, ob das Erzielen eines ausreichenden Cash-flow eine effektivere Aussage über die finanzielle Lage als der Gewinn ermöglicht. Aber die Frage, ob die finanzielle Perspektive die wichtigste sei, ob diese das Ziel jedes unternehmerischen Handelns abbilde, sei doch erlaubt! Kommt hier nicht wieder das viel zu kurzsichtige kurzfristige Denken zum Vorschein? Sind gerade bei der strategischen Betrachtung nicht die anderen Perspektiven zumindest gleich wichtig? Versprechen nicht Marktanteil oder die Fähigkeit, sich in den Geschäftsprozessen sehr schnell an veränderte Rahmenbedingungen anpassen zu können, eine größere Nachhaltigkeit im Börsenwert?

Mittelständische Unternehmen reden zwar gern vom Gewinn, aber häufig spielen andere Faktoren wie „das Unternehmen ist meine Rente", „alte Familientradition" eine wichtige, wahrscheinlich viel wichtigere Rolle als der spröde „Gewinn". Also versuchen Sie, sich Ihre wirklichen Ziele klar zu machen!

Aber die Diskussion über die wichtigste Perspektive ist müßig, wenn es nur um Kennzahlen geht! Ziel der Arbeit mit der Balanced Scorecard ist die Erreichung langfristiger, strategischer Unternehmensziele unter Beachtung aller Einflussfaktoren, eben auch der finanziellen.

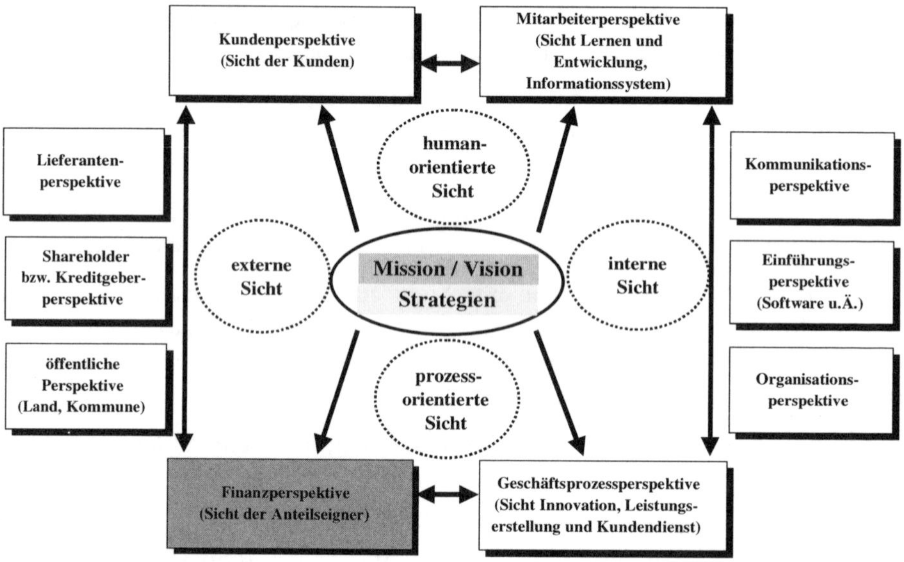

Abb. 41: Finanzperspektive

Auch in der nachfolgenden Aufstellung von Kennzahlen der Finanzperspektive ist eine eindeutige Eingruppierung in die Unterpunkte, aber auch die eindeutige und immer richtige Zuordnung zur Perspektive nicht immer möglich. Es kommt eben auf den Einzelfall, das betrachtete Unternehmen, aber auch auf die inhaltliche Definition der Kennzahlkomponenten an.

Mit den finanziellen Kennzahlen möchten wir Verlauf und Zielerreichung von strategischen Projekten und Aktionen messen, die aus Sicht der Kapitalgeber sinnvoll sind. Zur Eingruppierung in diese Perspektive ist also eine finanzielle Größe wie „Aufwand"nicht ausreichend, denn der Aufwand für Werbeaktionen ist sicherlich eher der Kundenperspektive zuzuordnen als den Finanzen.

Sicher werden auch Sie für Ihr Unternehmen Verlauf und Zielerreichung der einen oder anderen strategischen Aktion im finanziellen Bereich mit einer der aufgeführten Kennzahlen messen können, denn

„You can only manage, what you can measure!“

7.4.1 ...als finanzielle Voraussetzung für...

Klassischerweise ordnet man Finanzkennzahlen eher den Spätindikatoren zu, denn die Messung ist das Ergebnis eines Prozesses. Unter dem Aspekt, dass alles Tun im Unternehmen auf finanzielle Ziele ausgerichtet ist, mag das stimmen. Betrachtet man jedoch finanzielle Ergebnisse als Voraussetzung für andere Maßnahmen, so können Finanzkennzahlen sehr wohl zu Frühindikatoren werden:

Perspektive	strategische Aktion	Kennzahl
Finanzen	Cash-flow (in 2 Jahren verdoppeln)	Cash-flow
Mitarbeiter	↓ Mitarbeiterkompetenz erweitern (bis 500 TDM mit 2 Unterschriften)	Schulungsquote
Geschäfts-prozesse	↓ schnellere Angebotserstellung (innerhalb von 3 Tagen)	Zeitbedarf für Angebotserstellung
Kunden	↓ verstärkte Angebotserstellung (in 2 Jahren + 300%)	Anzahl der erstellten Angebote
Finanzen	↓ Umsatzsteigerung (in 5 Jahren verfünffachen)	Umsatzwachstum

Abb. 42: Frühindikatoren in der finanziellen Perspektive

Nehmen wir folgendes Beispiel für eine Kette von sich verstärkenden Aktionen mit dem Ziel, den Umsatz in fünf Jahren zu verdreifachen.

Bei diesem Beispiel messen Kennzahlen der Finanzperspektive Anfang und Ende dieser Annahmenkette: Cash-flow als Frühindikator misst die Voraussetzung zur Finanzierung der intensiven Mitarbeiterschulung, und das Umsatzwachstum berichtet vom Ergebnis des Tuns aller am Prozess beteiligten Mitarbeiter.

Nicht die Kennzahl ist Ziel der Arbeit mit der Balanced Scorecard! Der Weg zur Zielerreichung soll mit Kennzahlen begleitet, gesteuert, „controlled“ werden.

Welche Kennzahlen wurden in Unternehmen genutzt, um Voraussetzungen für die konsequente Zielerreichung zu schaffen?

Erläuterte Kennzahlen:

37. Verschuldungsgrad je Einwohner
    - Summe der städtischen Schulden
    - Summe der jährlichen Einnahmen der Stadt
    - Anzahl Einwohner

Hintergrund: Eine mittelgroße Stadt in der Pfalz möchte in ein Gewerbegebiet investieren, um trotz dem drohenden Abzug von Militäreinrichtungen Arbeitsplätze für ihre Bürger bereitstellen zu können. Um die aktuelle Verschuldung zu verringern, soll eine größere Siedlung verkauft werden. Hierdurch kann die Stadt einen Kredit aufnehmen, eine Gewerbegesellschaft gründen und mit dem Grunderwerb und den planerischen Arbeiten beginnen.

Strategischer Weg: Arbeitsplätze sichern die kontinuierliche Entwicklung unserer Stadt.

Aktionsziel: Einrichtung eines Gewerbeparks

Aktion: Verkauf der Siedlung XYZ zur Finanzierung des Gewerbeparks

Kennzahl: Verschuldungsgrad je Einwohner

Messverfahren: Jährliche Bestandsaufnahme des Verschuldungsgrades

38. Cash-to-Cash-Zyklus
    - Summe Ausgabe für Entwicklungsprojekte
    - Summe Einnahmen aus Entwicklungsprojekten

Hintergrund: Entwicklungen müssen bezahlt werden, sollten sich aber auch bezahlt machen! Das mittelständische Unternehmen muss darauf achten, dass die Investitionen und laufenden Entwicklungskosten für die Zukunftsprojekte in relativ kurzer Zeit wieder in das Unternehmen zurückfließen.

Strategischer Weg: In 2005 50 % des Umsatzes aus neuen Produkten

Aktionsziel: Sicherstellung der Unternehmensliquidität

Aktion: Beschleunigung der Marktreife für neu entwickelte Produkte

Kennzahl: Cash-to-Cash-Zyklus

Messverfahren: Für alle Projekte/Produkte werden die Projektkosten bis 24 Monate nach Markteinführung erfasst, um den Cash-to-Cash-Zyklus zu ermitteln.

7.4.2 Wachstumsphase

Die Betriebswirtschaft trennt den Lebenszyklus eines Produkts in drei Phasen: Wachstums-, Reife- und Erntephase. Natürlich müssen in allen Lebensphasen eines Produkts, eines Produktbereiches und eines Unternehmens (!) auch strategische Projekte/Aktionen zur Erreichung eines angemessenen Produktertrages durchgeführt werden.

In der Wachstumsphase sind die Aufwendungen insbesondere für die Entwicklung, aber auch für den Vertrieb noch überdurchschnittlich hoch. Gewinne werden wohl erst zukünftig erwirtschaftet, die anfallenden Verluste sollten sich rasch und im Plan bewegend reduzieren.

Die im Folgenden vorgestellten Kennzahlen für strategische Projekte und Aktionen sind zumeist recht unternehmensspezifisch. Sicherlich ist es dem Leser in einigen Fällen nicht verständlich, warum diese Kennzahl für eine Aktion gerade unter „Wachstum“ und nicht unter „Reife“ z. B. eingruppiert wurde. Für die beiden folgenden Kennzahlen möchten wir dies detailliert erläutern:

Erläuterte Kennzahlen:

39. Umsatzanteil elektronischer Medien am Gesamtumsatz
    - Summe Umsatz über elektronische Medien
    - Gesamtumsatz

Hintergrund: Ein auf „Rucksacktouristen“ spezialisiertes Versandhandelsunternehmen baut einen elektronischen Shop auf. Ziel ist, den Umsatz über elektronische Medien innerhalb von zwei Jahren auf 12 Mio. Euro zu erhöhen (60 % vom Planumsatz in 2002). Da von den Mitarbeitern im alten Unternehmensteil befürchtet wurde, dass durch den elektronischen Handel Umsätze abgezogen werden würden, hat man den elektronischen Handel in ein neu gegründetes Tochterunternehmen ausgelagert.

Strategischer Weg: Umsatzwachstum durch elektronischen Shop

Aktionsziel: Umsatz auf 12 Mio. Euro erhöhen

Aktion: Tochterunternehmen in sechs Monaten voll funktionsfähig machen

Kennzahl: Umsatz über elektronische Medien

Messverfahren: Monatliche Umsatzentwicklung

40. Hotline-Deckungsbeitrag

Hintergrund: Ein Softwareunternehmen bietet seinen Kunden einen 18 Stunden Hotline-Service. Dieser soll zukünftig nach den üblichen Geschäftszeiten und für Kunden, die keinen Softwarewartungsvertrag abgeschlossen haben, kostenpflichtig sein.

Strategischer Weg: Serviceorientierung

Aktionsziel: Hotline soll sich selbst tragen

Aktion: Schaltung einer automatisch Umsatz generierenden Hotline-Telefonnummer (019x)

Kennzahl: Hotline-DB

Messverfahren: Die Kennzahl wird aus den Erlösen der Hotlinenummer, aus 50 % der Wartungserlöse und den Kosten der Hotline errechnet.

7.4.3 Reifephase

In der Reifephase muss das Produkt, der Produktbereich seine Vorlaufkosten erwirtschaften, also gute Erträge/Gewinne bringen. Der Entwicklungsaufwand reduziert sich auf Konstruktionsänderungen. Der Vertrieb ist bemüht, den Verkauf über eine möglichst weite Streuung am Markt zu forcieren.

Außerdem gilt es, die Produktionskosten pro Produkt zu senken, um preislich unterstützt Marktanteile halten oder noch besser ausbauen zu können.

Erläuterte Kennzahlen:

41. Produktdifferenzierung Frankreich: Umsatz/Entwicklungsaufwand
    - Umsatz der differenzierten Produkte in Frankreich
    - Entwicklungsaufwand für differenzierte Produkte für den französischen Markt

Hintergrund: Ein Automobilkonzern hat vor zwei Jahren ein neues Modell auf den Markt gebracht. Es verkauft sich gut, auch auf dem französischen Markt; jedoch sinken die Wachstumsraten der Bestellungen. Um dem vorzubeugen, werden länderspezifische Modellvarianten entwickelt und angeboten.

Strategischer Weg: Ausbau des Marktanteils über kundenorientierte Modellpolitik

Aktionsziel: Entwicklung und Absatz der Modellvarianten

Aktion: Entwicklung eines „französischen“ Modells

Kennzahl: Produktdifferenzierung Frankreich

Messverfahren: Da die Modellvariante ein Substitut ist, werden nicht alle Umsätze des Modells in Frankreich, sondern nur die Mehrumsätze im Vergleich zum Vorjahr als Umsatzgröße berücksichtigt.

42. Einführung einer Deckungsbeitragsrechnung auf Produktebene
    - Gewichtete Projektmeilensteine z. B. „Projektleitung benannt" = 5 %; „Kostenerfassungssysteme installiert" = 20 %

Hintergrund: Was für eine Kennzahl, und dann noch für die Reifephase?! Jedoch, nicht jedes Unternehmen wendet ausgefeilte Systeme im Rechnungswesen an. Gerade im mittelständischen Bereich stehen viele Unternehmen, die sich in ihrer Marktnische sicher zur Weltspitze zählen, auf einem Stand, den dynamische Jungmanager oder auch gewachsene Controller mit Grausen erfüllt. Jedoch, auch dieses Unternehmen wolle seine strategische Ausrichtung erarbeiten und dann umsetzen – mit der Balanced Scorecard!

Das hier beschriebene Unternehmen ist gar nicht so klein, so manche von Ihnen kennen es als einen hochinnovativen Produzenten im Grenzbereich von „brauner Ware" und Internetprodukten. Aber wie so häufig, Innovation kostet viel (sehr viel) Geld, muss mit marktgängigen Produkten verdient werden. Insofern war es für das Management eine strategische Aufgabe, die Innovationsfähigkeit zu erhalten durch besondere Rücksicht auf das Finanzergebnis der existierenden Produkte – und zur Identifikation der wirklich profitablen Produkte sollte ein System zur Deckungsbeitragsrechnung aufgebaut werden als Grundlage für weitergehende Entscheidungen zum Produktionsspektrum.

Strategischer Weg: Sicherstellung unserer Innovationskraft

Aktionsziel: Reduzierung unserer Produktvielfalt

Aktion: Aufbau einer Deckungsbeitragsrechnung auf Produktebene

Kennzahl: Deckungsbeitragsrechnung auf Produktebene

Messverfahren: Nicht vorhanden oder vorhanden ist etwas wenig, hier wurden für das Projekt acht Meilensteine festgelegt, die zusammen 100 % ausmachten. So konnte auf der Zeitachse das SOLL definiert und demgegenüber das IST festgestellt werden.

7.4.4 Erntephase

In der Erntephase, häufig auch „Cash-Cow-Phase“ genannt, nähert sich die Lebenszeit eines Produkts dem Ende. Relevante Entwicklungsaufwendungen fallen nicht mehr an, auch die Vertriebsanstrengungen beschränken sich zumeist auf die Aufrechterhaltung des Absatzes, häufig unterstützt durch Preisaktionen, Sonderangebote etc.

Die Produktionskosten müssen soweit als möglich reduziert sein, damit am Markt nicht kostengünstigere Wettbewerber zum Zuge kommen.

Erläuterte Kennzahlen:

43. Entwicklung der Stückkosten
    - Fertigungskosten Großserien
    - Anzahl aller Produkte ab Serien von 10.000 Stück

Hintergrund: Automobilzulieferer können ein Lied davon singen: Sparen, sparen, sparen. Jedes Jahr kommen die Einkäufer und möchten die Preise um (nicht zu wenig) einige Prozent reduzieren. Für Cash-Cow-Produkte fallen keine Entwicklungs-, auch nur noch geringe Vertriebskosten an. Die Produktion muss jede Möglichkeit nutzen, die Produkte kostengünstiger zu fertigen.

Strategischer Weg: Ausbau der Produktentwicklung

Aktionsziel: Sicherstellung eines ausgewogenen Finanzergebnisses

Aktion: Kostensenkungsprogramme in der Produktion

Kennzahl: Kostenquote

Messverfahren: Fertigungskosten pro Stück aller Produkte, die in Serien ab 10.000 Stück gefertigt werden

44. Deckungsbeitragsquote aus Wartungsverträgen
    - Deckungsbeitrag aus Wartungsverträgen
    - Anzahl Wartungsverträgen

Hintergrund: Das betrachtete Unternehmen möchte im Rahmen eines Komplettservices für Wohnhäuser den Mietern „Mehrwert“ wie z. B. elektronische Dienstleistungen, kostengünstigere Tarife für Strom/Gas/Wasser, Conciergedienste etc. bieten.

Um in das Geschäft zu kommen, übernimmt es für Hauseigentümer auch die komplette Wartung aller technischen Einrichtungen an und in Gebäuden. Der Akquisitionsaufwand ist hoch, dann ist es Tagesgeschäft, aber nicht nur operativ, sondern auch strategisch relevant. Eine Deckungsbeitragsquote von 18 % ist Ziel.

Strategischer Weg:	Wir bieten für Mieter Mehrwert
Aktionsziel:	Komplettservice für Wohnhäuser als Basis unserer strategischen Arbeit
Aktion:	Übernahme Wartungsverträge
Kennzahl:	Deckungsbeitragsquote aus Wartungsverträgen
Messverfahren:	Quartalsweise Ermittlung des DB für alle Wartungsverträge

7.4.5 „Klassische“ Finanzkennzahlen

Da der Managementprozess Balanced Scorecard mit strategischen Kennzahlen begleitet wird, sind die klassischen, die normalerweise verwendeten operativen Kennzahlen nur in den wenigsten Fällen auch strategisch, auch für die Balanced Scorecard zu nutzen. Über Kennzahlen im Allgemeinen informiert recht gut der STS TaschenGuide „Kennzahlen“ sowie das Fachbuch von Manfred Weber, „Kennzahlen“[38].

38 Vgl. die Literaturliste am Ende des Buches.

7.5 Weitere Perspektiven der Balanced Scorecard

Jedes Unternehmen ist einzigartig. Für kein Unternehmen, für keinen Unternehmensbereich, für keine Abteilung kann es eigentlich identische strategische Aufgaben, also auch keine identische Balanced Scorecard geben. Und in vielen Unternehmen sind spezielle Aufgaben anzugehen, die für die zukünftige Entwicklung besonders wichtig sind. So sollte man darüber nachdenken, hierfür auch spezielle Perspektiven einzuführen. Dies hat zur Folge, dass man bereits bei der Erarbeitung von zielgerichteten strategischen Aktionen diese Aspekte nicht übersieht, hierauf sein besonderes Augenmerk richtet.

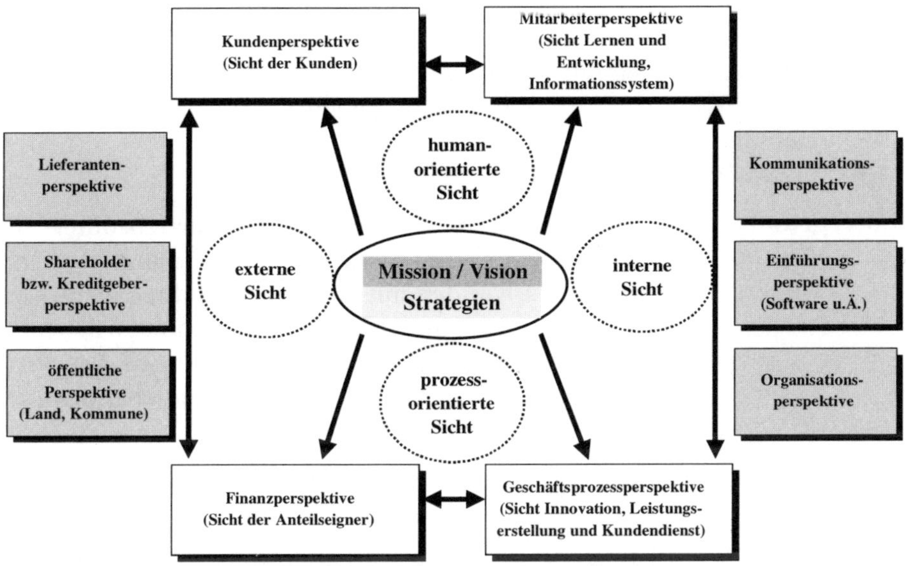

Abb. 43: Beispielhafte weitere Perspektiven der Balanced Scorecard

So ist es für den Verlag (Kapitel 2) wichtig, zu ausgezeichneten Geschäftsbeziehungen zu Autoren zu kommen. Die Autoren sind das Kapital eines Verlages. Sie wollen, nein, sie müssen gepflegt werden. Und wenn dies noch nicht Teil des operativen Tagesgeschäfts ist, gehört dies als ein wichtiges strategisches Projekt in die Balanced Scorecard dieses Verlages!

Wir möchten mit dieser Aufzählung einiger weiterer Perspektiven anregen, sich nicht in ein zu enges Korsett zwängen zu lassen, den Blick zu öffnen, für weitere, besonders wichtige Dinge, die man aus strategischer Sicht tun sollte – denn gerade darum geht es: strategische orientierte Dinge auch tun!

7.5.1 Wettbewerbsperspektive

Viele Unternehmen stöhnen über den Wettbewerb, manche päppeln ihn sogar auf, damit sie nicht konkurrenzlos sind. Wir haben mehrere Unternehmen kennen gelernt, die den Wettbewerb als Partner auf dem Weg zu Bestleistungen ansahen und mehr oder weniger intensiven Erfahrungsaustausch betrieben.

Erläuterte Kennzahlen:

45. Erfahrungsaustausch mit Wettbewerb
    - Anzahl Wettbewerber, mit denen regelmäßig Informationen ausgetauscht werden
    - Anzahl Wettbewerber insgesamt

Hintergrund: Warum sollte man nicht mit Wettbewerbsunternehmen Informationen austauschen, insbesondere wenn man einem Kunden mit eigenen Produkten nicht weiterhelfen kann. Empfehlen Sie Ihrem Kunden lieber einen qualitativ guten Wettbewerber. Er wird dies positiv vermerken und Sie bald mehr als Ratgeber denn als Lieferanten im Gedächtnis behalten.

Erfolgreich sind die Unternehmen, die dafür sorgen, dass ihre Kunden erfolgreich sind!

Strategischer Weg: Konsequente Kundenorientierung

Aktionsziel: Kennen lernen des Wettbewerbs

Aktion: Regelmäßige Gespräche mit Wettbewerbern, um die eigenen Stärken und Schwächen erkennen, aber auch um Kunden fundierte Empfehlungen geben zu können

Kennzahl: Erfahrungsaustausch mit Wettbewerb

Messverfahren: Nur jedes Gespräch mit Wettbewerbern, das auch schriftlich dokumentiert wurde, zählte für diese Kennzahl.

7.5.2 Coopetitionperspektive

Reicht die Spanne bei der Wettbewerbsperspektive von Kennen lernen, Einschätzen des Wettbewerbs bis hin zum Abschöpfen von Informationen, so geht die Coopetitionperspektive Richtung Zusammenarbeit mit Wettbewerbern, z. B. in der Entwicklung, im Vertrieb, in der Logistik. Weitere Beispiele sind im Kapitel 4 (Marwitz AG) genannt.

Erläuterte Kennzahlen:

46. Anzahl erfolgreicher gemeinsamer Messestände

Hintergrund:	Insbesondere für mittelständische Unternehmen ist die Präsentation von Produkten auf Ausstellungen ein sehr teures Unterfangen. Warum nicht zusammen mit Wettbewerbern auftreten, die ähnliche, aber kaum exakt die gleichen Produkte anbieten?
Strategischer Weg:	Weltweiten Vertrieb ausbauen
Aktionsziel:	Asiengeschäft intensivieren
Aktion:	Gemeinsamer Messestand mit anderen europäischen Unternehmen der gleichen Branche auf vier asiatischen Messen
Kennzahl:	Anzahl erfolgreicher gemeinsamer Messestände
Messverfahren:	Es werden nur die gemeinsamen Messeauftritte gezählt, die zu mehr als 50 Kunden-/Interessentenkontakte führten.

7.5.3 Konzernperspektive

Viele Unternehmen sind in einen Konzern eingebunden, mit Pflichten wie Rechten. Insbesondere wenn der Zusammenschluss neueren Datums ist, sehen es diese Unternehmen als strategische Aufgabe an, die notwendige Integration zu forcieren.

Erläuterte Kennzahlen:

47. Anzahl gemeinsamer Projekte

Hintergrund: Ein Handelsunternehmen wurde von einem auf Gesamteuropa ausgerichteten Handelskonzern übernommen. Ziel des Konzerns war es natürlich, neben der Präsenz am regionalen Markt auch die Mitarbeiter in den „Konzerngeist" einzubeziehen. Hierzu dienten gemeinsame Projekte.

Strategischer Weg: Bildung einer europäischen Marke

Aktionsziel: Ausrichtung aller Mitarbeiter der Führungsebenen auf den Konzern

Aktion: Gemeinsam Marketingprojekte erarbeiten

Kennzahl: Anzahl gemeinsamer Projekte

Messverfahren: Es wurden nur die Projekte gezählt, an denen mindestens 30 % Teilnehmer aus anderen als der Heimatregion kamen.

7.5.4 Organisationsperspektive

Diese Perspektive könnte man auch als „Fusionsperspektive" bezeichnen, hat sie doch insbesondere im Rahmen von Fusionen ein besonderes, ein strategisches Gewicht, wenn es gilt, unterschiedliche Organisationen, aber auch unterschiedliche Kulturen zusammenzuführen.

Erläuterte Kennzahlen:

48. Reisequote
    - Anzahl Dienstreisen
    - Anzahl Mitarbeiter

Hintergrund: Zwei große Versicherungsunternehmen haben fusioniert. Nun galt es, innerhalb von zwei Jahren alle organisatorischen Abläufe zu harmonisieren – und dies bei Beibehaltung von zwei Unternehmenssitzen.

Strategischer Weg: Nutzung der Synergien

Aktionsziel: Aufbau einer einheitlichen Prozessorganisation

Aktion: Vereinheitlichung der DV-Abläufe

Kennzahl: Reisequote

Messverfahren: Anzahl der Dienstreisen zwischen den beiden Unternehmenssitzen

7.5.5 Kommunikationsperspektive

In der Beschreibung von Kennzahlen der Perspektive der internen Geschäftsprozesse haben wir bereits darauf aufmerksam gemacht, dass die interne wie die externe Kommunikation bei vielen Unternehmen ein gravierender Schwachpunkt ist. Daher haben viele unserer Kunden eine spezifische Kommunikationsperspektive kreiert.

Erläuterte Kennzahlen:

49. Mitarbeiterzeitschrift
    - Pro Ausgabe Anzahl der Meldungen/Artikel aus den Werken
    - Anzahl der Ausgaben der Mitarbeiterzeitschrift

Hintergrund: Ein Befestigungsteilehersteller hat mehrere Unternehmen zu einem Konzern zusammengefasst. Nun ist es eine strategische Aufgabe, den Zusammenhalt aller Mitarbeiter zu erreichen.

Strategischer Weg: Gemeinschaftsgefühl aufbauen

Aktionsziel: Mitarbeiterzeitung herausgeben

Aktion: Artikel aus allen Werken veröffentlichen

Kennzahl: Mitarbeiterzeitschrift

Messverfahren: Zählung der Anzahl der Meldungen/Artikel aus den Werken

7.5.6 Einführungsperspektive

In vielen Unternehmen befindet man sich in einer Umbruchphase, die (fast) alle Strukturen, die sich in Jahren gebildet haben, infrage stellt: Sei es die Einführung einer neuen, umfassenden Software (SAP wird hierbei fast immer genannt!), sei es die Umstellung der kompletten Unternehmensorganisation, sei es die Einführung einer Balanced Scorecard. Die Einführung dieser das ganze Unternehmensgeschehen beeinflussenden Managementsysteme kann auch eine derartige Bedeutung für das strategische Vorankommen eines Unternehmens haben, dass es sinnvoll ist, den Weg (in einem strategischen Projekt) vorzugeben, den Erfolg bei der Einführung mit Kennzahlen zu messen.

Erläuterte Kennzahlen:

50. Einführung Softwaresystem
    - Meilensteine

Hintergrund:	Die Einführung eines komplexen Softwaresystems kann für ein Unternehmen nicht nur eine strategische Aufgabe, sondern auch eine existenzielle Herausforderung sein. Das hier betrachtete Unternehmen hatte keine andere Wahl: Die Jahrtausendwende zwang zur Umstellung einer alten, immer wieder „aufgebohrten" Lösung.
Strategischer Weg:	Kundenorientierung ausbauen
Aktionsziel:	Vorhandene Informationen über die Kunden nutzen
Aktion:	Einführung eines integrierten Softwaresystems
Kennzahl:	Einführung Softwaresystem
Messverfahren:	Für die Einführung werden mehrere Meilensteine gesetzt.

7.5.7 Internetperspektive

In vielen Fällen wird erkannt, dass die weltweite Vernetzung gravierende Auswirkungen auf fast alle Geschäftsprozesse im Unternehmen haben wird. Deshalb treffen wir auch häufig auf eine „Internetperspektive".

Erläuterte Kennzahlen:

51. Internet
    - Verschiedene Kennzahlen, abhängig vom Projektstand

Hintergrund: Das betrachtete Unternehmen hat ein Tochterunternehmen gegründet, das per eCommerce Handelsgeschäfte generieren soll.

Strategischer Weg: Neue Absatzwege ausbauen

Aktionsziel: Internetauftritt

Aktion: 1. Aufbau einer eigenen Homepage
2. Schalten von Links

Kennzahl: 1. Jahr: Meilensteine für das Projekt Homepage-erstellung
2. Jahr: Anzahl Zugriffe
3. Jahr: Umsätze aus Internetaufträgen
4. Jahr: Deckungsbeiträge aus Internetaufträgen

Messverfahren: Je nach Projektstand werden unterschiedliche Kennzahlen genutzt.

7.5.8 Lieferantenperspektive

Die Beziehung zu den Lieferanten erhält eine immer wichtiger werdende Bedeutung, nicht nur in der Automobilindustrie, wo bereits sehr enge Verflechtungen zwischen den Unternehmen der Wertschöpfungskette bestehen. Die Zusammenarbeit mit den Lieferanten hat also strategisches Gewicht und so findet die Lieferantenperspektive Eingang in viele Balanced Scorecards.

Erläuterte Kennzahlen:

52. Abgeschlossene Systemverträge

Hintergrund: Ein Unternehmen der Kosmetikindustrie hat sich zu einer weitreichenden Zusammenarbeit mit einigen Lieferanten entschlossen. Diese ist nun in Systemverträge zu kleiden, die beiden Seiten Rechte und Pflichten auferlegt.

Strategischer Weg: Kundenorientierte Fertigung

Aktionsziel: Outsourcing der Vorproduktion

Aktion: Einbinden der A-Lieferanten in verbindliche Verträge

Kennzahl: Abgeschlossene Systemverträge

Messverfahren: Gezählt werden alle Lieferantenverträge mit einem Umsatz größer als 50.000 Euro p.a.

7.5.9 Innovationsperspektive

Innovation sichert das Bestehen eines Unternehmens; nur wer dies beherzigt, wird auch in der Zukunft im Konzert der großen Unternehmen mitreden können.

Erläuterte Kennzahlen:

53. Teilnahmequote an Konferenzen, Seminaren
    - Anzahl Mitarbeiter, die an fachlichen Konferenzen und Seminaren teilnehmen
    - Anzahl Mitarbeiter insgesamt

Hintergrund: Das betrachtete Unternehmen möchte zu den fünf innovativsten der Branche gehören. Deshalb werden nicht nur die Mitarbeiter aus dem F+E-Bereich ermutigt, fachliche Konferenzen und Seminare zu besuchen.

Strategischer Weg: Innovationsfähigkeit ausbauen

Aktionsziel: Mitarbeiterbefähigung zu Innovation verbessern

Aktion: Mitarbeiter zu fachlichen Konferenzen und Seminaren senden

Kennzahl: Teilnahmequote an Konferenzen, Seminaren

Messverfahren: Es wurden alle Mitarbeiter des Unternehmens einbezogen.

7.5.10 Behördliche Perspektive

Der Kontakt zu Behörden, ob auf Gemeinde-, Kreis-, Landes, Bundes- oder sogar EU-Ebene kann gravierende Auswirkungen auf das Wirken eines Unternehmens sein. Geht es nicht nur um Genehmigungen, um Zuschüsse, um Aufträge, auch das Wissen um Entwicklungen kann die Zukunft eines Unternehmens erheblich beeinflussen.

Erläuterte Kennzahlen:

54. Kontakte auf Regierungsebene
    - Anzahl der Kontakte zu Funktionsträgern insgesamt

Hintergrund:	Ein Unternehmen des wehrtechnischen Bereichs benötigt weit vorausschauende Analysen über zu erwartende Entwicklungen, da die Entwicklungszeit eines neuen Produkts mehr als fünf Jahre beträgt.
Strategischer Weg:	Neue Produkte sichern die Lebensfähigkeit
Aktionsziel:	Hervorragende Kontakte zu Vertretern der Regierung versetzen uns in die Lage, vorausschauend neue Produkte planen zu können.
Aktion:	Kontakte intensivieren
Kennzahl:	Kontakte auf Regierungsebene
Messverfahren:	Vorab werden die potenziellen Ansprechpartner klassifiziert.

7.5.11 Öffentliche Perspektive

Kein Unternehmen kann auf gute Beziehungen zu allen Teilen der Öffentlichkeit verzichten. Daher kommt der Öffentlichkeitsarbeit herausragende Bedeutung zu, dies hat meist auch eine strategische Bedeutung.

Erläuterte Kennzahlen:

55. Veröffentlichungen
    - Anzahl Veröffentlichungen pro Woche

Hintergrund:	Ein Hersteller für Milchprodukte hat in seiner Region eine überregionale Bedeutung, als Arbeitgeber, als Steuerzahler, als wirtschaftliche Kompetenz. Dies soll für den weiteren Ausbau des Unternehmens genutzt werden.
Strategischer Weg:	Ausbau der Produktionskapazitäten
Aktionsziel:	Bekanntheitsgrad in der Region weiter ausbauen
Aktion:	Veröffentlichungen in der lokalen Presse forcieren
Kennzahl:	Veröffentlichungen
Messverfahren:	Anzahl Namensnennungen in der lokalen Presse pro Woche

Wir hoffen, dass die Aufzählung der Kennzahlen Ihnen einige Anregungen gegeben hat, sich zusammen mit den Mitarbeitern für Ihr Unternehmen, für Ihren Bereich, Ihre Abteilung individuelle Kennzahlen zu erarbeiten, um gemeinsam strategisches Wollen in strategisches Tun umzuwandeln, dies mit Hilfe Ihrer individuellen Scorecard, von

My Balanced Scorecard.

8 Fazit – vier Thesen zur Balanced Scorecard

Auf einen Blick:

⇨ Die Balanced Scorecard bringt unsere strategischen Ziele dann in das praktische Handeln, wenn wir eine Form finden, ihre Ergebnisse zwingend im Budget zu verankern.

⇨ Die Balanced Scorecard wird umso mehr Erfolge bringen, als es uns gelingt, die handelnden Akteure und ihre strategischen Aktionen und Projekte in den Mittelpunkt zu stellen.

⇨ Die Balanced Scorecard zielt in erster Linie auf die interne Führung unseres Unternehmens, weniger auf die externe Berichterstattung.

⇨ Die Balanced Scorecard ermöglicht eine allmähliche Umgestaltung unserer Führungsstrukturen zu einem strategisch orientierten Netzwerk aus verantwortlichen Projektleitern und funktionsbezogenen Dienstleistern.

8.1 Die Balanced Scorecard bringt unsere strategischen Ziele dann in das praktische Handeln, wenn wir eine Form finden, ihre Ergebnisse zwingend im Budget zu verankern.

„Putting Strategy into action“[39], das ist die Devise von Kaplan und Norton. Aber sie haben diesen Prozess nicht bis zum Ende dargestellt. Deshalb entstehen in der Praxis immer wieder Probleme, die strategisch abgeleiteten Ergebnisse tatsächlich im Alltag zu verankern. Wenn wir dem in Deutschland dominierenden Verständnis von Kaplan und Norton folgen, haben wir beim „Gang durch die Perspektiven“ zwar eine Vielzahl von Zielen, Kennzahlen, Vorgaben und Maßnahmen bestimmt, haben wir Verknüpfungen zwischen

39 Die Strategie in praktisches Handeln überführen.

den Kennzahlen über die Perspektiven hinweg qualitativ dargestellt[40], aber es fehlt der letzte Schritt.

Um strategische Ziele im unternehmerischen Alltag zu leben, müssen wir sie im Budget verankern. Das fordern auch Kaplan und Norton. Leider zeigen sie nicht, wie es geht.

Wir haben in unserer praktischen Arbeit mit einer Vielzahl ganz unterschiedlicher Unternehmen oder Non-Profit-Organisationen gelernt, dass ein möglicher Weg darin besteht, die vielen Ideen für zielorientierte strategische Aktionen in strategischen Projekten zu bündeln. Wie das praktisch aussehen kann, haben wir in den Beispielen der Kapitel 2 und 5 skizziert. Sicherlich gibt es noch andere Wege, aber die von uns dargestellten sind praktisch umgesetzt worden. Insofern können wir sie empfehlen.

Projekte haben den Vorteil, dass sie eine bereits bekannte Form sind, Prozesse zu managen. Wir müssen nicht etwas völlig Neues lernen. Sicherlich, praktisches Projektmanagement ist manchem noch ein unbekanntes Terrain. Aber gehört haben wir wohl alle schon davon. Und Literatur gibt es dazu in ausreichendem Maße; und Lehrgänge, und Berater und, und, und.

Auch wie wir Projekte in unser Budget einbauen, gehört heute zu den bekannten Managementtechniken.

Und wir spüren es auch. Nachdem wir die Aktionen in strategischen Projekten gebündelt haben, sind wir mit einem Mal im konkreten Alltagsgeschäft. Wir nutzen die bereits vorhandenen Aktionsideen, um für das Projekt einen Arbeitsplan zu erstellen. Wir fügen eventuell noch fehlende Aktionen hinzu. Wir bestimmen den Bedarf an Personalkosten, Sachkosten und investiven Mitteln. Und wir teilen ihn auf nach Jahren. Damit wir sie in den laufenden Budgetprozess einfügen können.

Bisher wurde unser Budget vorwiegend aus der Fortschreibung und Modifikation der IST-Daten abgeleitet. Hinzu kamen externe Anforderungen, etwa vom Konzern oder Kreditinstituten oder anderen Gruppen. Hinzu kamen

40 Allerdings hat bisher niemand den praktischen Nutzen dieser Verknüpfung dargestellt. Der akademische Lernzuwachs, die prinzipielle Einsicht in die Komplexität wirtschaftlicher Prozesse ist sicher gegeben. Und das ist durchaus wichtig. Allerdings, erfahrene Führungskräfte insbesondere im Mittelstand haben für diese Zusammenhänge meistens ein gutes Gefühl. Sie können es vielleicht nicht so in Worte fassen wie ein geübter Berater oder ein Universitätsprofessor. Aber sie erfassen es eben, intuitiv.

zumeist auch so genannte „Feuerwehr"-Aktionen. Irgendwelche unvorhergesehene Tätigkeiten, die oftmals „5 nach 12" mehr schlecht als recht in unser Budget eingefügt werden mussten. Die Zukunft war nicht Ausgangspunkt für die konkrete Erarbeitung des Budgets. Deshalb konnten wir zwar viel von ihr reden. Aber sie bestimmte nicht unser Tun.

Es hat Versuche gegeben, sich von der Fortschreibung der IST-Daten zu lösen und die Budgetierung quasi „auf grüner Wiese" vorzunehmen (Zero-Based Budgeting). Das zwingt uns, aus den Erfordernissen der Zukunft heraus die Strukturen der Gegenwart zu bestimmen. Aber diese Versuche haben sich praktisch nicht durchgesetzt. Weil wir aus der Vergangenheit kommen. Wir können sie nicht ablegen. Das IST wird immer eine notwendige Basis für unser Handeln bleiben. Aber es sollte ergänzt werden durch die Einbeziehung aus der Zukunft abgeleiteter strategisch relevanter Anforderungen.

Mit der Balanced Scorecard steht uns erstmals ein praktikables Instrument zur Verfügung, das Budget auch aus dem Blickwinkel der Zukunft zu erstel-

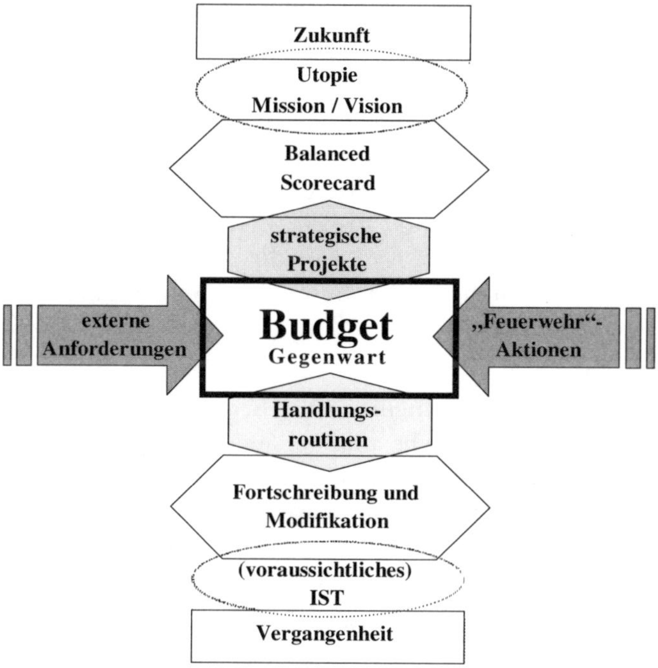

Abb. 44: Das Budget ausgewogen gestalten

len. Als Ergänzung zu den bisher gewohnten Ansatzpunkten, nicht als Ersatz. Auch hier gilt das Prinzip der Ausgewogenheit! Und das Bindeglied zwischen Balanced Scorecard und Budget bilden die von uns ausgewählten strategischen Projekte.

In diesem Zusammenhang wird uns immer wieder die Frage gestellt, ob es nicht möglich wäre, gleich die strategischen Projekte zu definieren und die erforderlichen Aktionen daraus abzuleiten. „Warum den umständlichen Weg über die Bestimmung von Aktionen, ihren Zielen und Kennzahlen gehen, wenn sie nachher ohnehin in den strategischen Projekten aufgehen?"

Grundsätzlich gibt es gegen eine derartige Herangehensweise keine Einwände. Managementtechniken wie Total Quality Management (TQM) beispielsweise setzen Oberbegriffe an den Anfang und leiten daraus die erforderlichen Aktionen ab. Meist sehr detailliert bis hin zu konkreten Einzelhandlungen.

Dennoch halten wir den in diesem Buch dargestellten „Umweg" über die Ideensammlung von strategischen Aktionen und deren anschließende Bündelung in strategischen Projekten für die bessere Alternative. Und zwar aus folgenden Gründen:

- Wenn wir allgemeine Oberbegriffe an den Anfang stellen, verlieren wir schnell die für die Führung unseres Unternehmens notwendige Individualität. Gemeinsame Oberbegriffe und darauf aufgebaute Systeme mögen zwar für unsere Berichte, für ein Benchmarking oder andere Vergleiche von großem Nutzen sein. Für die interne Führung sind sie eher ungeeignet. Eben weil die Gefahr besteht, die Spezifik des eigenen Unternehmens auszublenden. Auch wenn genügend Raum für individuelle Ausgestaltungen gegeben wird[41].
- Beim Verzweigen aus allgemeinen Oberbegriffen neigen wir dazu, möglichst alle Handlungsbereiche und -ebenen einzubeziehen. TQM trägt diesen Anspruch bereits im Namen. Für das Qualitätswesen ist dieser Weg auch unumgänglich. Daraus erwächst aber die Gefahr, dass wir uns

41 TQM zeichnet sich durch große Individualität im Detail aus. Dennoch verleiten die identischen Oberbegriffe zu verallgemeinernden Vergleichen. Solange damit sorgsam umgegangen wird, ist dagegen auch nichts einzuwenden; im Gegenteil. Aber leider gibt es im betrieblichen Alltag – insbesondere in größeren Unternehmen – genügend Beispiele dafür, dass auf der Grundlage allgemeiner Kennzahlen Entscheidungen getroffen werden, die mit den spezifischen Bedingungen der Betroffenen nicht mehr viel zu tun haben.

verzetteln; dass wir den strategischen Blick verlieren. Wir schreiben umfangreiche Handbücher, normieren faktisch jeden Handgriff. Und in der Vielfalt verlieren wir schnell den Überblick. Wir können uns nicht mehr alles merken. Und die strategische Relevanz ist nicht gegeben.

- Das Verzweigen aus allgemeinen Oberbegriffen erfordert zumeist einen beträchtlichen Zeitaufwand. Der Einstieg in ein TQM-System wird mehrere Monate in Anspruch nehmen, oftmals mehr als ein Jahr. Um das zu bewältigen, schaffen wir uns normalerweise eine eigene Organisation von Qualitätsbeauftragten. Da Qualität aus den konkreten Einzelhandlungen aller Mitarbeiter erwächst, ist dieser Weg in die Details auch berechtigt. Aber die Strategie beginnt an der Spitze des Unternehmens. Dort geht es um die zentralen Aufgaben, nicht um eine vollständige Übersicht aller Details. Und die Strategie sollte mit der gesamten Führungsmannschaft erarbeitet werden. Die aber können wir nicht über einen längeren Zeitraum aus dem Managementprozess herauslösen.
- Das vielleicht wichtigste Problem liegt aber in der Motivation, der Identifikation der Beteiligten. Es besteht ein wesentlicher Unterschied zwischen strategischen Projekten, die aus Aktionsideen aller Beteiligten generiert wurden und solchen, die aus vorgegebenen Oberbegriffen abgeleitet werden. Es mögen zum Schluss dieselben Begriffe sein. Aber das Verhältnis zu ihnen, das Verständnis für die hinter ihnen stehenden Zusammenhänge und damit die Bereitschaft und die Fähigkeit, sie mit Leben zu erfüllen, sind im ersten Fall stärker. Und das kann entscheidend sein für die Umsetzung einer Strategie. Schon die Apostel haben uns ins Stammbuch geschrieben, dass es der Glaube ist, der Berge versetzt!

Eine Erfahrung konnten wir allerdings immer wieder gewinnen: Unternehmen, die den TQM-Prozess durchlaufen haben oder sich mit dem EFQM-Modell beschäftigen, haben bessere Voraussetzungen für die Erarbeitung und Umsetzung einer Balanced Scorecard. Und die Mitwirkenden konnten feststellen, dass man auf dem Weg zu einer Balanced Scorecard in wenigen Tagen ähnliche strategische Ansätze findet, für die das Qualitätsmanagement in der Regel mehrere Monate benötigt. Nicht weil TQM „schlechter“ wäre, sondern weil TQM den durchgängigen Qualitätsprozess zum Inhalt hat und sich nicht auf die Strategie konzentriert. Balanced Scorecard und Total Quality Management sind eben nicht dasselbe. Aber sie können sich gegenseitig hervorragend befruchten und ergänzen.

8.2 Die Balanced Scorecard wird umso mehr Erfolge bringen, als es uns gelingt, die handelnden Akteure und ihre strategischen Aktionen und Projekte in den Mittelpunkt zu stellen

Die Balanced Scorecard wird landläufig als ein strategieorientiertes Kennzahlensystem verstanden. Es wird zwar oftmals anders beschrieben, aber praktisch laufen die meisten Beispiele immer wieder darauf hinaus. Wir definieren Ziele, bestimmen Kennzahlen, um diese Ziele zu messen, erarbeiten Vorgaben für die Kennzahlen und leiten Maßnahmen ab, um die Vorgaben zu realisieren. Die handelnden Akteure spielen keine oder eine nur untergeordnete („begleitete") Rolle.

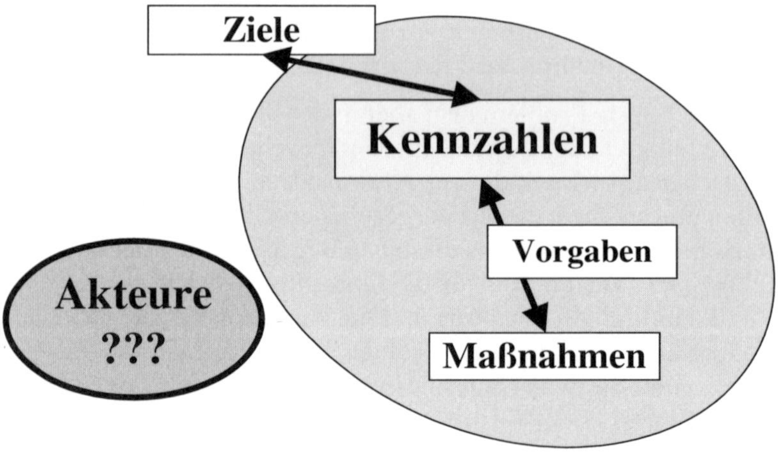

Abb. 45: Die übliche Ableitungskette bei der Erarbeitung einer Balanced Scorecard: Ziele – Kennzahlen – Vorgaben – Maßnahmen

Bei derartigem Herangehen entsteht schnell die Gefahr, die Balanced Scorecard auf eine Widerspiegelung von Sachzusammenhängen zu reduzieren. Sofern diese Widerspiegelung neben finanziellen Seiten auch so genannte „weiche" Faktoren erfasst, ist das allemal ein Fortschritt. Wir bezeichnen nichtfinanzielle Informationen bzw. nicht mit Messinstrumenten erfassbare Daten als „weich", weil wir es nicht gewohnt sind, mit derartigen Informationen umzugehen. Wir haben damit nicht so große, über Jahrhunderte reichende Erfahrungen wie mit finanziellen Daten. Deshalb, obwohl sie durchaus besser recherchiert und fundierter mit statistischen Erhebungen belegt sein können als manche „harte Fakten", stehen wir ihnen oftmals skeptisch gegenüber. Die Balanced Scorecard kann uns dabei helfen, die Scheu vor „weichen Informationen" zu überwinden.

Und mit wachsender Erfahrung werden wir sie vielleicht bald besser zur Führung nutzen können als die „harten Fakten". Weil sie näher dran sind an den handelnden Akteuren. Weil sie zu einem großen Teil die Beziehungen der Akteure beleuchten. Weil sie unserer intuitiven Erfassung der komplexen Realität oft eher entsprechen als die „sterilen" Finanzdaten unseres betrieblichen Rechnungswesens.

Dass uns die Balanced Scorecard dabei erstaunliche Hilfestellung geben kann, macht einen ihrer Reize aus.

Aber führen wollen wir nicht Sachzusammenhänge, sondern Menschen. Die Balanced Scorecard soll uns dazu dienen, Strategien in praktisches Handeln zu überführen. Und dazu brauchen wir nun einmal unsere Mitarbeiter und ihr Zusammenwirken mit den Kunden, den Lieferanten, den Kreditinstituten, den Behörden etc. Und dazu brauchen wir unsere Anteilseigner und ihre Bereitschaft, unsere strategischen Wege zu begleiten.

> Deshalb sind die Akteure und ihre Aktionen bzw. strategischen Projekte der eigentliche Gegenstand einer Balanced Scorecard; ihre Einbindung in die internen Führungsstrukturen und das externe Beziehungsgeflecht unseres Unternehmens; ihre Befähigung und Motivation, strategische Ziele in praktisches Handeln umzusetzen und im unternehmerischen Alltag zu verankern!

Die Kennzahlen sind davon abgeleitete Größen. Sie sollen uns die Möglichkeit geben, Verlauf und Erfolg der Aktionen zu messen. Sie sollen Indikator sein für mögliche Probleme. Sie sollen als Katalysator dienen, um gemeinsam mit allen Beteiligten mögliche Probleme rechtzeitig zu erkennen und zu bewältigen. Aber sie sind nicht der Gegenstand der Balanced Scorecard!

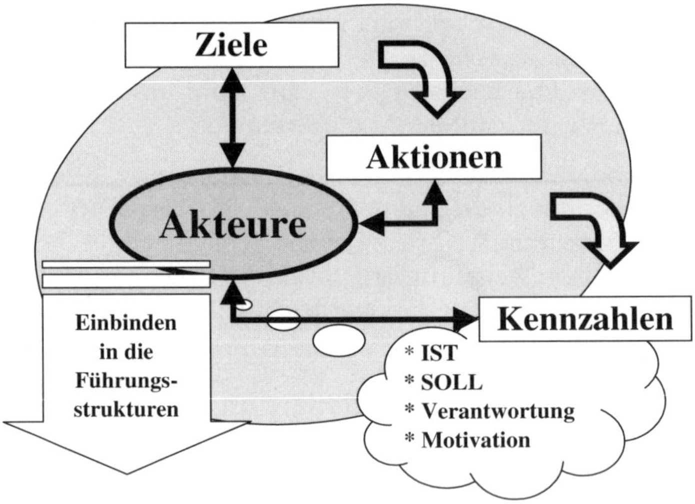

Abb. 46: Die Akteure und ihre Aktionen stehen im Zentrum unserer Balanced Scorecard

8.3 Die Balanced Scorecard zielt in erster Linie auf die interne Führung unseres Unternehmens, weniger auf die externe Berichterstattung

Internes Führen und externes Berichten sind zwei wichtige Aspekte für erfolgreiches Management, aber sie sind grundsätzlich verschiedene Aspekte.

- Führung konzentriert sich auf Menschen, auf ihre individuellen Eigenheiten, auf die spezifischen Bedingungen ihres Wirkens. Sachzusammenhänge spielen dabei eine wichtige Rolle, aber sie sind nicht der wesentliche Punkt.
- Berichte sind per Definition Sachaussagen. Sie konzentrieren sich vorwiegend auf vergleichbare Sachzusammenhänge. Der Anspruch auf Vergleichbarkeit schließt dabei bis zu einem gewissen Grad Individualität und Beachtung der spezifischen Bedingungen aus.
- Sachen können wir gestalten und steuern wie eine Maschine oder ein Auto. Wir benötigen dazu Mess- und Steuerungsinstrumente. Die Messergebnisse erfassen wir in Zahlen und vergleichen sie mit vorgegebenen

SOLL-Werten, um steuernd eingreifen zu können, wenn wir vom Weg abweichen.

- Kennzahlen nutzen wir auch im betrieblichen Alltag als Mess- und Steuerungsinstrument. Aber wir müssen unterscheiden, ob wir technische Prozesse steuern und sachliche Zusammenhänge gestalten oder ob wir Menschen führen wollen. Menschen lassen sich nicht steuern wie Maschinen oder gestalten wie sachliche Strukturen. Weil sie keine Maschinen, keine Strukturen sind!

Wir sollten daher genauso unterscheiden zwischen Kennzahlen als Führungsinstrument und Kennzahlen als Gegenstand unserer Berichte. Beide Arten sind wichtig. Und die Grenzen zwischen ihnen sind fließend. Aber wir dürfen sie nicht vermischen, wenn wir nicht an Effizienz verlieren wollen.

Wenn wir dazu noch berücksichtigen, dass wir es immer mit operativen und strategischen Führungsaufgaben zu tun haben und wir dementsprechend auch zwischen operativen und strategischen Führungskennzahlen unterscheiden, erhalten wir – um bildlich zu sprechen – ein „Triptychon".

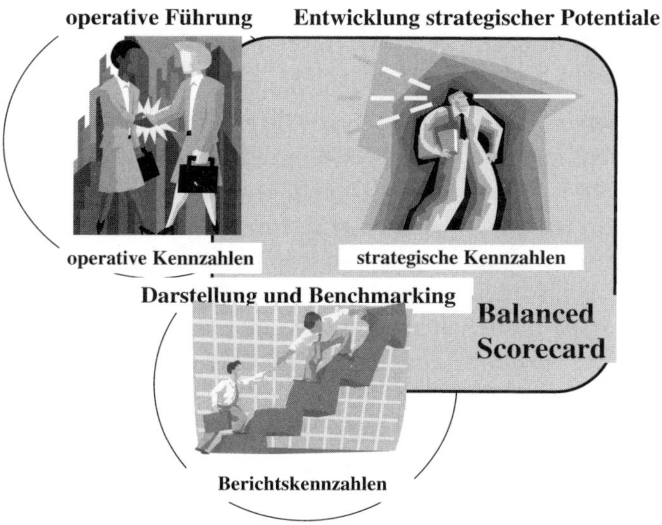

Abb. 47: „Triptychon" aus Führungs- und Berichtskennzahlen

Wenn wir unsere Balanced Scorecard als Führungsinstrument begreifen zur Umsetzung strategischer Ziele in unternehmerisches Tun, dann sollte das

Bild der Balanced Scorecard eher geprägt sein von Führungskennzahlen, die den spezifischen Verlauf und Erfolg unserer strategischen Projekte und Aktionen messen. Berichtskennzahlen gehören eigentlich nicht dazu.

Aber wie unser Budget neben dem Fortschreiben und Modifizieren der IST-Daten, neben dem Einbinden strategischer Projekte und neben der unvermeidlichen Berücksichtigung von Feuerwehraufgaben auch von externen Anforderungen geprägt wird, bleibt auch unsere Balanced Scorecard davon nicht gänzlich unberührt. Externe Anforderungen können von der Konzernmutter geltend gemacht werden, von der Gesellschafterversammlung oder dem Aufsichtsrat bzw. Beirat, von Kreditinstituten oder anderen Darlehensgebern, von Behörden oder ähnlichen Einrichtungen. Wir können uns ihnen nicht immer entziehen.

Wenn wir allerdings unsere Balanced Scorecard zu stark mit Berichtskennzahlen überfrachten, verringern wir ihre Fähigkeit, als Führungsinstrument genutzt zu werden. Es steht dann eher die Vergleichbarkeit der Kennzahl als die Spezifik des strategischen Projekts bzw. der Aktion im Mittelpunkt. Von diesem Punkt ist es nicht mehr weit zum bloßen Kennzahlensystem. Und die handelnden Akteure werden zu Statisten; zum „Anhängsel" der Kennzahlen; zu einer „abgeleiteten Größe". Wir sind wieder bei Taylor und seiner Fabrik als steuerbarem Räderwerk.

Leider erliegen wir zu oft diesem externen Druck. Denn Leistungsvergleich (neudeutsch: Benchmarking) zwischen ähnlichen Unternehmen – sei es innerhalb eines Konzerns oder einer Branche – erfordert vergleichbare Kennzahlen. Außerdem lassen sich derartige Kennzahlen hervorragend aggregieren und zu durchrechenbaren Systemen kombinieren. Wenn ich sie nur ausreichend von dem lästigen Beiwerk der besonderen Bedingungen befreie, unter denen sie ursprünglich ermittelt wurden. Dass solche Kennzahlen jegliche Individualität verlieren und damit den betroffenen Individuen fremd werden, ist zwingende Folge. Wenn dann auf dieser Basis individuelle Leistungen beurteilt oder individuelle Entscheidungen getroffen werden, haben wir meist ein ungutes Gefühl im Bauch. Im Extremfall werden wir uns dagegen wehren. Das Ergebnis ist Frust, Demotivation und innere Kündigung. Und unsere Leistungsträger werden wir verlieren. Unter diesen Bedingungen wird die Balanced Scorecard ihre motivierende Wirkung nicht entfalten können.

8.4 Die Balanced Scorecard ermöglicht eine allmähliche Umgestaltung unserer Führungsstrukturen zu einem strategisch orientierten Netzwerk aus verantwortlichen Projektleitern und funktionsbezogenen Dienstleistern

Wenn wir die Balanced Scorecard über strategische Projekte in unser Budget einbinden, werden wir stärker als bisher lernen müssen, aufgabenbezogene und funktionsbezogene Führungsstrukturen aufeinander abzustimmen.

Das ist ein sensibles Problem. Es berührt das Selbstverständnis der meisten Führungskräfte. Und es berührt Grundfesten unseres betriebswirtschaftlichen Denkens. Wir sind es gewohnt, in funktionsbezogenen Strukturen zu denken. In Linien und Stäben und Matrixstrukturen. Projektstrukturen, d. h. mit den Aufgaben in ihrer Zusammensetzung und zeitlich wechselnde, flexible Gruppen werden da oftmals als störend empfunden. Als Störstelle im Gitternetz festgefügter Kompetenzen.

Aber die Zeit ist reif. Kundenorientierung erzwingt auftragsbezogenes Arbeiten. Und die Bereitschaft zur Flexibilität, zur Schnelligkeit und zu einem permanenten, auf die Wünsche der Kunden bezogenen Innovationsprozess. Dazu aber brauchen wir aufgabenbezogene Strukturen. Strukturen, die uns ermöglichen, sich schnell an wechselnde Anforderungen anzupassen. Strukturen, die unseren Mitarbeitern genügend Raum geben für Kreativität und Eigeninitiative. Deshalb wird sich der Trend in diese Richtung verstärken. Und die Balanced Scorecard passt in diesen Trend!

Das bedeutet nicht, dass auf funktionsbezogene Strukturen völlig verzichtet werden kann. Auch im modernsten Unternehmen benötigen wir ab einer bestimmten Größe ein Personalbüro, ein Rechnungswesen, ein Controlling, eine technische Datenverarbeitung und ähnlich organisierte Dienstleistungen. Aber ihre Bedeutung muss und wird sich verändern. Trugen sie bisher eher administrativen Charakter, werden sie mehr und mehr zu Servicebereichen. Zu Servicebereichen, die ebenso wie die aufgabenbezogenen Projektgruppen ihre Existenzberechtigung durch Effektivität ihrer Leistung nachweisen müssen.

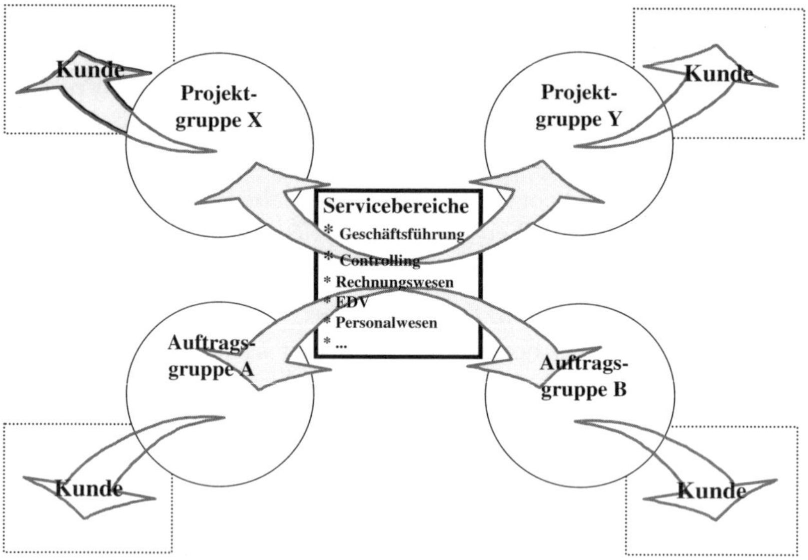

Abb. 48: Service- und Projektstrukturen

Unsere Mitarbeiter, von der Geschäftsführung bis zum Pförtner, sind in diese wechselnden Strukturen eingebunden. In diesen Strukturen sollen sie in der Lage sein, strategisches Denken in praktisches Handeln umzusetzen. Mit einer Balanced Scorecard können wir ihnen dabei helfen.

Und wenn dabei zugleich der Weg zu einer zukunftszugewandten und stärker kundenbezogenen Veränderung überkommener Hierarchien erleichtert wird, schlagen wir sozusagen zwei Fliegen mit einer Klappe. Wenn wir uns dieser Zukunft stellen wollen!

Was wir dann erhalten, ist ein individuell auf unser Unternehmen, auf unsere Mitarbeiter zugeschnittenes Netzwerk von Führungskräften und eigenverantwortlichen Gruppen in verschiedenen Projekten, Aufträgen und Servicebereichen. Und weil dieses Netzwerk immer individuell gestaltet wird; und weil die handelnden Personen in diesem Netzwerk ganz individuelle Beziehungen entfalten, sollte es auch unsere Balanced Scorecard sein. Nicht die Balanced Scorecard, nicht eine Balanced Scorecard.

It is *My* Balanced Scorecard!

9 So nutzen Sie die Arbeitshilfen auf CD

Die beigefügte CD-ROM enthält folgende Elemente:

- eine Powerpoint-Datei mit Präsentationsfolien zur Vorstellung der Balanced Scorecard und zur Durchführung von Workshops,
- eine Sammlung mit 400 in der Praxis verwendeten Kennzahlen,
- eine Excel-Datei mit allen Abbildungen aus dem Buch,
- eine Übersicht über Internet-Seiten zur Balanced Scorecard.

Wir hoffen, dass die beigefügte CD Ihnen helfen wir, Ihr Unternehmen auf die Zukunft auszurichten, mit Hilfe der Balanced Scorecard, mit Ihrem Managementsystem, das sich nennt

***My* Balanced Scorecard**

1. Konzept der Balanced Scorecard wirksam präsentieren

Mit diesem Foliensatz für MS-Powerpoint stellen wir in Unternehmen das Konzept der Balanced Scorecard vor und erarbeiten in Zusammenarbeit mit Vorständen und Geschäftsführungen die ersten gemeinsamen Schritte des Weges in die aktiv gestaltete Zukunft. Vielleicht unterstützten diese Folien im Zusammenhang mit den Erkenntnissen, die wir in diesem Buch dargestellt haben, die Einführung der Balanced Scorecard in Ihrem Unternehmen, damit auch in Ihrem Unternehmen Zukunft willkommen ist!

Der Foliensatz ist wie folgt gegliedert:

1. Einführung: Grundgedanken der Balanced Scorecard
2. Hinweise zur Workshop-Arbeit in den jeweiligen Bereichen, die eine Balanced Scorecard einführen wollen
3. Fazit, Zusammenfassung

Natürlich müssen Sie diese Folien, die in MS-Power-Point erstellt worden sind, für Ihr spezifisches Unternehmen überarbeiten. Aber sie können als Anregung und Grundlage für die Einführung in Ihrem Unternehmen dienen.

2. Kennzahlen aus der Praxis

Weiterhin finden Sie auf der CD eine Auflistung von 400 Kennzahlen, die aus der Arbeit in Unternehmen der verschiedensten Branchen stammen. Diese sollten Sie als Anregung verstehen, eigene Ideen für das strategische Tun zu entwickeln und umzusetzen. Sie finden dazu die Kennzahlen aus Kapitel 7 ergänzt um weitere Beispiele.

3. Excel-Anwendung mit allen Buchgrafiken

Hier finden Sie alle Grafiken aus dem Buch als Excel-Datei vor. Besonders die Scorecard-Grafiken im Spinnenformat werden Ihnen die grafische Aufbereitung ohne teure Software wesentlich erleichtern. So können Sie sofort anfangen, Sie sparen Zeit für die eigenständige Erstellung der Anwendungen und können – gegebenenfalls nur vorübergehend – auf die Suche nach eigenständigen Softwarelösungen für die Balanced Scorecard verzichten.

4. Balanced Scorecard im Internet

Zum Thema Balanced Scorecard finden Sie auch zahlreiche Informationen, Artikel und Produkte im Internet. Die wichtigsten Seiten stellen wir Ihnen hier vor.

Installationsanweisung

1. Legen Sie die CD-ROM in das Laufwerk ein.
2. Aktivieren Sie im Start-Menü „Ausführen".
3. Geben Sie im Eingabefeld „X:\Setup" ein, wobei X der Laufwerksbuchstabe Ihres CD-ROM-Laufwerks ist, also z. B. „D:\SETUP" und drücken die Eingabetaste.

Das Installationsprogramm führt Sie durch die weiteren Schritte.

Systemvoraussetzungen:

Betriebssystem: Microsoft Windows 95/98/2000/NT

Anwendungssoftware: Die Powerpoint-Datei erfordert Microsoft Powerpoint 97 oder höher, die Excel-Datei erfordert Microsoft Excel 97 oder höher.

Hardware: mind. Pentium 100-Prozessor mit mind. 16 MB Arbeitsspeicher

Festplattenspeicher: mind. 4 MB, bei zusätzlicher Installation des auf der CD-ROM enthaltenen Microsoft Internet Explorers 5.0 mindestens 30 MB

Literaturübersicht

Diese Literaturübersicht enthält die wichtigsten deutschsprachigen Veröffentlichungen zur Balanced Scorecard. Eine vollständige, stets aktualisierte Fassung finden Sie im Internet unter www.scorecard.de

Ackermann, Karl-Friedrich (Hrsg.): Balanced Scorecard für Personalmanagement und Personalführung, Gabler, 1999, ISBN 3-409-11567-6

Ahn, Heinz; Dickmeis, Petra: Einführung der Balanced Scorecard bei der ABB Industrie AG – Projektergebnisse und Erfahrungen, in: krp, Sonderheft 2/2000, S. 17–23

Bauer, Thomas: IT-Implementierung der Balanced Scorecard – Anforderung und Tools, in: krp, Sonderheft 2/2000, S. 71–76

Bayer, Helmut: Die Balanced Scorecard powert Managementsysteme, in: Readme. TQU 37, 6/1999

Bernhard, Martin: Balanced Scorecard mit Softwareunterstützung, in: IT-Management, 10/99

Deyhle, Albrecht: Schon immer Balanced Scorecard – Controllers ausgewogenes Steuerungs-Cockpit, in: Controller Magazin Nr. 6/99, S. 423–433

Ederer, Franz: Thema: Balanced Scorecard, in: Wirtschaft und Unterricht, Heft Nr. 8, 30.9.1999

Eigenbrodt, Jörg; Kornmesser, Christian: Das Konzept der selbststeuernden Organisationseinheiten im Deutschen Herold, in: krp, Sonderheft 2/2000, S. 33–41

Eichstaedt, Wolfgang; Kuhnert, Marcus: Balanced Scorecard – Instrument zur gezielten strategischen Ausrichtung von Firmen und Geschäftseinheiten im Henkel-Konzern, in: Der Controlling Berater, Heft 2/2000, S. 25–50

Egli, B.; Lüthi, H. P.: Strategische Kommunikation als Perspektive der Balanced Scorecard: Am Beispiel der Fusion der Sulzer Orthopedics Italia S.p.a., Management Weiterbildung an der Universität Zürich, ISBN 3-258-06025-8

Eschenbach, Rolf; Haddad, Tarek (Hrsg.): Die Balanced Scorecard – Führungsinstrument im Handel, ein Handbuch für den Praxiseinsatz, Servicefachverlag, Wien 1999, ISBN 3-85428-398-9

Fischer, Oliver: Balanced Scorecard Strategic Management System, in: Manager Magazin 10/99

Fliegel, Monika; Schulte, Klaus: Die systemtechnische Einführung der Balanced Scorecard in einem Unternehmen der Telekommunikation, in: krp, Sonderheft 2/2000, S. 107–115

Fratschner, Friedrich A.: Balanced Scorecard, in: Controller Magazin, Heft 1/99

Friedag, Herwig R.; Schmidt, Walter: Balanced Scorecard und Controllers Budget, in: Controller Magazin, Heft 4/2000

Friedag, Herwig R.; Schmidt, Walter: Zukunft – nur erleben oder auch gestalten?, in: Bank-Informationen und Genossenschaftsforum, Heft 9/2000

Friedag, Herwig R.: Gute Vorsätze – und dann wieder nichts gewesen?, in: Controller Magazin, Heft 3/2000

Friedag, Herwig R.; Schmidt, Walter: Erfolgreich mit der Balanced Scorecard, in: Der Controlling-Berater, Heft 1/2000

Friedag, Herwig R.: Können Kennzahlen tatsächlich motivieren? in: PERSONALpresse 11/99, S. 5

Friedag, Herwig R.; Schmidt, Walter: Balanced Scorecard – mehr als ein Kennzahlensystem, Haufe Verlag, Freiburg 1999, ISBN 3-448-04061-4

Friedag, Herwig R.: Strategisch führen mit der Balanced Scorecard, in: Geld und Betrieb, Heft 3/1999

Friedag Herwig R.; Schmidt, Walter: Controllers Part bei der Einführung der Balanced Scorecard – Controlling als (weg-)rationalisierbarer Kostenfaktor?, in: is-report 4/99: S. 25–26

Friedag Herwig R.; Schmidt, Walter: Neue Ziele für Controller – die Einführung der Balanced Scorecard als strategische Aufgabe, in: Controller Magazin 3/99

Friedag, Herwig R.; Schmidt, Walter; von Daacke, Matthias: Mit der Balanced Scorecard Unternehmen strategisch führen, in: Der Controlling-Berater, Heft 1/99

Friedag, Herwig R.: Visionen für Unternehmen – Die Balanced Scorecard – Ein neuer Ansatz für die betriebliche Praxis, in: „Blick durch die Wirtschaft"/Frankfurter Allgemeine Zeitung, 31.7.1998

Friedag, Herwig R.: Die Balanced Scorecard, alter Wein in neuen Schläuchen?, in: Controller Magazin 4/98

Funke, Thorsten; Rosemann, Sabina: Ein Referenzmodell für die IT-Implementierung einer Balanced Scorecard, in: krp, Sonderheft 2/2000, S. 87–97

Gehringer, Joachim; Michel, Walter J.: Frühwarnsystem Balanced Scorecard, Metropolitan Verlag, 1999, ISBN 3-89623-197-3

Harengel, Jürgen; Hess, Thomas: Entwicklung einer Balanced Scorecard – untersucht am Beispiel des Retailgeschäfts einer Bank; in: krp (Kosten-Rechnungs-Praxis) Nr. 4/99, S. 239

Hoch, D.; Langenbach, W.; Meier-Reinhold, H.: Implementierung von Balanced Scorecards im Spannungsfeld von unternehmerischen Zielsetzungen und Voraussetzungen; in: betriebswirtschaftliche Forschung und Praxis, Nr. 1/2000, S. 56–66

Hoffmann, Olaf: Balanced Scorecard basiertes Controlling in einem Internet-Start-up, in: krp, Sonderheft 2/2000, S. 25–32

Horstmann, Walter: Der Balanced Scorecard-Ansatz als Instrument der Umsetzung von Unternehmensstrategien, in: Controlling, Heft 4/5 1999, S. 193–199

Horváth, Péter: Umsetzungserfahrung mit der Balanced Scorecard, in: krp, Sonderheft 2/2000, S. 125–127

Horváth, Péter; Gaiser, B.: Implementierungserfahrungen mit der Balanced Scorecard im deutschen Sprachraum, in: betriebswirtschaftliche Forschung und Praxis, Nr. 1/2000, S. 17–35

Horváth, Péter und Partner: Balanced Scorecard umsetzen, Verlag Schäffer-Poeschel, 2000, ISBN 3-7910-1507-5

Horváth, Péter: Das neue Steuerungssystem des Controllers, von Balanced Scorecard bis US-GAAP, Verlag Schäffer-Poeschel, ISBN 3-7910-1223-1

Horváth, Péter: Richtig verstanden ist Balanced Scorecard das künftige Managementsystem, in: Frankfurter Allgemeine Zeitung, 30.8.1999

Horváth, Péter; Gleich, Ronald: Die Balanced Scorecard in der produzierenden Industrie, in: Zeitschrift für wirtschaftlichen Fabrikbetrieb, 1999

Horváth, Péter: Wissensmanagement mit Balanced Scorecard, in: Bürgel, H.D. (Hrsg.) Wissensmanagement – Schritte zum intelligenten Unternehmen, Springer Berlin 1998

Kah, Arnd; Lüssor, Hans; Müller, Martin: Die Balanced Scorecard als betriebswirtschaftliches Steuerungsinstrument der Deutschen Marine, in: krp, Sonderheft 2/2000, S. 43–51

Kaplan Robert S.; Norton, David P.: Balanced Scorecard, Verlag Schäffer-Poeschel, 1997, ISBN 3-7910-1203-7

Kieser, Alfred: Die Balanced Scorecard als Managementmethode, in: krp, Sonderheft 2/2000, S. 123–124

Klingebiel, Norbert: Externe Berichterstattung via Balanced Scorecard, in: Controller Magazin 2/2000

Kobi, Jean-Marcel: Mitarbeiterdimension in der Balanced Scorecard, in: Controller Magazin 3/2000

Krahe, Andreas: Balanced Scorecard – ein Baustein zu einem prozessorientierten Controlling?, in: Controller Magazin 2/99

Kunz, Gunnar: Kundenorientierte Steuerung des Personalbereichs mit der Balanced Scorecard, in: krp, Sonderheft 2/2000, S. 61–69

Kunz, Gunnar: Weiche Ziele operationalisieren – Balanced Scorecard in Personalmanagement und Personalentwicklung, in: Handelsblatt vom 28.5.1999

Malik, Fredmund: Führen, Leisten, Leben, Deutsche Verlags Anstalt Stuttgart/München, ISBN 3-421-05370-7

Mayer, Karl-Heinz: Balanced Scorecard im Telekom Unternehmen, in: Controller Magazin 1/2000

Mergell, Rainer: Leistungsmessung durch Balanced Scorecard, in: PST Magazin 1/99

Mountfield, Andrew: Balanced Scorecard als Mittel zur Strategieumsetzung – Mit fünf Fragen zum Erfolg, in: is-report, Nr. 4/99, S. 18–25

Mountfield, Andrew; Schalch, O.: Konzeption von Balanced Scorecards und Umsetzung in ein Management-Informationssystem mit dem SAP Business Information Warehouse, in: Controlling, Nr. 5/99

Moos, Gabriele: Überlebt die Pflege ohne Strategie? – Strategieorientierte Führung von Pflegeeinrichtungen mit Hilfe der Balanced Scorecard, in: die BKK 1/2000, S. 33–37

Müller, Jürgen; Schröder, Oliver: Navigation mit Scorecard-Cockpits, in: is-report 4/99, S. 29–30

Oehler, Karsten: Gestaltungsoptionen bei der DV-gestützten Umsetzung einer Balanced Scorecard, in: krp, Sonderheft 2/2000, S. 77–85

Pfaff, Dieter; Kunz, Alexis H.; Pfeiffer, Thomas: Zu Risiken und Nebenwirkungen eines Ausbaus der Balanced Scorecard vom Planungs- zum Anreizinstrument, in: krp, Sonderheft 2/2000, S. 125–129

Priegnitz, Ingo: Unternehmenserfolg geht alle an – Die „Bahn Strategie Card“ (BSC) kommt, in: Paula 7 – Mitarbeiterzeitung der S-Bahn Berlin GmbH, 6/1999

Prochnow, Erik: Alles auf eine Karte setzen, in: Impulse Heft 5/2000, S. 190–191

Rughase, Olaf G.: Jenseits der Balanced Scorecard – strategische Wettbewerbsvorteile messen, Logos Verlag, 1999, ISBN 3-89722-142-X

Sander, Hans-Peter: Den weichen Daten mit harten Bandagen auf der Spur, in: Computerwoche 25/99, 25.6.1999

Schindera, Frank; Höhner, Marc-Armand: Die Umsetzung der BSC in EXCEL mit Datenbankanbindung bei den fischerwerken, in: Controlling, Heft 1/2000, S. 37–43

Schmidli, Jürgen: Entscheidungsorientierte Controllingsysteme, Balanced Scorecard – Methode im Vormarsch, in: Midrange MAGAZIN, 4/1999

Schmidt, U.: Balanced Scorecard – von Kennzahlen zur Handlungssteuerung, in: Organisationsentwicklung, 2/1999, S. 28–40

Schmidt, Walter: Balanced Scorecard – ein umfassendes Managementsystem, in: ICG Report; Ausgabe 21, 10/1998 + 22, 1/1999

Täsch, Daniel: Kommunikation und Kennzahlen – die Balanced Scorecard aus einer anderen Perspektive, in: Controller Magazin 6/1999

Tieke, Ralf; Landgraf, Florian: Neue Instrumente für neue Sicht, in: is-report 4/99, S. 10–11

Vollmuth, Hilmar J.: Kennzahlen, STS Verlag, Planegg 1999, ISBN 3-86027-205-5

Weck, Annett: Balanced Scorecard – von der Konzeption zur Applikation, in: krp, Sonderheft 2/2000, S. 99–105

Weber, Jürgen: Balanced Scorecard für den Controllingbereich, in: krp, Sonderheft 2/2000, S. 53–60

Weber, Jürgen; Schäffer, Utz: Balanced Scorecard – Management-Innovation oder alter Wein in neuen Schläuchen?, in: krp, Sonderheft 2/2000, S. 5–15

Weber, Jürgen; Schäffer, Utz: Einführung der Balanced Scorecard – 8 Erfolgsfaktoren, in: Controller Magazin, 1/2000

Weber, Jürgen; Schäffer, Utz: Balanced Scorecard & Controlling, Theodor Gabler Verlag, Wiesbaden, 1999, ISBN 3-4091-1518-8

Weber, Jürgen; Schäffer, Utz: Führung im Konzern mit der Balanced Scorecard, in: krp Nr. 5/99, S. 153–157

Weber, Jürgen; Schäffer, Utz: Operative Werttreiberhierarchien als Alternative zur Balanced Scorecard, in: krp Nr. 6/99, S. 284

Wittich, Michael: Balanced Scorecard – Projekterfahrungen und Erfolgsfaktoren für einen optimierten Einsatz im wertorientierten Controlling, in: Controller Magazin Nr. 6/99 S. 434–440

Wolter, Olaf: TQM-Scorecard, Hanser Fachbuchverlag, 2000, ISBN 3-446-21280-9

Balanced Scorecard im Internet

Mit freundlicher Unterstützung von Christoph Haldi,
PricewaterhouseCoopers, Zürich

1. **www.scorecard.de**
   Die Website für die Verbreitung sowie Forschungs- und Praxisstand der Balanced Scorecard im deutschsprachigen Raum. Auch unter www.balancedscorecard.de bzw. www.mybalancedscorecard.de zu erreichen
   Anbieter: Friedag Consult, Berlin

2. **www.balancedscorecard.com**
   Wohl wichtigste englischsprachige Website zum Thema Balanced Scorecard.
   Anbieter: Balanced Scorecard Technology Council

3. **www.balanced-scorecard.de**
   Interessante Links und zusätzliche Literaturangaben
   Anbieter: Jens Wiese

4. **www.bscol.com**
   hinter der „The Balanced Scorecard Collaborative“ steht das US-Beratungsunternehmen Renaissance von Robert Kaplan und David P. Norton

Stichwortverzeichnis

Ablaufplanung, Beispiel 117 ff.
Aktion, Anforderungen 41 ff.
–, Erfolgskennzahl 172 ff.
Aktionsauswahl, Kriterien 59 ff.
Aktionsrahmen, Entwicklung 36 ff.
Aufgabenblatt, für strategisches Projekt 72 ff.

Balanced Scorecard, Neuerungen 85 ff.
–, persönliche 13 ff.
–, Umsetzungsphasen 32 ff.
–, Voraussetzungen 88 f.
–, Wirkungen 88
Berichtswesen, Einbindung 124 ff.
Brainstorming, für Aktionen 41 ff.
Budgetierung, projektbezogen 187 ff.
–, projektorientiert 57 ff.

Checkliste, Rahmenbedingungen 191 ff.
–, strategisches Pflichtenheft 148 ff.
–, Vertrauensbildung 205 ff.

Delegation, von Aufgaben 75 ff.

Einführung, Gruppengröße 115 f.
–, Top-down-Richtung 113 ff.
Einführungsablauf, Beispiel 117 ff.
Einkauf, Scorecard-Beispiel 133 ff.
Erfolgspotenzial, Identifikation 169 ff.
Eschenbach-Modell, Bewertung 103
Excel, Software-Basis 101

Fertigung, Scorecard-Beispiel 131 ff.
Finanzperspektive, Aktionen 53 ff., 181 ff.
–, Kennzahlenauswahl 248 ff.
Frühindikator, Bedeutung 62 ff.

Geschäftsführung, Scorecard-Beispiel 129 ff.
Geschäftsprozessperspektive, Aktionen 177 ff.
–, Aktionen 47 ff.
–, Kennzahlenauswahl 228 ff.

Handlungsrahmen, Entwicklung 36 ff.
Horváth-Modell, Bewertung 94 f.

Ideensammlung, für Aktionen 41 ff.
Informationstechnisches Modell, Bewertung 96 ff.

Kapazität, Zuweisung 74 f.
Kaplan/Norton-Modell, Bewertung 93 f.
Kennzahl, Botschaften 196 ff.
–, für Aktionen 172 ff.
Kennzahlen, Auswahl 209 ff.
Kommunikation, als Basis 104 ff.
–, Ebenen 199 ff.
Kommunikatives Modell, Bewertung 104 ff.
Konzern, Fallbeispiel 139 ff.
Konzernperspektive, Aktionen 184 f.

Kundenperspektive, Aktionen 50 ff., 174 ff.
–, Kennzahlenauswahl 212 ff.

Leitbild, Beschreibung 160 ff.
Leitziel, Beschreibung 166 ff.
Lernprozess, Organisation 80 ff.
Lieferantenperspektive, Aktionen 56, 183 ff.

Marketingperspektive, Aktionen 184
Maßnahme, Anforderungen 41 ff.
–, Erfolgskennzahl 172 ff.
Maßnahmenauswahl, Kriterien 59 ff.
Mission, Beschreibung 160 ff.
–, Funktion 33
Mitarbeiterbezug, als Basis 104 ff.
Mitarbeiterperspektive, Aktionen 44 ff., 179 ff.
–, Kennzahlenauswahl 237 ff.
Mittelstand, Fallbeispiel 107 ff.
Moderator, Funktion 122 f.

Perspektiven, Auswahl 39
Pflichtenheft, strategisches 148 ff.
Planung, Abstimmungsfehler 140
–, Pflichtenheft 148 ff.
Projekt, als Budgetbasis 57 ff.
–, Aufgabenblatt 72 ff.
–, strategisches 186 ff.
Projektleiter, Einführung 120 ff.
Prozessmanagement, strategisches 28 ff.

Qualitätsmanagement, Unterschiede 90 ff.

Reporting, Einbindung 124 ff.
Ressourcen, Zuweisung 74 f.

Software, Bewertung 96 ff.
Spätindikator, Bedeutung 62 ff.
Strategieentwicklung, Grundaspekte 29 ff.
Strategisches Denken, Grundelemente 31
Strategisches Handeln, Grundelemente 32
Strategisches Projekt, Aufbau 57 ff.
–, Aufgabenblatt 72 ff.

Top-Management, Integration 113
TQM, Unterschiede 90 ff.
TQM-Scorecard, Bewertung 101 ff.

Umsetzung, Phasen 32 ff.
Unternehmenskultur, als Basis 195 ff.

Verantwortung, Zuordnung 75 ff.
Version, Funktion 33
Vertrauen, als Grundlage 195 ff.
Vertrieb, Scorecard-Beispiel 135 ff.
Vision, Beschreibung 166 ff.
Voraussetzungen 88 f.

Wirkungen 88

Zielfindung, Ablauf 33 ff., 154 ff.